O HOMEM
QUE DECIFROU
O MERCADO

OUTRAS OBRAS DE GREGORY ZUCKERMAN

Para Adultos:

The Frackers

The Greatest Trade Ever

Para Jovens:

Rising Above

Rising Above: Inspiring Women in Sports

O HOMEM QUE DECIFROU O MERCADO

COMO JIM SIMONS CRIOU A REVOLUÇÃO QUANT

Gregory Zuckerman

ALTA BOOKS
GRUPO EDITORIAL
Rio de Janeiro, 2020

O Homem Que Decifrou o Mercado

Copyright © 2020 da Starlin Alta Editora e Consultoria Eireli. ISBN: 978-85-508-1453-7

Translated from original The Man Who Solved The Market. Copyright © 2019 by Gregory Zuckerman. ISBN 97807352179
This translation is published and sold by permission of Portfolio/Penguin, an imprint of Penguin Random House LLC, the ow
of all rights to publish and sell the same. PORTUGUESE language edition published by Starlin Alta Editora e Consultoria Eir
Copyright © 2020 by Starlin Alta Editora e Consultoria Eireli.

Todos os direitos estão reservados e protegidos por Lei. Nenhuma parte deste livro, sem autorização prévia por escrito editora, poderá ser reproduzida ou transmitida. A violação dos Direitos Autorais é crime estabelecido na Lei nº 9.610/9 com punição de acordo com o artigo 184 do Código Penal.

A editora não se responsabiliza pelo conteúdo da obra, formulada exclusivamente pelo(s) autor(es).

Marcas Registradas: Todos os termos mencionados e reconhecidos como Marca Registrada e/ou Comercial são de r ponsabilidade de seus proprietários. A editora informa não estar associada a nenhum produto e/ou fornecedor apresenta no livro.

Impresso no Brasil — 1ª Edição, 2020 — Edição revisada conforme o Acordo Ortográfico da Língua Portuguesa de 20

Produção Editorial Editora Alta Books	**Produtor Editorial** Illysabelle Trajano Juliana de Oliveira	**Marketing Editorial** Lívia Carvalho marketing@altabooks.com.br	**Editores de Aquisição** José Rugeri j.rugeri@altabooks.com.br
Gerência Editorial Anderson Vieira	Thiê Alves	**Coordenação de Eventos** Viviane Paiva	
Gerência Comercial Daniele Fonseca	**Assistente Editorial** Maria de Lourdes Borges	eventos@altabooks.com.br	
Equipe Editorial Ian Verçosa Raquel Porto Rodrigo Dutra Thales Silva	**Equipe de Design** Larissa Lima Paulo Gomes		
Tradução Luciane Camargo	**Revisão Gramatical** Paola Goussain Fernanda Lutfi	**Revisão Técnica** Flavio Gonçalves Doutor em Ciência Política pela UFJF/Prague University of Economics	**Diagramação** Joyce Matos
Copidesque Alberto Gassul Streicher			

Publique seu livro com a Alta Books. Para mais informações envie um e-mail para **autoria@altabooks.com.br**

Obra disponível para venda corporativa e/ou personalizada. Para mais informações, fale com **projetos@altabooks.com**

Erratas e arquivos de apoio: No site da editora relatamos, com a devida correção, qualquer erro encontrado em nossos livros, bem como disponibilizamos arquivos de apoio se aplicáveis à obra em questão.

Acesse o site **www.altabooks.com.br** e procure pelo título do livro desejado para ter acesso às erratas, aos arquivos de apoio e/ou a outros conteúdos aplicáveis à obra.

Suporte Técnico: A obra é comercializada na forma em que está, sem direito a suporte técnico ou orientação pessoal/exclusiva ao leitor.

A editora não se responsabiliza pela manutenção, atualização e idioma dos sites referidos pelos autores nesta obra.

Ouvidoria: ouvidoria@altabooks.com.br

Dados Internacionais de Catalogação na Publicação (CIP) de acordo com ISBD

Z94h Zuckerman, Gregory
O homem que decifrou o mercado: como Jim Simons criou a revolução quant / Gregory Zuckerman ; traduzido por Luciane Camargo. - Rio de Janeiro : Alta Books, 2020.
352 p. ; 17cm x 24cm.

Tradução de: The Man Who Solved The Market
Inclui índice e apêndice.
ISBN: 978-85-508-1453-7

1. Biografia. 2. Jim Simons. 3. Mercado financeiro. I. Camargo, Lucian II. Título.

2020-1497
CDD 920
CDU 929

Elaborado por Odílio Hilario Moreira Junior - CRB-8/9949

Rua Viúva Cláudio, 291 — Bairro Industrial do Jacaré
CEP: 20.970-031 — Rio de Janeiro (RJ)
Tels.: (21) 3278-8069 / 3278-8419
www.altabooks.com.br — altabooks@altabooks.com.br
www.facebook.com/altabooks — www.instagram.com/altabooks

SUMÁRIO

Agradecimentos = xiii

Introdução = xvii

Prólogo = 1

PARTE UM
O Dinheiro Não é Tudo = 7

Capítulo Um = 9

Capítulo Dois = 23

Capítulo Três = 41

Capítulo Quatro = 65

Capítulo Cinco = 85

Capítulo Seis = 101

Capítulo Sete = 115

Capítulo Oito = 129

Capítulo Nove = 151

Capítulo Dez = 171

Capítulo Onze = 185

PARTE DOIS
O Dinheiro Muda Tudo = 207

Capítulo Doze = 209

Capítulo Treze = 231

Capítulo Catorze = 251

Capítulo Quinze = 271

Capítulo Dezesseis = 289

Epílogo = 305

Apêndices = 309

Notas 313

Índice 323

Para Gabriel e Elijah,
minha direção em meio ao caos.

LISTA DE PERSONAGENS

James Simons [Jim]	Matemático, criptoanalista e fundador da Renaissance Technologies
Lenny Baum	Primeiro sócio-investidor de Simons e autor de algoritmos que causaram impacto na vida de milhões de pessoas
James Ax	Fez a gestão do fundo Medallion e desenvolveu os primeiros modelos de operação desse fundo
Sandor Straus	Guru dos dados que desempenhou uma função inicial fundamental na Renaissance
Elwyn Berlekamp	Teórico dos jogos que fez a gestão do fundo Medallion em um momento decisivo importante
Henry Laufer	Matemático que direcionou o fundo de Simons para operações de curto prazo
Peter Brown	Cientista da computação que ajudou na engenharia dos principais avanços da Renaissance
Robert Mercer [Bob]	CoCEO da Renaissance, ajudou a colocar Donald Trump na Casa Branca
Rebekah Mercer [Bekah]	Uniu-se a Steve Bannon para derrubar a política norte-americana
David Magerman	Especialista em computação que tentou frear as atividades políticas dos Mercer

LINHA DO TEMPO DOS PRINCIPAIS ACONTECIMENTOS

1938 Ano de nascimento de Jim Simons
1958 Simons se forma no MIT
1964 Simons se torna criptoanalista na IDA (Associação Internacional de Desenvolvimento)
1968 Simons coordena o departamento de matemática da Universidade Stony Brook
1974 Simons e Chern publicam um artigo inovador
1978 Simons deixa o mundo acadêmico para dar início à Monemetrics, empresa de trades de moedas, e ao fundo de hedge chamado Limroy
1979 Lenny Baum e James Ax entram para a empresa
1982 O nome da empresa muda para Renaissance Technologies Corporation
1984 Baum deixa a empresa
1985 Ax e Straus transferem a empresa para a Califórnia
1988 Simons desativa o Limroy e lança o fundo Medallion
1989 Ax deixa a empresa, Elwyn Berlekamp dirige o Medallion
1990 Berlekamp pede as contas, Simons assume o controle da empresa e do fundo
1992 Henry Laufer se torna funcionário em tempo integral
1993 Peter Brown e Robert Mercer entram para a empresa
1995 Brown e Mercer alcançam um avanço importante
2000 O fundo Medallion dispara 98,5%
2005 É lançado o Renaissance Institutional Equities Fund
2007 A Renaissance e outras empresas quantitativas têm prejuízos repentinos
2010 Brown e Mercer assumem a empresa
2017 Mercer renuncia a seu cargo de coCEO

AGRADECIMENTOS

Este livro foi projeto de uma paixão. Por mais de dois anos, tive o privilégio de passar inúmeras horas com pessoas inovadoras e muitas vezes excêntricas, entre elas matemáticos, cientistas, criptografistas e pioneiros de investimentos quantitativos, tanto nos Estados Unidos quanto no exterior.

Também foi um dos maiores desafios de minha carreira. No ensino médio, nunca passei do pré-cálculo. Na faculdade, discuti conceitos matemáticos, mas aplicá-los eram outros quinhentos. O próximo algoritmo que eu criar será meu primeiro. Sem o apoio, incentivo e aconselhamento de profissionais da área, acadêmicos inovadores e outros altruístas, este livro não estaria em suas mãos.

Hal Lux foi minha rocha — fonte de conselhos sábios e perspectivas valiosas. Também contei com Aaron Brown, Andrew Sterge, Richard Dewey, Rasheed Sabar e Dario Villani. Sou verdadeiramente grato por sua inteligência, conhecimento e orientação.

Nick Patterson, Greg Hullender, Sandor Straus, Elwyn Berlekamp, Robert Frey, Stephen Robert, David Dwyer, Howard Morgan e muitos outros veteranos da Renaissance forneceram informações importantes sobre vários períodos da história da empresa. Raimo Bakus, Richard Stern, Ernest Chan, Philip Resnik e Paul Cohen compartilharam suas próprias experiências na IBM. Vickie Barone foi minha tutora de matemática. Michael Pomada, Brian Keating e Sam Enriquez tiveram a gentileza de ler meu manuscrito e contribuir com comentários úteis.

AGRADECIMENTOS

Lee, Irwin Kra, Robert Bryant, Leonard Charlap, Simon Kochen, Lloyd Welch, David Eisenbud, Jeff Cheeger, Dennis Sullivan, John Lott, Cumrun Vafa e Phillip Griffiths responderam inúmeras perguntas com paciência e sabedoria raras. Agradeço, também, a ajuda de Stefi Baum, Greg Hayt, Yuri Gabovich, John J. Smith, David Spergel, Rishi Narang e Sharon Bertsch McGrayne.

Meu editor, Adrian Zackheim, e meu redator, Merry Sun, forneceram o apoio inabalável, um entusiasmo ilimitado e um parecer inteligente. Eu me considero um cara de sorte por tê-los por perto. Jacob Urban foi um assistente de pesquisa incansável e talentoso, e Anastassia Gliadkovskaya ajudou de várias maneiras no percurso, assim como fez Nina Rodriguez-Marty.

Sou grato pelo apoio de amigos, colegas e familiares, incluindo Ezra Zuckerman Sivan, Shara Shetrit, Harold Mark Simansky, Adam Brauer, Ari Moses, Joshua Marcus, Stu Schrader, Marc Tobin, Eric Landy, Kirsten Grind e Jenny Strasburg. Um enorme agradecimento a Moshe e Renee Glick, que sempre me apoiam — dentro e fora do campo de softbol. Agradeço o apoio dos camaradas de domingo da AABJD. Tova e Aviva compartilharam amor e apoio. Jerry, Alisha, Hannah e Aiden Blugrind, David e Shari Cherna e Douglas e Elaine Eisenberg todos incentivaram meus esforços enquanto alimentavam minha fome e meu astral. De alguma forma, Avigaiyil Goldscheider me mantinha ativo e colocava um sorriso em meu rosto às três da manhã.

Gio Urshela, DJ LeMahieu e Aaron Judge me divertiram no início da noite. Justin Vernon, Rhye, Randy Crawford, Donny Hathaway, Natalie Merchant, Miles Davis e Franz Schubert me acalmaram e me confortaram durante a noite.

Eu gostaria de agradecer ao gerente editorial do *Wall Street Journal*, Matt Murray, e a Charles Forelle, o editor da seção de Negócios e Finanças do jornal, por abençoarem este projeto.

Quando era mais novo, não gostava das aulas de inglês para ser sincero. Ficava infeliz diagramando frases, e uma professora do ensino médio me criticava por escrever muitos artigos sobre o Holocausto, acabando com meu entusiasmo pela aula dela. Muito do que sei sobre escrita vem da *leitura* — livros da Biblioteca Pública de Providence, críticas inteligentes sobre meu trabalho feitas por meu falecido pai, Alan Zuckerman, e artigos instigantes ou divertidos, recortados e compartilhados por minha mãe, Roberta Zuckerman. O amor e as lições de meus pais ainda me guiam.

AGRADECIMENTOS

Por último, mas nunca menos importante, minha esposa Michelle desempenhou um papel crucial para tornar este livro realidade. Enquanto eu lutava para entender os modelos ocultos de Markov e explicar as equações diferenciais estocásticas, ela me acalmava, torcia por mim e me incentivava. Agradeço todos os dias por ter você em minha vida. Meu livro é dedicado a meus filhos, Gabriel Benjamin e Elijah Shane. Nem mesmo Jim Simons poderia ser capaz de desenvolver um modelo para prever a felicidade que vocês têm me proporcionado.

INTRODUÇÃO

"**V**ocê sabe que ninguém mais vai falar com você, certo?"
Eu estava comendo uma salada em um restaurante de frutos do mar em Cambridge, Massachussetts, no início de setembro de 2017, tentando ao máximo fazer com que o matemático britânico Nick Patterson revelasse detalhes sobre a empresa em que trabalhou, Renaissance Technologies. Sem muita sorte.

Contei a Patterson que queria escrever um livro sobre como James Simons, fundador da Renaissance, criou a maior máquina de fazer dinheiro da história do mercado financeiro. A Renaissance gerou tanta riqueza que Simons e seus colegas passaram a ter uma influência enorme no mundo da política, ciência, educação e filantropia. Antecipando as radicais reviravoltas sociais, Simons fez bom uso dos algoritmos, modelos computacionais e big data antes mesmo de Mark Zuckerberg e seus colegas saírem do berçário.

Patterson não ficou muito empolgado. Até então, Simons e seus representantes já tinham dito que não me ajudariam muito também. Os executivos da Renaissance e outras pessoas próximas de Simons, até mesmo as que eu considerava serem minhas amigas, não retornavam minhas ligações e e-mails. Seus arquirrivais desmarcavam reuniões a pedido do próprio Simons, como se ele fosse um chefe da Máfia que ninguém ousava desafiar.

Incansavelmente, todos me lembravam do acordo inflexível de confidencialidade contendo trinta páginas que a empresa forçava os funcionários a assinar, evitando que até mesmo os aposentados pudessem divulgar alguma coisa. Já en-

INTRODUÇÃO

tendi, pessoal. Mas calma aí. Trabalhei no *Wall Street Journal* durante décadas, ou seja, eu sei como funciona esse jogo. As pessoas, até mesmo as mais teimosas, acabam mudando de ideia em geral. Afinal, quem não quer ter um livro sobre sua própria história? A meu ver, Jim Simons e a Renaissance Technologies.

Não fiquei chocado por completo. Simons e sua equipe estão entre os traders mais discretos que Wall Street já encontrou, não deixam passar nem uma única dica de como conquistaram o mercado financeiro, para que os concorrentes não tenham nem ideia de como fazê-lo. Os funcionários evitam aparecer na mídia e fogem dos congressos e eventos públicos da área. Simons citou uma vez Benjamin, o burro do livro *A Revolução dos Bichos*, para explicar sua atitude: "'Deus me deu um rabo para espantar as moscas. Mas eu preferiria não ter rabo, nem moscas.' É assim que me sinto quando o assunto é publicidade."[1]

Levantei a cabeça, tirando os olhos do prato, e soltei aquele sorriso forçado.

Vai ser uma longa batalha.

Continuei investigando sobre as defesas e procurando aberturas. Escrever sobre Simons e descobrir seus segredos se tornou uma fixação para mim. Os obstáculos que ele colocava acabaram trazendo fascínio a minha busca.

Havia razões convincentes pelas quais eu estava determinado a contar a história de Simons. Ex-professor de matemática, ele é, sem sombra de dúvida, o trader mais bem-sucedido da história das finanças modernas. Desde 1988, o fundo de hedge Medallion, carro-chefe da Renaissance, gerou retornos anuais médios de 66%, acumulando lucros de operações de mais de US$100 bilhões (veja o Apêndice 1 para entender como cheguei a esses números). Ninguém chegou nem perto disso no mundo dos investimentos. Warren Buffett, George Soros, Peter Lynch, Steve Cohen e Ray Dalio ficam para trás (veja o Apêndice 2).

Recentemente, a Renaissance tem atingido US$7 bilhões anualmente em ganhos com operações. Isso equivale a mais que a receita anual de marcas conhecidas como Under Armour, Levi Strauss, Hasbro e Hyatt. E o absurdo é o seguinte: enquanto essas empresas possuem dezenas de milhares de funcionários, a Renaissance possui somente cerca de trezentos.

Cheguei à conclusão de que Simons vale cerca de US$23 bilhões, o que o torna mais rico que Elon Musk, da Tesla Motors, Rupert Murdoch, da News Corp e Laurene Powell Jobs, viúva de Steve Jobs. Há outros bilionários na empresa também. Em média, um funcionário da Renaissance possui US$50 milhões somente em fundos de hedge da própria empresa. Simons e sua equipe realmente criam riquezas como nos contos de fada cheios de reis e palha que vira ouro, aliás, muito ouro.

Não foram só esses sucessos de operações que me deixaram intrigado. Logo no início, Simons tomou a decisão de vasculhar enormes quantidades de dados, empregar matemática avançada e desenvolver modelos computacionais de ponta, enquanto outros ainda contavam apenas com intuição, instinto e pesquisas ultrapassadas para suas próprias previsões. Simons inspirou uma revolução que, desde então, tem varrido o mundo dos investimentos. No início de 2019, investidores de fundos de hedge e investidores quantitativos surgiram como os maiores atores do mercado, controlando cerca de 30% da compra e venda de ações, liderando as atividades de investidores e tradicionais empresas de investimento.[2] Os cursos de MBA já zombaram da ideia de confiar em uma abordagem científica e sistemática para investir, confiantes de que poderiam contratar criptografistas apenas quando fossem necessários. Hoje, esses mesmos programadores de códigos dizem o mesmo sobre os cursos de MBA, se é que esses profissionais ainda param para pensar nesses cursos em algum momento.

Os métodos pioneiros de Simons foram adotados em praticamente todos os setores e fazem parte de cada aspecto da vida cotidiana. Ele e sua equipe analisavam as estatísticas, transferiam as tarefas para as máquinas e contavam com os algoritmos há mais de três décadas — muito antes de essas táticas serem usadas no Vale do Silício, em salas do governo, estádios esportivos, consultórios médicos, centros de comando militar e basicamente todos os lugares que precisam de previsão.

Simons desenvolveu estratégias para filtrar e gerenciar talentos, tornando a inteligência bruta e a aptidão matemática em riquezas surpreendentes. Ele ganhou dinheiro, usando a matemática, e muito dinheiro, diga-se de passagem. Algumas décadas atrás, isso era remotamente impossível.

Nos últimos anos, Simons ressurgiu como um Medici da modernidade, subsidiando o salário de milhares de professores de matemática e de ciências da rede pública, desenvolvendo tratamentos para autismo e expandindo nossa compreensão sobre a origem da vida. Seu trabalho, embora valioso, traz à tona o questionamento se alguém deveria exercer tanta influência. A mesma dúvida surge quanto a seu executivo sênior,* Robert Mercer, que talvez seja o maior res-

---

* Mercer não é mais coCEO da Renaissance, mas continua como funcionário sênior da empresa.

INTRODUÇÃO

ponsável pela vitória presidencial de Donald Trump em 2016. Mercer, o maior apoiador financeiro de Trump, tirou Steve Bannon e Kellyanne Conway do anonimato e os inseriu na campanha de Trump, trazendo estabilidade durante um período difícil. As antigas empresas de Mercer, agora nas mãos de sua filha, Rebekah, tiveram um papel fundamental na campanha bem-sucedida para incentivar o Reino Unido a deixar a União Europeia. Simons, Mercer e outros da Renaissance continuarão a causar um grande impacto por anos.

Os sucessos de Simons e sua equipe trazem inúmeras perguntas desafiadoras. O que isso quer dizer sobre o mercado financeiro, já que matemáticos e cientistas são melhores para prever a direção a seguir do que os investidores veteranos das maiores empresas tradicionais? Teriam Simons e seus colegas uma compreensão primordial de como investir que não conseguimos captar? Será que as conquistas de Simons comprovam que a intuição e o julgamento humano são inerentemente falhos e que apenas modelos e sistemas automatizados conseguem lidar com o dilúvio de dados que parece nos afogar? O triunfo e a popularidade dos métodos quantitativos de Simons criam novos riscos negligenciados?

O que mais me fascinou foi um impressionante paradoxo: Simons e sua equipe *não deveriam ser aqueles* que dominam o mercado. Simons nunca fez nenhum curso de finanças, não se importava muito com administração e, até fazer 40 anos, apenas se aventurava nas operações. Uma década depois e nada disso havia mudado.

Puxa vida! Simons nem mesmo fez matemática aplicada, ele fez matemática teórica, o tipo mais impraticável. Sua empresa, localizada em uma cidade calmíssima na costa norte de Long Island, contrata matemáticos e cientistas que *não sabem nada* sobre investimentos ou os trejeitos de Wall Street. Alguns deles ainda suspeitam do capitalismo. Mesmo assim, Simons e seus colegas são aqueles que mudaram a forma que os investidores abordam o mercado financeiro, deixando todo um setor de traders, investidores e outros profissionais a comer poeira. É como se um grupo de turistas, trazendo consigo algumas ferramentas de aparência estranha e poucos recursos, descobrissem El Dorado em sua primeira viagem para a América do Sul e fossem saquear a cidade de ouro, enquanto os exploradores reincidentes assistissem à cena frustrados.

Por fim, cheguei onde queria. Fiquei sabendo do início da vida de Simons, sua estabilidade como matemático inovador e criptoanalista na Guerra Fria e

INTRODUÇÃO

o volátil período inicial de sua empresa. Alguns contatos deram detalhes sobre os mais importantes avanços da Renaissance e de acontecimentos recentes envolvendo mais drama e intriga do que já imaginei. Acabei fazendo mais de 400 entrevistas com mais de 30 funcionários atuais e antigos da Renaissance. Falei com um número ainda maior de amigos e familiares de Simons e outros que participaram dos acontecimentos que descrevi ou tinham alguma familiaridade com eles. Tenho uma enorme gratidão por cada um que usou seu tempo para dividir memórias, observações e informações comigo. Alguns assumiram um alto risco pessoal para me ajudar a contar esta história, e espero que eu a tenha contado exatamente como eles a descreveram.

Até o próprio Simons acabou falando comigo. Ele me pediu para não escrever este livro e o projeto nunca foi exatamente bem recebido por ele. No entanto, com toda sua gentileza, passou mais de dez horas contando certos períodos de sua vida, apesar de ter se negado a falar sobre as operações da Renaissance e outras atividades. Dou muito valor às suas considerações.

Este livro não é uma obra de ficção. É baseado em relatos e recordações em primeira pessoa daqueles que testemunharam ou tiveram ciência dos acontecimentos aqui retratados. Entendo que as memórias se apagam, por isso fiz meu melhor para verificar e confirmar cada fato, acontecimento e citação.

Procurei contar a história de Simons de uma forma que agradará ao leitor geral e aos profissionais de matemática e finanças quantitativas. Farei referência aos modelos ocultos de Markov, métodos de Kernel de aprendizado de máquina e equações diferenciais estocásticas, mas também trarei casamentos desfeitos, intrigas corporativas e traders em pânico.

Mesmo com toda sua perspicácia e presciência, Simons foi pego de surpresa por muita coisa que aconteceu em sua vida. Essa pode ser a lição mais perdurável de sua extraordinária história.

O HOMEM QUE DECIFROU O MERCADO

PRÓLOGO

Jim Simons não parava de ligar.

Eram meados de outubro de 1990 e Simons estava em seu escritório no 33º andar de um arranha-céu em Midtown Manhattan, olhos grudados na tela do computador que trazia as mais recentes movimentações do mercado financeiro mundial. Seus amigos não conseguiam entender por que Simons ainda estava ligado nisso. Com 52 anos, Simons já tinha passado por uma vida completa, regada de aventuras, conquistas e prosperidade para o orgulho ambicioso de seus colegas. E, mesmo assim, lá estava ele, acompanhando um fundo de investimento, transpirando o dia a dia puxado do mercado.

Simons tinha quase 1,80m de altura e, por ser um pouco corcunda e ter cabelos finos e grisalhos, parecia ser uma pessoa mais baixa e mais velha. As rugas abraçavam seus olhos castanhos, possível resultado do hábito de fumar que não conseguia largar ou nem queria mesmo. Seus traços enrugados e fortes, somados ao toque de malícia em seus olhos, faziam-no parecer-se com o falecido ator Humphrey Bogart, como diziam seus amigos.

Na organizada mesa de Simons, ficava um enorme cinzeiro, só esperando pela próxima batida de seu cigarro aceso. Na parede havia uma obra de arte um tanto macabra de um lince devorando uma lebre. Perto dela, em cima de uma mesa de centro próxima a um sofá e duas confortáveis poltronas de couro, ficava um complexo artigo de pesquisa de matemática, um lembrete sobre a carreira acadêmica bem-sucedida que descartara, para o espanto de seus colegas matemáticos.

Até essa época, Simons já tinha passado doze anos inteiros buscando uma fórmula de investimentos de sucesso. No início da carreira, ele operava como os outros, contando com sua intuição e instinto, mas os altos e baixos deixavam Simons muito mal. Em dado momento, ele ficou tão para baixo que um funcionário ficou preocupado que ele estivesse pensando em cometer suicídio. Simons contratou dois matemáticos renomados e obstinados para operar com ele, mas essas parcerias se desfizeram em meio a prejuízos e acrimônia. Um ano antes, seus resultados foram tão ruins que ele foi forçado a interromper seus investimentos. Alguns esperavam até mesmo o encerramento total de suas operações.

Durante seu segundo casamento e terceiro parceiro de negócios, Simons decidiu adotar um estilo de investimento radical. Ao trabalhar com Elwyn Berlekamp, teórico dos jogos, Simons construiu um modelo computacional capaz de digerir enxurradas de dados e selecionar as operações ideais, uma abordagem científica e sistemática com o propósito parcial de extrair a emoção dos processos de investimento.

"Se tivermos dados o bastante, *sei* que podemos fazer previsões", Simons disse a um colega.

Quem era mais próximo dele entendia o que o movia de verdade. Aos 23 anos, conquistou um doutorado e depois se tornou um aclamado criptoanalista do governo, renomado matemático e administrador inovador da universidade. Ele precisava de um novo desafio e de uma tela maior para suas "pinturas". Simons contou a um amigo que resolver o antigo enigma do mercado e conquistar o mundo dos investimentos "seria extraordinário". Ele queria ser a pessoa que usaria a matemática para bater o mercado o mercado. Se conseguisse isso, sabia que ganharia milhões de dólares, talvez mais, até mesmo o suficiente para influenciar o mundo, muito mais que Wall Street, o que alguns suspeitam ter sido sua meta real.

Nas operações, assim como na matemática, é raro atingir grandes avanços na meia-idade. Mesmo assim, Simons estava convencido de que estava à beira de algo especial, talvez até mesmo histórico. Segurando um cigarro Merit em seus dedos, pegou o telefone para ligar para Berlekamp mais uma vez.

"Você já viu o ouro?", perguntou Simons, com sua voz grave e com aquele sotaque de quem cresceu em Boston.

Sim, vi os preços do ouro, Berlekamp respondeu. E, não, não precisamos adequar nosso sistema de operação. Simons não pressionou, desligando educadamente, como sempre. Porém Berlekamp estava ficando irritado com a importunação de Simons. Sério e magro, de olhos azuis por trás de lentes grossas, Berlekamp trabalhava do outro lado do país em um escritório que ficava a uma breve caminhada do campus da Universidade da Califórnia, Berkeley, onde continuava a lecionar. Quando Berlekamp discutia sobre suas operações com os alunos do curso de Administração da universidade, às vezes eles zombavam dos métodos que Simons e ele tinham adotado, chamando-os de "charlatanismo".

"Ah, não me venha com essa. O computador não consegue competir com o julgamento humano", disse um deles para Berlekamp.

"Vamos fazer as coisas *de um jeito melhor* do que os humanos possam fazer", respondeu Berlekamp.

Em particular, Berlekamp entendia por que aquela abordagem usada por eles era gritante como a alquimia moderna. Ele próprio não conseguia explicar exatamente por que aquele modelo recomendava certas operações.

E não era só no campus que as ideias de Simons pareciam não fazer sentido. A era do ouro para investimentos tradicionais despontava enquanto George Soros, Peter Lynch, Bill Gross e outros prediziam a direção dos investimentos, do mercado financeiro e das economias globais, gerando lucros enormes a partir de sua inteligência, intuição e pesquisa corporativa e econômica à moda antiga. Diferentemente de seus rivais, Simons não fazia ideia de como estimar fluxos de caixa, identificar novos produtos ou prever taxas de juros. Ele estava vasculhando em meio a pilhas de papéis com informações de preços. Não havia nem mesmo um nome adequado para esse tipo de operação, que envolvia *limpeza de dados*, *sinais* e *backtesting*, termos que a maioria dos profissionais de Wall Street nem sequer conhecia. Poucos usavam e-mail em 1990, os navegadores ainda não tinham sido inventados e os algoritmos eram mais conhecidos, quando conhecidos, como procedimentos passo a passo que permitiram que a máquina de Alan Turing decodificasse as mensagens dos nazistas durante a Segunda Guerra Mundial. A ideia de que essas fórmulas pudessem guiar, ou até mesmo ajudar a governar, a vida cotidiana de centenas de milhões de indivíduos, ou de que alguns ex-professores de matemática pudessem fazer com que o computador derrotasse investidores experientes e renomados, parecia impossível ou mesmo completamente ridícula.

Mas Simons era otimista e confiante por natureza. Ele detectava com antecedência sinais de sucesso para seu sistema computacional, trazendo esperança. Além disso, não tinha muitas opções. Seus investimentos de risco, outrora prósperos, não saíam do lugar, e era certo que ele não queria voltar a lecionar.

"Vamos trabalhar no sistema", Simons disse a Berlekamp durante uma ligação ainda mais urgente. "Ano que vem, eu sei, podemos bater os 80%."

Oitenta por cento em um ano? Agora sim, ele foi longe demais, pensou Berlekamp.

Esses retornos enormes não eram possíveis, disse ele a Simons. E você não precisa jogar tão alto, Jim. Mas Simons não conseguia parar. No final das contas, tudo isso foi demais e Berlekamp saiu da empresa, um golpe e tanto para Simons.

"Que vá para o inferno! Eu mesmo vou cuidar disso tudo!", disse Simons a um amigo.

=

Lá pela mesma época, em outra parte do estado de Nova York, a 80km de distância, um cientista de meia-idade, alto e bonito, olhava fixamente para um quadro branco, lidando com seus próprios desafios. Robert Mercer trabalhava para um crescente centro de pesquisa da IBM em um subúrbio de Westchester, buscando formas melhores de fazer com que o computador transcrevesse falas em textos e até traduzisse idiomas, entre outras tarefas. Em vez de seguir métodos convencionais, ele estava resolvendo seus problemas com uma forma inicial de aprendizado de máquina de grande escala. Ele e seus colegas alimentavam os computadores com dados o bastante para que as máquinas pudessem realizar tarefas por conta própria. Por mais que Mercer estivesse há quase duas décadas na gigante dos computadores, ainda não estava claro o quanto ele e sua equipe conseguiriam alcançar.

Para seus colegas, Mercer era indecifrável, até mesmo para aqueles que trabalharam por anos a seu lado. Mercer tinha um talento incomum. Era estranho e meio antissocial. Todo dia no almoço comia um sanduíche de atum ou de pasta de amendoim com geleia embalado em um saco de papel usado. Pelo escritório, vivia cantarolando ou assobiando, em geral músicas clássicas, usando roupas que não impressionavam ninguém.

Muito do que saía de sua boca era brilhante, até mesmo profundo, por mais que pudesse ser também totalmente chocante. Certa vez, disse a seus colegas que acreditava que viveria para sempre. Os funcionários *pensavam* que ele falava sério, apesar de seu histórico não parecer estar a seu favor. Mais tarde, seus colegas ficaram sabendo sobre a hostilidade profunda de Mercer com relação ao governo e sobre suas visões políticas radicais que viriam a dominar sua vida e afetar a de muitos outros.

Na IBM, Mercer passou muitas horas junto a um colega mais novo chamado Peter Brown, matemático charmoso, criativo e extrovertido, cujos óculos de armação escura, grande juba de cabelo castanho encaracolado e energia cinética lembram um professor maluco. Os dois não passavam muito tempo discutindo sobre dinheiro e mercado. Entretanto, uma turbulência pessoal levou-os a unir forças com Simons. Sua busca improvável para decodificar o mercado e liderar uma revolução nos investimentos passou a pertencer aos três.

=

Simons ainda desconhecia os imponentes obstáculos de sua trajetória. Muito menos sabia que a tragédia o perseguia ou que uma revolta política derrubaria sua empresa.

Olhando de seu escritório para o Rio East naquele dia, no outono norte-americano de 1990, Simons simplesmente sabia que tinha um problema difícil para resolver.

"Há padrões no mercado", disse a um colega. "E sei que podemos identificá-los."

PARTE UM

O Dinheiro Não é Tudo

CAPÍTULO UM

Jimmy Simons pegou uma vassoura e dirigiu-se para o andar de cima. Era o inverno de 1952, e o garoto de 14 anos estava tentando ganhar um trocado na loja de artigos para jardinagem Breck's, perto de sua casa em Newton, Massachussetts, no arborizado subúrbio de Boston. Não estava indo muito bem. Trabalhando no estoque no andar de baixo, o jovem se viu tão perdido que colocou no lugar errado o esterco de ovelha, as sementes e quase tudo mais.

Frustrados, os proprietários do estabelecimento disseram para Jimmy varrer os pisos de madeira dos estreitos corredores da loja, tarefa sem sentido e repetitiva. Para Jimmy, o rebaixamento parecia um golpe de sorte. Finalmente, estava sozinho para pensar sobre o que mais importava na sua vida. Matemática. Garotas. O futuro.

Eles estão me pagando para pensar!

Semanas depois, após concluir o trabalho durante a época de Natal, o casal dono da loja perguntou a Jimmy sobre seus planos para o futuro.

"Quero estudar matemática no MIT."

Caíram na gargalhada. Um jovem tão distraído que não conseguia nem organizar os produtos básicos de jardinagem tinha a esperança de ter um diploma em matemática e, ainda, no Instituto de Tecnologia de Massachussetts?

"Eles acharam a coisa mais engraçada que já tinham ouvido na vida", Simons relembra.

O ceticismo não incomodou Jimmy, nem mesmo os riscos. O adolescente estava repleto de uma confiança sobrenatural e uma determinação incomum para alcançar algo especial, resultado de pais que o apoiavam e que tiveram grandes esperanças e profundos arrependimentos na própria vida.

Marcia e Matthew Simons deram as boas-vindas a James Harris à família na primavera de 1938. Ela e Matty dedicaram tempo e energia a seu filho, que continuou a ser filho único após Marcia sofrer uma sequência de abortos espontâneos. Com intelecto afiado, uma personalidade extrovertida e sofisticada astúcia, Marcia era voluntária na escola de Jimmy, mas nunca teve a oportunidade de trabalhar fora de casa. Canalizou seus sonhos e paixões em Jimmy, o incentivando no mundo acadêmico e garantindo a ele que o sucesso estava por vir.

"Ela era ambiciosa por mim", Simons relembra. "Ela me via como seu projeto."

Matty Simons tinha uma perspectiva diferente tanto na vida quanto na paternidade. Desde os 6 anos, Matty, um de 10 filhos, batalhou para ganhar dinheiro para ajudar a família, vendendo jornais nas ruas e carregando malas de viajantes em uma estação de trem vizinha. Quando alcançou a idade para o ensino médio, Matty começou a trabalhar em tempo integral. Tentou estudar no período noturno, mas logo desistiu, estava cansado demais para se concentrar.

Como pai, Matty era gentil, de voz branda e fácil de lidar. Ele gostava de chegar em casa e contar altas histórias para Marcia, sobre os iminentes planos de Cuba de construir uma ponte até a Flórida, por exemplo, enquanto Jimmy se esforçava para disfarçar com um sorriso. Marcia podia ser a cabeça da família, mas ela era extremamente fácil de enganar. Matty inventava histórias cada vez mais absurdas até que ela finalmente percebesse as lorotas, um tipo de jogo da família que garantia muitas gargalhadas de Jimmy.

"Ela não entendia sempre", Simons dizia, "mas eu entendia".

Matty trabalhava como gerente de vendas na 20th Century Fox, passando pelos cinemas da Nova Inglaterra para lançar os últimos filmes do estúdio. Shirley Temple, a maior estrela da época, tinha um contrato com a Fox, então Matty misturava os filmes dela com outros quatro ou cinco filmes e convencia os cinemas a pagarem pelo pacote. Matty gostava de seu trabalho e foi promovido a gerente de vendas, trazendo esperanças de que poderia subir na escada corporativa. Os planos de Matty mudaram quando seu sogro, Peter Kantor, pediu que ele trabalhasse em sua fábrica de sapatos. Peter prometeu que ele seria dono de parte da empresa, e Matty se viu na obrigação de entrar para o negócio da família.

A fábrica de Peter, que produzia sapatos femininos de luxo, era um sucesso, mas o dinheiro se foi tão rápido quanto apareceu. Um homem grande e exibido, adepto de roupas caríssimas, tinha sempre o modelo mais recente de Cadillac e usava sapatos com sola alta para compensar sua baixa estatura de 1,60m, Peter gastou grande parte de sua fortuna em corridas de cavalo e rodadas de amantes. Em dias de pagamento, Peter deixava Jimmy e seu primo Richard Lourie segurar pilhas de dinheiro "de nossa altura", relembra Richard. "Nós dois adorávamos!"[1]

Peter passava uma certa despreocupação e um amor pela vida, atitudes que Jimmy passou a adotar depois. Nativo da Rússia, Peter contava histórias perversas sobre o antigo país, a maioria falando de lobos, mulheres, caviar e muita vodca, e ensinou a seus netos algumas frases importantes em russo — "Quero um cigarro" e "Vá para o inferno", fazendo os meninos cairem na gargalhada. Peter guardava seu dinheiro em um cofre, provavelmente para não ter de pagar impostos, mas sempre mantinha US$1,5 mil no bolso da camisa. Ele foi encontrado com essa exata quantia de dinheiro no dia em que faleceu, cercado de cartões de Natal enviados por dezenas de amigas agradecidas.

Matty Simons passou anos como gerente geral da fábrica de sapatos, mas nunca recebeu sua parte da empresa que Peter prometeu. Tempos depois, Matty disse a seu filho que queria não ter abandonado uma carreira promissora e empolgante para fazer o que os outros queriam dele.

"A lição era: faça o que gosta na vida, não o que você acha que 'deveria' fazer", afirma Simons. "Isso é uma coisa de que nunca me esquecerei."

O que Jimmy mais gostava de fazer era pensar, geralmente em matemática. Ele se ocupava com números, formas e declives. Aos três anos, Jimmy multiplicava os números por dois e os dividia pela metade, descobrindo todas as potências de 2 até 1.024 antes de ficar entediado. Um dia, enquanto levava a família à praia, Matty parou para colocar gasolina, deixando o garoto perplexo. Da forma que Jimmy raciocinava, o automóvel da família não poderia ficar sem gasolina nunca. Após usar metade do tanque, haveria outra metade, assim eles poderiam usar metade daquilo, e assim por diante, sem nunca chegar ao tanque vazio.

O menino de quatro anos se deparava com um clássico problema de matemática envolvendo alto nível de lógica. Se uma pessoa sempre tem de viajar metade da distância restante antes de chegar ao destino e sendo que qualquer distância, não importa se for pequena, pode ser dividida na metade, então como uma pessoa pode conseguir chegar ao destino? O filósofo grego Zenão de Eleia foi o primeiro a resolver o dilema, o mais famoso de um grupo de paradoxos que desafiaram matemáticos por séculos.

Assim como muitas crianças sem irmãos, Jimmy ficava pensando durante longos períodos de tempo e até mesmo conversava com si próprio. No ensino infantil, ele costumava subir em uma árvore ali perto, sentava no galho e ficava pensando. Às vezes, Marcia tinha de ir lá e forçá-lo a descer do galho para brincar com as outras crianças.

Diferentemente de seus pais, Jimmy era determinado a se concentrar em suas paixões. Quando tinha 8 anos de idade, Dr. Kaplan, o médico da família de Simons, sugeriu que ele se tornasse médico, dizendo que era a profissão perfeita "para um brilhante menino judeu".

Jimmy se irritou.

"Quero ser matemático ou cientista", retrucou.

O médico tentou dissuadir o menino. "Veja bem, você não vai conseguir ganhar dinheiro com matemática."

Jimmy disse que queria tentar. Ele não entendia bem o que os matemáticos faziam, mas sabia que envolvia números, o que era bom o bastante. Enfim, ele sabia muito bem que não queria ser médico.

Na escola, Jimmy era esperto e travesso, tinha a autoconfiança de sua mãe e o humor endiabrado de seu pai. Amava livros, sempre ia à biblioteca local para pegar quatro livros emprestados por semana, muitos deles bem acima de seu nível escolar. Os conceitos matemáticos eram o que mais o cativava. Na escola Lawrence, em Brookline, local onde os âncoras de TV Mike Wallace e Barbara Walters estudaram, Jimmy foi eleito presidente de sala e concluiu próximo do topo de sua turma, ficando atrás somente de uma jovem que não ficava perdida em seus pensamentos tanto quanto ele.

Nessa época, Jimmy tinha um amigo que era muito rico e ficou impressionado pelo estilo de vida confortável de que sua família desfrutava.

"É bom ser rico. Constatei isso", disse Simons mais tarde. "Não tinha interesse nos negócios, mas isso não quer dizer que não tinha interesse no dinheiro."[2]

As aventuras ocupavam grande parte do tempo de Jimmy. Às vezes, ele e um amigo, Jim Harpel, pegavam o bondinho para ir à sorveteria Bailey's em Boston saborear uma casquinha. Quando ficaram mais velhos, a dupla entrava escondida nos espetáculos burlescos no Teatro Old Howard. Durante uma manhã de sábado, enquanto os meninos saíam pela porta, o pai de Harpel percebeu que eles estavam com binóculos pendurados no pescoço.

"Por acaso vocês estão indo ao Old Howard?", perguntou ele.

Pegos no flagra.

"Como você sabia, senhor Harpel?", perguntou Jimmy.

"Não têm muitos passarinhos para se observar aqui da janela", ele respondeu.

Após o nono ano da escola, a família Simons se mudou de Brookline para Newton, onde Jimmy frequentou a escola Newton High School, uma escola pública de elite, bem equipada para nutrir suas paixões emergentes. Como aluno do segundo ano, Jimmy gostava de debater conceitos teóricos, como a noção de que superfícies bidimensionais poderiam se estender para sempre.

Após concluir o ensino médio em três anos,* Simons, magro, porém forte, embarcou em uma viagem de carro com Harpel atravessando o país. A todos os lugares que iam, os jovens de 17 anos, de classe média e, até então, protegidos da vida dura, conversavam com o povo local. Quando atravessavam o Mississippi, viram afro-americanos trabalhando na roça e vivendo em galinheiros.

"A era da Reconstrução dos Estados Unidos os tornou agricultores inquilinos, mas era a mesma coisa que a escravidão", relembra Harpel. "Foi meio que um choque para nós."

Enquanto acampavam em um parque estadual, foram a uma piscina, mas não viram nenhum afro-americano lá, o que os deixou surpresos. Simons perguntou a um funcionário do parque, grande e de meia-idade, por que nenhuma pessoa negra estava no local.

"Cri---s não são permitidos", disse ele.

---

* N.T.: O tempo normal de conclusão do ensino médio norte-americano é de quatro anos.

Ao visitarem outras cidades, Simons e Harpel viram famílias vivendo em extrema pobreza, experiência que deixou uma marca nos garotos, tornando-os mais sensíveis às dificuldades dos desfavorecidos da sociedade.

Simons entrou para o MIT, como esperava, e até mesmo pôde pular o primeiro ano de matemática, graças aos cursos avançados que fez no ensino médio. Porém a faculdade trouxe desafios imediatos. Logo no início, Simons lidou com o estresse e dores abdominais agudas, chegando a perder 10kg e passar duas semanas no hospital. Os médicos acabaram diagnosticando colite e prescreveram esteroides para estabilizar sua saúde.

Superconfiante durante o segundo semestre do primeiro ano, Simons se matriculou em uma disciplina de álgebra abstrata. Foi um desastre total. Ele não conseguia acompanhar seus colegas de sala e não conseguia entender o porquê das tarefas e dos tópicos do curso.

Simons comprou um livro sobre a matéria e o levou para casa durante o verão, lendo e refletindo durante horas. Por fim, as coisas se encaixaram e ele passou a ir muito bem em todas as outras aulas de álgebra. Apesar de ter recebido uma nota baixa em uma disciplina de cálculo avançado no segundo ano, o professor permitiu que ele se matriculasse no próximo nível daquela disciplina, que tratava o teorema de Stokes, uma generalização do teorema fundamental do cálculo de Isaac Newton que relaciona integrais de linha com integrais de superfície em três dimensões. O jovem ficou fascinado; um teorema envolvendo cálculo, álgebra e geometria parecia gerar uma harmonia simples e inesperada. Simons foi tão bem nessa matéria que os alunos pediam ajuda a ele.

"Eu desabrochei", conta Simons. "Era um sentimento de glória."

A forma pela qual esses teoremas e fórmulas poderosas podiam trazer verdades e unir áreas distintas na matemática e na geometria prendia a atenção de Simons.

"Era a elegância de tudo, os conceitos eram lindos", diz ele.

Quando estudou com alunos como Barry Mazur, que se formou em dois anos e mais tarde ganhou as melhores premiações de matemática e lecionou na Universidade de Harvard, Simons concluiu que ainda não estava bem no nível deles. Mas estava perto. E percebeu que possuía uma abordagem única, matutando os problemas até que chegasse a soluções originais. Os amigos às vezes o viam deitado, com os olhos fechados, por horas. Ele era um pensador com imaginação e "bom gosto", ou com o instinto de confrontar os tipos de problema que podem levar a verdadeiros avanços.

"Percebi que poderia não ser espetacular ou o melhor, mas eu poderia fazer algo bom. Eu tinha essa autoconfiança", conta.

Um dia, Simons viu dois de seus professores, os renomados matemáticos Warren Ambrose e Isadore Singer, em uma discussão profunda após a meia-noite em um café local. Decidiu então que queria aquele tipo de vida: cigarros, café e matemática a qualquer hora do dia.

"Era como se fosse uma epifania... um raio de luz", afirma.

Longe da matemática, Simons fez tudo o que pôde para evitar cursos que exigissem demais dele. Os alunos do MIT precisavam se matricular em uma disciplina de educação física, mas ele não queria perder tempo tomando banho e trocando de roupa, por isso se matriculou em arco e flecha. Ele e outro aluno, Jimmy Mayer, que veio da Colômbia para o MIT, decidiram tornar a aula um pouco mais interessante, apostando cinco centavos de dólar por cada tentativa. Eles se tornaram amigos rapidamente, paquerando garotas e jogando pôquer com os outros colegas noite adentro.

"Se você perdesse cinco dólares, era praticamente um suicídio", relembra Mayer.

Simons era engraçado, simpático, falava o que pensava e sempre aprontava. Como calouro, ele gostava de encher revólveres de água com fluido de isqueiros e, colocando fogo, criava um lança-chamas caseiro. Uma vez, após ter feito uma fogueira no banheiro em Baker House, dormitório próximo ao rio Charles, ele jogou uma garrafa de fluído de isqueiro dentro do vaso sanitário, deu descarga e fechou a porta atrás dele. Olhando para trás, Simons viu um brilho laranja em volta do batente da porta — o banheiro todo estava em chamas.

"Não entre aí!", gritou para os colegas de sala que se aproximavam.

Dentro do vaso, o fluido se aqueceu e incendiou formando uma bola de fogo. Felizmente, o dormitório havia sido construído com tijolo à vista vermelho escuro e o fogo não se alastrou. Simons confessou seu crime e pagou um total de cinquenta dólares para a escola em parcelas semanais, durante dez semanas, para fazerem os reparos necessários.

Em 1958, após três anos de MIT, Simons tinha créditos suficientes para se formar aos 20 anos, recebendo um diploma de bacharel de Ciências em Matemática. Antes de entrar na pós-graduação, ele ansiava por uma nova aventura. Simons contou a um amigo, Joe Rosenshein, que queria fazer algo que "entraria para o livro dos recordes" e "ficaria para a história".

Simons considerou que uma longa viagem feita sobre patins poderia atrair a atenção, mas parecia muito cansativa. Outra possibilidade era convidar jornalistas para acompanhá-lo com seus amigos para uma viagem de esqui-aquático na América do Sul, mas a logística parecia assustadora. Passando uma tarde em Harvard Square com Rosenshein, Simons viu uma motocicleta Vespa passando.

"Será que a gente não poderia usar uma dessas?", perguntou Simons.

Ele criou um plano para fazer uma viagem "que fosse digna de virar notícia", convencendo duas concessionárias locais a darem descontos a ele e seus amigos se comprassem uma Lambretta para cada um, a melhor marca da época, em troca do direito de filmar a viagem. Simons, Rosenshein e Mayer foram para a América do Sul, viagem a qual apelidaram de "Buenos Aires ou Fracasso". Os jovens dirigiram-se para o Oeste, passando por Illinois, antes de descer para o México. Viajaram pelas estradas do país e dormiram em varandas, estações policias abandonadas e nas florestas, onde penduraram redes com telas contra pernilongos. Uma família da Cidade do México alertou os garotos sobre bandidos e insistiram em que comprassem uma arma para se protegerem, ensinando a eles a dizer uma frase crucial em espanhol: "Não se mexa ou mato você."

Pilotando as Vespas com escapamento furado em uma pequena cidade ao sul do México, lá pela hora do jantar, usando jaqueta de couro e parecendo uma gangue de motociclistas do clássico filme de Marlon Brando *O Selvagem*, os garotos pararam para procurar um lugar para comer. Quando os locais viram os visitantes perturbando seu tradicional passeio noturno, ficaram furiosos.

"Gringos, o que vocês estão fazendo aqui?", alguém perguntou.

Dentro de minutos, cinquenta jovens agressivos, alguns segurando facões, cercaram Simons e seus amigos, colocando-os contra a parede. Rosenshein tentou pegar a arma, mas se lembrou de que tinha somente seis balas, nem perto de dar conta daquela multidão que não parava de aumentar. De repente, surgiram policiais, abrindo passagem em meio à turba para prender os alunos do MIT por perturbação do sossego.

Os garotos foram para a prisão. Logo, foram cercados por uma multidão, que gritava e assobiava para eles, causando tanta comoção que o prefeito enviou alguém para investigar. Quando o prefeito ouviu que três universitários de

Boston estavam causando problemas, trouxe-os imediatamente a seu escritório. Acontece que o prefeito tinha se formado em Harvard e estava louco para saber as últimas de Cambridge. Momentos depois de se defenderem de um bando raivoso, os garotos se sentaram com oficiais locais para um jantar luxuoso e tardio. Mesmo assim, Simons e seus amigos fizeram de tudo para sair daquela cidade antes do amanhecer, para evitar qualquer outro tipo de problema.

Rosenshein estava farto de tudo aquilo e voltou para casa, mas Simons e Mayer continuaram, indo até Bogotá em sete semanas, atravessando o México, a Guatemala e a Costa Rica, passando por deslizamentos e rios violentos pelo caminho. Chegaram sem praticamente nenhuma comida e nenhum tostão, animados por ficar na luxuosa casa de um colega de sala, Edmundo Esquenazi, natural da cidade. Os amigos e a família apareceram para conhecer os visitantes, e eles passaram o resto do verão jogando croquê e relaxando com os anfitriões.

Quando Simons voltou ao MIT para começar sua pós-graduação, seu orientador sugeriu que terminasse o doutorado na Universidade da Califórnia, Berkeley, para que pudesse trabalhar com um professor chamado Shiing-Shen Chern, antigo prodígio da matemática vindo da China e geômetra e topologista com um grande diferencial. Mas Simons tinha alguns negócios em aberto para cuidar. Ele tinha começado a namorar uma bela e pequena garota de 18 anos e de cabelos escuros, chamada Barbara Bluestein, que estava no primeiro ano da faculdade vizinha, Wellesley. Após quatro noites consecutivas de longas conversas, ficaram apaixonados e noivaram.

"Conversamos, conversamos e conversamos", relembra Barbara. "Ele estava indo para Berkeley e eu queria ir junto com ele."

Os pais dela ficaram furiosos com o relacionamento relâmpago. Barbara era muito jovem para se casar, insistia sua mãe, que também se preocupava com um possível desequilíbrio de poderes entre a filha e seu noivo tão seguro de si.

"Em alguns anos, ele vai limpar o chão com você", ela alertava Barbara.

Determinada a se casar com Simons, mesmo sem a aprovação de seus pais, Barbara negociou o compromisso: ela iria com ele para Berkeley, mas esperariam que ela estivesse no segundo ano da faculdade para se casarem.

Simons recebeu uma bolsa para estudar em Berkeley. Ao chegar no campus no final do verão norte-americano de 1959, logo teve uma surpresa infeliz: ninguém sabia onde Chern estava. O professor havia tirado um ano sabático. Simons começou a trabalhar com outros matemáticos, incluindo Bertram Kostant, mas se deparou com certas frustrações. Uma noite, no início de outubro, Simons foi à pensão de Barbara e contou a ela que sua pesquisa não ia bem. Ela achava que ele estava deprimido.

"Vamos nos casar", ela se lembra de ter dito a ele.

Simons topou. Decidiram ir a Reno, Nevada, onde não teriam de esperar dias para fazer exame de sangue, conforme exigido na Califórnia. O jovem casal não tinha praticamente nenhum tostão, então o colega de quarto de Simons emprestou a ele o suficiente para comprar duas passagens de ônibus para a viagem de mais de 300km. Em Reno, Barbara convenceu o gerente do banco local a descontar um cheque de outro estado para que pudessem pagar pela certidão de casamento. Após uma breve cerimônia, Simons usou o restante do dinheiro para jogar pôquer, ganhando o suficiente para comprar um maiô preto para sua agora esposa.

De volta a Berkeley, o casal esperava manter o casamento em segredo, pelo menos até decidirem como contar a novidade para as famílias. Quando o pai de Barbara escreveu uma carta dizendo que estava planejando uma visita, eles perceberam que teriam de abrir o jogo. Simons e sua esposa escreveram para seus respectivos pais, preenchendo diversas páginas com notícias corriqueiras sobre a faculdade e as aulas, antes de colocar uma mensagem idêntica ao final:

"Aliás, nós nos casamos."

Após os pais de Barbara se acalmarem, seu pai arranjou um rabi local para que os dois tivessem uma cerimônia mais tradicional. Os recém-casados alugaram um apartamento em Parker Street, próximo ao campus rodeado de atividade política, e Simons avançou com uma dissertação de doutorado focada na geometria diferencial — o estudo dos espaços curvos e multidimensionais usando métodos de cálculo, topologia e álgebra linear. Ele também começou a passar seu tempo em uma nova paixão: operar na bolsa. O casal recebeu US$5 mil como presente de casamento, e Simons estava ansioso para multiplicar aquele dinheiro. Pesquisou um pouco e foi até uma empresa de corretagem da Merril Lynch perto de São Francisco, onde comprou ações da United Fruit Company, que vendia frutas tropicais, e da Celanese Corporation, uma empresa de produtos químicos.

Os preços das ações não saíam do lugar, o que frustrava Simons.

"Isso é meio entediante", disse ele ao corretor. "Você tem algo mais empolgante?"

"Você deveria dar uma olhada na soja então", respondeu.

Simons não sabia nada de commodities ou como operar futuros (contratos financeiros que prometem a entrega de commodities ou outros investimentos a um preço fixo em uma data futura), mas se tornou um estudante ávido. Na época, a soja custava US$2,50 por bushel [27,2kg]. Quando o corretor disse que os analistas da Merrill Lynch esperavam que os preços chegassem a três dólares ou mais, os olhos de Simons saltaram. Ele comprou dois contratos de futuros, viu a soja subir e ganhou diversos milhares de dólares em questão de dias.

Simons ficou obcecado.

"Fiquei fascinado com aquilo e com a possibilidade de poder ganhar dinheiro em curto prazo", diz ele.

Um amigo mais antigo aconselhou-o a vender seus títulos e embolsar os lucros, alertando que o preço das commodities é volátil. Simons não seguiu o conselho. Como era de se esperar, os preços da soja despencaram, e a sua aposta mal saiu elas por elas. Essa montanha-russa costuma desencorajar investidores novatos, mas, para Simons, aquilo serviu só para abrir seu apetite. Ele começou a acordar cedo para ir de carro até São Francisco, para que pudesse estar nos escritórios da Merrill Lynch às 7h30, a tempo da abertura do pregão de Chicago. Durante horas, ficava em pé observando os preços aparecerem no grande painel, fazendo operações e, ao mesmo tempo, tentando acompanhar aquela movimentação. Mesmo após voltar para casa para retomar os estudos, Simons ficava de olho nos mercados.

"Era meio que uma adrenalina", recorda ele.

Mas passou do ponto. Ir a São Francisco no raiar do dia sem a mínima vontade enquanto tentava concluir uma desafiadora tese virou um grande fardo. Quando Barbara ficou grávida, Simons tinha muitas responsabilidades em mãos. Meio que relutante, parou de operar na bolsa, mas uma sementinha havia sido plantada.

Para sua tese de doutorado, Simons queria desenvolver uma comprovação para um problema difícil e pendente da área, mas Kostant duvidava de que ele conseguiria fazer isso. Os matemáticos do mundo todo haviam tentado e não conseguiram, Kostant disse a ele. Não perca tempo. O ceticismo parecia somente atiçá-lo. Sua tese resultante, "Sobre a Transitividade dos Sistemas Holonômicos", concluída em 1962, após somente dois anos de trabalho, tratava da geometria dos espaços curvos multidimensionais. (Quando Simons conversa com novatos, gosta de definir *holonomia* como "transporte paralelo de vetores tangentes em torno de curvas fechadas em espaços curvos multidimensionais". Verdade.) Uma revista acadêmica conceituada aceitou publicar a tese, ajudando-o ganhar um cargo de prestígio para lecionar durante três anos no MIT.

Mesmo fazendo planos com Barbara de voltar para Cambridge com sua bebê, Elizabeth, Simons começou a questionar o futuro. As próximas décadas pareciam estar bem organizadas: pesquisar, lecionar, pesquisar mais e lecionar ainda mais. Simons amava matemática, mas também precisava de uma nova aventura. Parecia crescer mais ao superar dificuldades e desafiar o ceticismo, e não havia obstáculos para ele. Aos vinte e três anos apenas, Simons estava passando por uma crise existencial.

"Então é isso? É isso o que vou fazer da vida?", perguntou a Barbara um dia em casa. "Deve haver algo mais."

Após um ano no MIT, a inquietude de Simons trouxe seu melhor. Ele voltou a Bogotá para ver se conseguiria abrir um negócio com seus colegas de sala colombianos, Esquenazi e Mayer. Lembrando do piso de concreto de seu dormitório no MIT, Esquenazi reclamava da má qualidade dos materiais para piso de Bogotá. Simons disse que conhecia alguém que produzia pisos, então decidiram abrir uma fábrica local para produzir pisos de vinil e encanamentos de PVC. A maior parte do financiamento veio do sogro de Esquenazi, Victor Shaio, mas Simons e seu pai também entraram em parte do negócio.

O negócio parecia estar em boas mãos, e Simons não sentia que tinha muito a contribuir, portanto, voltou ao mundo acadêmico, aceitando um cargo de pesquisa na Universidade de Harvard em 1963. Lá, lecionou duas disciplinas, incluindo um curso avançado de pós-graduação sobre equações diferenciais parciais, uma área dentro da geometria que ele já sabia que seria importante. Simons não sabia muito sobre equações diferenciais parciais (EDPs), mas imaginou que lecionar aquela disciplina seria uma boa forma de aprender. Disse a seus alunos que estava aprendendo sobre o assunto apenas uma semana antes deles, uma confissão que eles acharam fascinante.

Simons era um professor famoso com um estilo informal e entusiasta. Contava piadas e raramente usava paletó ou gravata, como os outros professores faziam. No entanto, seu exterior jovial mascarava imensas pressões. Sua pesquisa estava indo devagar, e ele não simpatizava com a comunidade de Harvard. Ele pegou dinheiro emprestado para investir na fábrica de pisos que Esquenazi e os outros estavam construindo, e convenceu seus pais a hipotecarem a casa para que tivessem sua própria participação no negócio. Para aumentar a renda, Simons começou a lecionar outras duas disciplinas na faculdade vizinha Cambridge Junior College, trabalho que o estressava, embora não contasse a seus amigos e família.

Ele estava batalhando por dinheiro, mas não era simplesmente para pagar suas dívidas. Ele estava faminto por dinheiro de verdade. Simons gostava de comprar coisas bacanas, mas não era extravagante. Também não era pressionado por Barbara, que, às vezes, ainda usava roupas de sua adolescência. Havia outras motivações que o moviam. Seus amigos e outros suspeitavam de que ele queria causar algum tipo de impacto no mundo. Simons via como a riqueza pode trazer independência e influência.

"Jim entendia, ainda muito jovem, que dinheiro é poder", afirma Barbara. "Ele não queria que as pessoas tivessem poder sobre ele."

Enquanto estava sentado na biblioteca de Harvard, suas dúvidas de início de carreira ressurgiram. Ficava imaginando se algum outro tipo de trabalho poderia trazer mais realização e empolgação, e talvez dinheiro também, pelo menos o suficiente para quitar suas dívidas.

As pressões crescentes acabaram o atingindo. E ele decidiu parar um pouco.

CAPÍTULO DOIS

P: Qual a diferença entre um doutorado em Matemática e uma pizza grande?

R: Com uma pizza grande é possível alimentar uma família de quatro pessoas.

Em 1964, Simons abandonou a Universidade de Harvard e entrou para um grupo de inteligência, para ajudar na luta contra a União Soviética durante a Guerra Fria que ocorria na época. O grupo disse a ele que poderia continuar sua pesquisa na matemática enquanto trabalharia para as tarefas do governo. Tão importante quanto isso, ele também conseguiu dobrar seu salário anterior e começou a quitar suas dívidas.

A oferta feita a Simons veio de Princeton, Nova Jersey, divisão do Instituto de Análise de Defesa (IDA), uma organização de pesquisa de elite que contratava matemáticos das melhores universidades para prestar auxílio na Agência de Segurança Nacional — a maior e mais secreta agência de inteligência dos Estados Unidos — para detectarem e atacarem códigos e criptogramas dos russos.

Seu novo início se deu em um período tumultuoso para o IDA. Os elevados códigos soviéticos não tinham sido decodificados com regularidade por mais de uma década. Simons e seus colegas da Divisão de Pesquisa de Comunicação do IDA receberam a tarefa de proteger as comunicações norte-americanas e tentar encontrar algum sentido aos códigos soviéticos que eram tão teimosamente impenetráveis. O IDA ensinou Simons a desenvolver modelos matemáticos para discernir e interpretar os padrões de dados que aparentemente não faziam nenhum sentido. Ele começou a usar a análise estatística e a teoria da probabilidade, ferramentas matemáticas que influenciariam seu trabalho.

Para decodificar, ele primeiro determinava um plano de ataque. Depois, criava um algoritmo — uma série de passos para seu computador seguir — para testar e implementar sua estratégia. Simons era péssimo em projetar programas de computador, o que o forçava a contar com os programadores internos da divisão para a codificação real, mas acabou aperfeiçoando outras habilidades que se tornariam valiosas em sua carreira futura.

"Aprendi que gostava de criar algoritmos e testar as coisas no computador", disse Simons depois.[1]

Logo no início, ele ajudou a desenvolver um algoritmo decodificador ultrarrápido, resolvendo um problema muito antigo do grupo. Em seguida, os especialistas da inteligência de Washington descobriram um exemplo isolado no qual os soviéticos enviavam mensagens codificadas com uma configuração incorreta. Simons e dois colegas aproveitaram a falha, o que lhes deu uma rara percepção da construção interna do sistema do inimigo, e ajudaram a trazer formas de explorar isso. Os avanços fizeram de Simons um conhecido investigador e conferiu à equipe uma viagem para Washington, DC, para receber o agradecimento presencial dos oficiais do Departamento de Defesa.

Esse novo trabalho tinha um único problema: Simons não podia compartilhar suas conquistas com ninguém de fora da organização. Os membros do grupo seguiam um juramento de confidencialidade. A palavra usada pelo governo para descrever o trabalho do IDA era, propriamente, confidencial.

"Como foi o trabalho hoje?", perguntava Barbara quando Simons chegava em casa.

"Ah, o mesmo de sempre", respondia ele.

Pouco tempo depois, Barbara desistiu de perguntar.

Simons estava maravilhado com a maneira única com que os talentosos pesquisadores eram contratados e geridos em sua unidade. Os membros da equipe, em sua maioria com doutorado, eram contratados em decorrência de suas mentes brilhantes, criatividade e ambição, e não por algum conhecimento ou experiência específica. A suposição era que os pesquisadores encontrariam os problemas para serem tratados e seriam inteligentes o bastante para solucioná-los. Lenny Baum, um dos criptoanalistas com mais realizações, desenvolveu um ditado que se tornou o credo do grupo: "As ideias ruins são boas, as ideias boas são maravilhosas, não ter ideias é terrível."

"Era uma fábrica de ideias", diz Lee Neuwirth, vice-diretor da divisão, cuja filha, Bebe, acabara se tornando mais tarde uma estrela da televisão e da Broadway.

Os pesquisadores não podiam discutir seu trabalho com pessoas de fora da organização. Mas, internamente, a divisão era estruturada para reproduzir um nível incomum de abertura e coleguismo. A maioria dos cerca de 25 funcionários — todos matemáticos e engenheiros — recebia o mesmo título: *membro da equipe técnica*. A equipe tinha a rotina de compartilhar o crédito e se encontrar para fazer um brinde com champanhe depois que descobriam soluções de problemas particularmente espinhosos. Na maioria dos dias, os pesquisadores iam ao escritório de outro pesquisador para oferecer ajuda ou ouvir o que tinham a dizer. Quando o pessoal da equipe se encontrava todo dia para tomar o chá da tarde, discutia as novidades, jogava xadrez, montava quebra-cabeças ou competia através do Go, um complicado jogo de tabuleiro chinês.

Simons e sua esposa sempre ofereciam jantares e o pessoal do IDA ficava inebriado com o coquetel Fish House Punch que Barbara preparava com bastante rum. O grupo jogava partidas de pôquer, apostando altas quantias, que iam até a manhã seguinte e das quais Simons sempre saía vitorioso com o dinheiro de seus colegas.

Uma noite, o pessoal foi à casa de Simons, mas ninguém sabia onde ele estava.

"Jim foi preso", Barbara disse a eles.

Ele tinha acumulado tantas multas de estacionamento com seu Cadillac caindo aos pedaços e ignorara tantas intimações consequentes que a polícia o colocou na cadeia. Os matemáticos se dividiram em alguns carros, foram até a delegacia e fizeram uma vaquinha para tirar Simons de lá.

O IDA era cheio de pensadores não convencionais e personalidades extravagantes. Todos os doze computadores da equipe ficavam em uma sala grande. Certa manhã, o guarda descobriu um criptólogo na sala vestindo um robe e nada mais; ele tinha sido colocado para fora de casa e vivia na sala de computadores. Outra vez, tarde da noite, alguém viu um membro da equipe digitando.

O que chocava é que o funcionário digitava com seus fedorentos dedos dos pés em vez dos dedos das mãos.

"Seus dedos das mãos já eram péssimos", disse Neuwirth. "Era muito nojento. As pessoas ficavam furiosas."

Até mesmo enquanto Simons e seus colegas estavam descobrindo segredos soviéticos, ele estava desenvolvendo um segredo próprio. O poder dos computadores avançava cada vez mais, porém as empresas de segurança estavam demorando para adotar a nova tecnologia, contando ainda com métodos de organização por meio de fichas para contabilidade e outras áreas. Ele decidiu abrir uma empresa para operar e pesquisar ações eletronicamente, um conceito com o potencial de revolucionar o setor. Simons, com 28 anos na época, dividiu a ideia com seu chefe, Dick Leibler, e também com o melhor programador do IDA. Ambos concordaram em entrar para a empresa, que foi chamada de iStar.

Acostumado com esquemas supersecretos, o grupo trabalhou discretamente na empresa. Um dia, entretanto, Neuwirth ficou sabendo de tudo. Chateado que a partida iminente deles poderia destruir o grupo, Neuwirth entrou com tudo na sala de Leibler.

"Por que vocês estão indo embora?"

"Como você ficou sabendo?", respondeu Leibler. "Quem mais sabe disso?"

"Todo mundo! Vocês deixaram a última folha do plano de negócios na máquina de xerox."

O problema é que a estratégia deles era mais Maxwell Smart do que James Bond.

No final, Simons não conseguiu juntar dinheiro suficiente para tirar a empresa do papel e acabou desistindo da ideia. Não parecia ser um grande problema, pois ele estava finalmente vendo progresso com sua pesquisa sobre as *variedades mínimas*, subárea da geometria diferencial que há muito o cativava.

As equações diferenciais — que são usadas em física, biologia, finanças, sociologia e muitas outras áreas — descrevem os derivativos das quantidades matemáticas ou suas taxas relativas de mudança. A famosa equação de física de Isaac Newton — a força líquida em um objeto é igual a sua massa multiplicada por sua aceleração — é uma equação diferencial, porque a aceleração é um segundo derivativo com relação ao tempo. As equações envolvendo derivativos com relação ao tempo *e* ao espaço são exemplos de equações diferenciais parciais e podem ser usadas para descrever a elasticidade, o calor e o som, entre outros.

Uma aplicação importante das EDPs na geometria é na teoria das variedades mínimas, foco da pesquisa de Simons desde seu primeiro semestre como instrutor do MIT. Uma ilustração clássica da área diz respeito a uma película (filme) de sabão formada pelo mergulho de um contorno fechado de arame em uma solução de sabão. A superfície dessa película possui uma área mínima em comparação a qualquer outra superfície com a mesma estrutura de arame como limite. Enquanto fazia seus experimentos com películas de sabão no século XIX, o físico belga Joseph Plateau levantou a dúvida sobre se essas superfícies com áreas "mínimas" sempre existem e se elas são tão lisas que cada ponto parece ser igual, não importando quão complicadas ou disformes são as estruturas de arame. A resposta para o que ficou conhecido como o problema de Plateau era sim, pelo menos para os comuns, superfícies bidimensionais, conforme comprovado por um matemático de Nova York em 1930. Simons queria saber se o mesmo se aplicaria em superfícies mínimas em dimensões maiores, algo que os geômetras chamam de variedades mínimas.

Os matemáticos que se concentram em questões teóricas com frequência mergulham em seu trabalho — andando, dormindo e até mesmo sonhando com os problemas durante anos a fio. Os que não se expõem a esse tipo de matemática, que pode ser descrita como *abstrata* ou *pura*, podem ser passíveis de dispensá-la alegando não fazer sentido. Entretanto, Simons não estava meramente resolvendo equações como um aluno do ensino médio. Estava, sim, com a esperança de descobrir e codificar princípios universais, regras e verdades, com o objetivo de aprofundar a compreensão desses objetos matemáticos. Albert Einstein defendia que há uma ordem natural no mundo; os matemáticos como Simons podem ser vistos como pessoas que buscam evidências dessa estrutura. Há uma verdadeira beleza em seu trabalho, especialmente quando conseguem revelar algo sobre a ordem natural do universo. Muitas vezes, essas teorias encontram aplicações práticas, mesmo anos depois, enquanto avançamos nosso conhecimento sobre o universo.

Após certo tempo, uma série de conversas com Frederick Almgren Jr., professor da vizinha Universidade de Princeton, que havia solucionado o problema em três dimensões, ajudou Simons a alcançar algo novo. Simons criou uma equação diferencial parcial própria, que ficou conhecida como a equação de

Simons, e a usou para desenvolver uma solução uniforme através de seis dimensões. Ele propôs também um contraexemplo em uma sétima dimensão. Mais tarde, três italianos, incluindo o vencedor da Medalha Fields, Enrico Bombieri, mostraram que o contraexemplo estava correto.

Em 1968, Simons publicou *Minimal Varieties in Riemannian Manifolds* [Variedades Mínimas em Variedades de Riemann, em tradução livre], que acabou se tornando um artigo de base para geômetras, provando-se fundamental nas áreas relacionadas e continua sendo muito citado, destacando sua significância duradoura. Essas conquistas o ajudaram a se estabelecer como um dos geômetras mais proeminentes do mundo.

=

Até mesmo quando Simons alcançava o sucesso em codificação e matemática, continuava buscando novas formas de ganhar dinheiro. O IDA cedia a seus pesquisadores uma notável flexibilidade no trabalho, portanto, Simons passava o tempo examinando o mercado de ações. Trabalhando com Baum e outros dois colegas, Simons desenvolveu um sistema ultramoderno de operação na bolsa. O quarteto publicou um artigo interno e confidencial para o IDA chamado "Modelos Probabilísticos para a Predição do Comportamento do Mercado de Ações" que propunha um método de operação o qual os pesquisadores alegavam que poderia gerar ganhos anuais de pelo menos 50%.

Simons e seus colegas ignoraram as informações básicas nas quais a maioria dos investidores se concentrava, como lucro, dividendos e notícias corporativas, o que os criptoanalistas chamavam de "estatísticas econômicas fundamentais do mercado". Em vez disso, propuseram buscar um número pequeno de "variáveis macroscópicas" capazes de prever o comportamento de curto prazo do mercado. Eles afirmavam que o mercado possuía oito "estados" subjacentes — como "variância alta", quando as ações passavam por movimentações maiores que a média, e "boas", quando as ações subiam em geral.

E o que era realmente único é o seguinte: o artigo não tentava identificar ou prever esses estados usando a teoria econômica ou qualquer outro método convencional, e os pesquisadores tampouco buscavam entender o *porquê* de o mercado entrar em certos estados. Simons e seus colegas usavam a matemática para determinar o conjunto de estados que melhor se encaixava nos dados de precificação observados; então, seu modelo fazia as apostas de acordo com isso. Simons e seus colegas pareciam sugerir que não importavam os *porquês*, apenas as estratégias para tirar vantagem dos estados inferidos.

Para a maioria dos investidores, essa era uma abordagem nunca vista antes, mas os apostadores a entenderam bem. Os jogadores de pôquer supõem o humor de seus oponentes julgando seu comportamento e, assim, ajustam suas estratégias. Enfrentar alguém que está com péssimo humor pede certas táticas; outras são ideais se o competidor parece estar feliz ou confiante demais. Os jogadores não precisam saber *por que* seus oponentes estão mal-humorados ou exuberantes para poderem lucrar em cima desses humores; só precisam saber identificar esses tipos de humor. Simons e seus codificadores propuseram uma abordagem semelhante para prever os preços das ações, contando com uma sofisticada ferramenta matemática chamada de modelo oculto de Markov. Assim como um apostador pode adivinhar o humor de um oponente com base em suas decisões, um investidor pode deduzir o estado do mercado com base em suas movimentações de preço.

O artigo de Simons estava muito rudimentar, até mesmo no final dos anos 1960. Ele e seus colegas fizeram algumas suposições ingênuas, como, por exemplo, que as operações poderiam ser feitas "sob condições ideais", o que não incluía nenhum custo de operação, embora o modelo exigisse muitas operações diárias. Ainda assim, o artigo pode ser visto como algo pioneiro. Até então, os investidores buscavam, em geral, um pensamento racional econômico subjacente para explicar e prever as movimentações do mercado de ações, ou usavam uma *análise técnica* simples, que envolvia empregar gráficos e outras representações das últimas movimentações de preços para descobrir um padrão de repetição. Simons e seus colegas estavam propondo uma terceira abordagem, uma abordagem com semelhanças à operação técnica, mas muito mais sofisticada e que contava com ferramentas de matemática e ciências. Eles sugeriam que uma pessoa poderia deduzir uma variação de "sinais" capazes de passar informações úteis sobre os trades esperados do mercado.

Eles não estavam sozinhos quando sugeriam que os preços das ações eram estabelecidos por um complexo processo com muitas entradas, incluindo algumas que são difíceis ou mesmo impossíveis de medir e que não estão necessariamente relacionadas a fatores tradicionais e fundamentais. Por volta daquela época, Harry Markowitz, da Universidade de Chicago, laureado com o Nobel e pai da teoria moderna dos portfólios, estava buscando anomalias nos preços de valores mobiliários, assim como estava o matemático Edward Thorp. Aliás, Thorp estava testando uma forma inicial de operações computadorizadas, saindo à frente de Simons (fique ligado para saber mais, querido leitor).

Simons fazia parte dessa vanguarda. Ele e seus colegas afirmavam que não era importante entender todas as alavancas subjacentes da máquina do mercado, mas, sim, encontrar um sistema matemático que combinasse todas elas tão bem que gerasse lucros consistentes, uma visão que informaria a abordagem de Simons para as operações anos mais tarde. Seu modelo prenunciou revoluções nas finanças — incluindo *investimentos de fator*, o uso de modelos baseados em estados não observados e outras formas de investimento quantitativo — o que conquistaria o mundo dos investimentos décadas depois.

=

Em 1967, Simons estava prosperando no IDA. Suas ideias batiam com as dos russos, sua pesquisa de matemática progredia, estava aprendendo como gerenciar grandes cérebros e entendendo melhor o poder da computação. Sua capacidade de identificar as ideias mais promissoras de seus colegas era um grande diferencial.

"Ele era um excelente ouvinte", Neuwirth afirma. "Uma coisa é ter ideias, outra é reconhecer quando os outros as têm... Se houvesse qualquer possibilidade de ganhar dinheiro, ele a identificaria."

Nessa época, Leibler havia começado a falar sobre aposentadoria, e Simons era o próximo a se tornar o vice-diretor da divisão. Parecia que um aumento no salário e mais prestígio estavam prestes a ser alcançados.

A Guerra do Vietnã mudou tudo. Naquele outono norte-americano, as manifestações se alastraram por todo o país, incluindo no campus da Universidade de Princeton. Poucos alunos de Princeton perceberam que a divisão que apoiava a NSA estava na vizinhança até que surgiu um artigo no jornal da escola, o *Daily Princetonian*, alertando a comunidade sobre o fato. Simons e seus colegas não estavam fazendo nenhum trabalho relacionado à guerra, e muitos deles eram veementemente contra essa tarefa. Quando chegou o verão, a filha de Jim e Barbara, Liz, foi a um acampamento e, enquanto suas amigas recebiam caixas de doces de seus pais, Liz ganhava colares com o símbolo da paz.

A infelicidade com a guerra por parte dos criptoanalistas não impediu que os estudantes de Princeton lançassem uma série de manifestações, incluindo um paredão que fizeram sentados bloqueando a entrada ao IDA. Em um dado momento, o prédio estava detonado, o carro de Neuwirth foi atingido por vários ovos jogados pelos manifestantes, e ele foi chamado de "matador de bebês".[2]

À medida que o debate sobre a guerra aquecia em todo o país, o *New York Times* publicou um artigo de opinião escrito pelo General Maxwell D. Taylor como matéria de capa de sua revista de domingo. No artigo, o General Taylor — veterano condecorado da guerra que serviu como presidente dos chefes de Estado Conjuntos e convenceu o presidente John F. Kennedy a enviar tropas para a região — argumentou de forma contundente que os Estados Unidos estavam ganhando a guerra e que a nação deveria se unir a esse esforço.

Era muito para Simons, que não queria que os leitores tivessem a impressão de que todos os funcionários do IDA apoiavam a guerra. Ele escreveu uma carta de seis parágrafos ao jornal dizendo que a nação tinha formas melhores de usar os recursos do que conduzir a guerra no Vietnã.

"Nosso país se tornaria mais forte se reconstruíssemos Watts do que se bombardeássemos Hanói", escreveu Simons. "Seríamos mais fortes se construíssemos transportes decentes na Costa Leste do que destruindo todas as pontes do Vietnã."

Após o jornal publicar a carta, Simons ficou satisfeito consigo mesmo. Não recebeu muitas reações dos colegas e considerou que Taylor até aceitava certa diferença de opinião. Um pouco depois, um correspondente da *Newsweek* que trabalhava em um artigo sobre os funcionários do Departamento de Defesa que eram contra a guerra entrou em contato com Simons, perguntando como eles lidavam com seus receios. Simons disse que ele e seus colegas geralmente trabalhavam em projetos pessoais na metade do tempo e passavam a outra metade trabalhando em projetos do governo. Já que era contra a guerra, disse Simons, tinha decidido dedicar todo o seu tempo a sua própria pesquisa de matemática até que a guerra acabasse e, então, faria apenas o trabalho do Departamento de Defesa, para compensar.

Na verdade, Simons não tinha estabelecido formalmente nenhum tipo de licença do trabalho da defesa. Era uma meta pessoal, que, por sinal, não deveria ter compartilhado com o público.

"Eu tinha 29 anos", explicou Simons. "Nunca ninguém tinha pedido para me entrevistar... e eu era um cara sábio."

Simons contou para Leibler sobre a entrevista, que alertou Taylor sobre o artigo da *Newsweek* que estava por vir. Pouco tempo depois, Leibler voltou com notícias perturbadoras.

"Você está demitido", disse ele.

"O quê?" Você não pode me demitir", respondeu Simons. "Sou membro *permanente*."

"Jim, a única diferença entre um membro permanente e um temporário é que o membro temporário tem um contrato", disse Leibler. "Você não tem."

Simons voltou para casa no meio do dia, devastado. Três dias depois, o presidente Lyndon Johnson anunciou o fim das missões norte-americanas de bombardeio, sinal de que a guerra estava chegando ao fim. Simons pensou que essa notícia significava que poderia retomar seu trabalho. Leibler disse para ele nem perder tempo.

Naquela época, Simons tinha três filhos pequenos e pouca noção do que aconteceria em seguida, mas ser demitido tão abruptamente o convenceu de que precisava ter mais controle sobre seu futuro. Mas ainda não tinha certeza de como fazer isso. O artigo de variedades mínimas de Simons estava sendo notado e ele recebia ofertas de algumas faculdades, bem como de empresas como a IBM. Contou a Leonard Charlap, amigo e colega matemático, que ensinar matemática era tedioso demais. Simons disse que entraria para um banco de investimentos para vender títulos conversíveis. Quando Charlap disse que não sabia o que eram títulos conversíveis, Simons deu uma longa descrição. Charlap ficou decepcionado com seu amigo. Simons era um dos jovens matemáticos mais promissores do mundo, e não alguém destinado a vender o mais novo produto de Wall Street.

"Isso é ridículo", disse Charlap. "Qual é o seu trabalho ideal?"

Simons confessou que preferiria presidir um grande departamento de matemática, mas era jovem demais e não conhecia as pessoas certas. Charlap disse que tinha uma ideia. Um pouco mais tarde, chegou uma carta para Simons de John Toll, presidente da SUNY Stony Brook, universidade pública em Long Island a cerca de 100km da cidade de Nova York. Fazia cinco anos que a faculdade buscava alguém para coordenar o departamento de matemática. A faculdade tinha uma reputação, mas era por uso de drogas no campus.[3]

"A única coisa que ficamos sabendo era que havia alguns viciados em drogas lá", disse Barbara.

Toll estava determinado a mudar as coisas. Físico que tinha sido contratado pelo governador de Nova York, Nelson Rockefeller, Toll geria uma iniciativa de US$100 milhões financiada pelo governo para fazer da faculdade uma "Berkeley do Leste". Ele já havia recrutado o físico ganhador do Prêmio Nobel, Chen Ning Yang, e agora estava concentrado em revitalizar seu departamento de matemática. Toll ofereceu a Simons o cargo de chefe de departamento, dando a ele a chance de ser seu próprio chefe e construir um departamento como ele desejava.

"Quero sim", Simons disse a Toll.

═

Em 1968, aos 30 anos, Simons se mudou com sua família para Long Island, onde começou a fazer as contratações e a construir um departamento. Logo no início, Simons tinha como alvo um matemático da Universidade Cornell chamado James Ax, que, um ano antes, havia ganhado o prestigioso Prêmio Cole em teoria dos números. Não parecia que Ax deixaria uma potência da Ivy League para se juntar a uma faculdade desconhecida como Stony Brook. Ele tinha uma esposa, um filho pequeno e um futuro brilhante em Cornell. Mas Simons e Ax tinham uma certa amizade dos tempos de faculdade em Berkeley e mantinham contato, o que dava esperança a Simons, enquanto dirigia com Barbara por cinco horas sentido nordeste, rumo à cidade de Ithaca, Nova York, para se encontrar com o jovem matemático.

Simons tentou conquistar Ax, prometendo a ele um aumento de salário significativo. Mais tarde, ele e Barbara receberam Ax e sua família em Stony Brook, onde Simons levou seus convidados de carro para a praia de West Meadow perto de Brookhaven, em Long Island Sound, na esperança de que as paisagens pitorescas os convencessem. De volta a Ithaca, Ax e sua esposa, que também se chamava Barbara, receberam algumas caixas de presente de Simons cheias de pedrinhas e outras lembrancinhas do clima mais temperado de Stony Brook.

Ax passou um bom tempo pensando, o que deixava Simons frustrado. Um dia, Simons entrou em sua sala em Stony Brook usando um traje de jogar tênis, bateu com a raquete no chão e disse a um colega: "Se eu tiver de continuar puxando o saco dos outros por este trabalho, estou fora!" Mas suas súplicas foram atendidas. Ax se tornou o primeiro nome acadêmico conhecido a entrar para Stony Brook.

"Ele realmente nos venceu pelo cansaço com seus pequenos truques", Barbara Ax disse.

A decisão de Ax passou a mensagem de que Simons devia ser levado a sério. À medida que sondava outras faculdades, Simons passou a refinar seu discurso, concentrando-se no que seria preciso para encantar determinados matemáticos. Para quem dava valor ao dinheiro, foi oferecido um aumento; para quem se concentrava em pesquisa pessoal, foram oferecidos volumes menores de aulas, licença adicional, um generoso suporte à pesquisa e auxílio para escapar dos irritantes requisitos administrativos.

"Jim, não quero fazer parte de nenhum comitê", um potencial candidato disse a ele.

"Que tal o comitê da biblioteca?", disse Simons. "Esse comitê tem apenas um membro."

Cortejando os candidatos talentosos, Simons acabou desenvolvendo uma perspectiva única sobre talentos. Ele contou a um professor de Stony Brook, Hershel Farkas, que valorizava "matadores", aqueles que tinham um foco único e que não largariam um problema de matemática até chegar à solução. Contou a outro colega que alguns acadêmicos eram "superespertos", mas ainda não eram pensadores originais dignos de um cargo na universidade.

"Existe o cara e existe o cara *de verdade*", disse ele.

Simons trabalhou muito para criar um ambiente estimulante e de coleguismo, como o que tivera no IDA. Para deixar seus colegas acadêmicos felizes, Simons continuava lecionando bastante a níveis razoáveis e convidava os colegas para passearem na sua lancha de 23 pés recém-comprada por ele e Barbara, que ficava atracada em Long Island Sound. Diferentemente de alguns acadêmicos de alto nível, Simons tinha prazer em interagir com os colegas. Ele ia até a sala de um professor, perguntava em quais projetos estava trabalhando e como poderia ajudá-lo, da mesma forma que fazia no IDA.

"Não é comum alguém ficar pensando no bem-estar dos colegas", disse Farkas.

Simons deixava os matemáticos e estudantes bem à vontade, vestindo-se de maneira mais informal do que os outros da faculdade. Raramente usava meias, mesmo nos invernos cruéis de Nova York, o que continuou a fazer até os 80 anos de idade.

"Apenas percebi que perdia muito tempo vestindo meias", disse Simons.

Simons e Barbara davam festas todas as semanas, nas quais acadêmicos, artistas e intelectuais de esquerda tiravam os sapatos e se reuniam no carpete felpudo e branco de Simons, desfrutando de comes e bebes e conversando sobre política e outros assuntos do dia.

Simons cometeu erros — incluindo deixar o futuro ganhador da Medalha Fields, Shing-Tung Yau, escapar após o jovem geômetra exigir estabilidade —, mas montou um dos melhores centros de geometria do mundo, contratando vinte matemáticos enquanto aprendia a identificar as melhores mentes da nação, contratá-las e gerenciá-las.

=

À medida que o departamento de Simons se expandia, sua vida pessoal foi se desfazendo.

Seu carisma atraía uma variedade de estudantes a sua sala, em todos os horários. Estava sendo aclamado por seu trabalho de variedades mínimas e usufruindo do poder de sua chefia no departamento em meio a um período em que as normas — e restrições — sexuais se afrouxavam rapidamente. Um livro best-seller da época, *Casamento Aberto*, incentivava os cônjuges a "desatar o casamento de seus ideais antiquados" e explorar relacionamentos sexuais fora do matrimônio. Ao mesmo tempo, o movimento de liberação das mulheres as incentivava a descartar as notáveis algemas da sociedade, incluindo vestimentas conservadoras e até mesmo a monogamia.

"Parecia haver uma competição entre as secretárias para ver quem usaria a saia mais curta", lembra Charlap, professor de Stony Brook.

Simons tinha 33 anos e estava inquieto mais uma vez. Surgiram boatos de um caso extraconjugal com a atraente secretária do departamento. Pelo menos uma vez, ele fez uma piada grosseira sobre uma acadêmica, o que surpreendeu seus colegas.

Na época, Barbara se sentia ofuscada pelas conquistas do marido e estava frustrada porque o casamento e a maternidade, ainda muito nova, atrapalharam sua carreira acadêmica. Ela era inteligente e ambiciosa, mas tinha se casado aos 18 anos e teve uma filha aos 19.

"Eu me sentia um pouco presa", dizia ela.

Um dia, Simons ficou sabendo que Barbara estava tendo um relacionamento com um colega mais novo, que Simons contratou e serviu como mentor. Simons ficou abalado. Em um jantar, quando alguém lhe perguntou por que estava tão chateado, percebendo que o relacionamento de Jim com Barbara não era o ideal e que ele não parecia estar realmente comprometido com ela, Simons, embriagado, deu um murro na parede, lembra um colega.

Simons decidiu tirar um ano sabático na Universidade da Califórnia, Los Angeles, para que pudesse fazer terapia primal, que surgia como um fenômeno cultural. A abordagem envolvia gritar ou então articular a dor reprimida de maneira "primal", como um recém-nascido saindo do útero. Simons, que às vezes acordava gritando no meio da noite, ficou intrigado com essa abordagem.

Após algumas semanas de terapia, Simons começou a duvidar de sua eficácia. Quando seu instrutor sugeriu que poderia melhorar se usasse maconha, Simons não pensou duas vezes.

Parece um embuste, pensou ele.

Voltou para a Costa Leste, passando o ano no Instituto de Estudos Avançados de Princeton. Seu casamento com Barbara não tinha salvação, e eles acabaram se divorciando. Barbara foi para UC Berkeley, onde concluiu um doutorado em Ciências da Computação, em 1981. Em sua dissertação, ela resolveu um problema em aberto sobre ciências da computação teórica. Entrou para a IBM como pesquisadora e se tornou presidente da ACM, a maior sociedade de computação científica e educacional. Mais tarde, Barbara surgiu como especialista nacional em problemas de segurança de votação computadorizada, demonstrando um interesse por tecnologia e abordando desafios sociais mais amplos de que Simons compartilharia.

"Apenas nos casamos muito jovens", diz Barbara. "Meus pais tinham razão."

=

De volta a Long Island, dessa vez sozinho, Simons procurou uma babá para morar na casa e ajudá-lo quando estivesse com seus três filhos. Um dia, entrevistou Marilyn Hawrys, uma bela jovem loira de 22 anos que, mais tarde, virou estudante de pós-graduação em Economia na Stony Brook. Pouco após empregar Marilyn, Simons a chamou para sair. Durante um tempo, o relacionamento tinha suas idas e vindas. Marilyn acabou saindo para ser babá dos filhos de James Ax, ajudando enquanto ele e sua esposa passavam por um divórcio dolorido. Marilyn vivia com Barbara Ax e seus dois filhos, Kevin e Brian, jogando Scrabble* até tarde da noite com a família, fazendo um saboroso macarrão com queijo e servindo de consolo quando as crianças choravam.

"Marilyn caiu do céu", relembra o filho de Ax, Brian Keating.

Com o passar do tempo, Jim e Marilyn tiveram um romance. Ela fez progressos em um doutorado em Economia, enquanto ele usufruía de grandes avanços com Shiing-Shen Chern, o professor a quem procurou em UC Berkeley, apenas para descobrir que estava de licença.

Por conta própria, Simons fez uma descoberta relacionada a formas quantificadas em espaço tridimensionais curvos. Mostrou seu trabalho para Chern, que percebeu que essa visão poderia ser estendida a todas as dimensões. Em 1974, Chern e Simons publicaram o artigo "Formas Características e Invariantes Geométricas" que apresentava as *invariantes* de Chern-Simons — uma invariante é uma propriedade que continua inalterada, mesmo quando submetida a tipos particulares de transformações — que foi útil em várias áreas da matemática.

Em 1976, aos 37 anos, Simons recebeu o Prêmio Oswald Veblen em Geometria da Sociedade Norte-Americana de Matemática, a maior honraria da área, por seu trabalho com Chern e sua pesquisa anterior em variedades mínimas. Uma década depois, o físico teórico Edward Witten e outros descobriram que a teoria de Chern-Simons tinha aplicações a uma variedade de áreas na física, incluindo matéria condensada, teoria de cordas e supergravidade. Tornou-se até mesmo crucial para métodos usados pela Microsoft e outras empresas em suas tentativas de desenvolver computadores quânticos capazes de resolver problemas irritantes dos computadores modernos, como desenvolvimento de remédios e inteligência artificial. Até 2019, dezenas de milhares de citações em artigos acadêmicos — aproximadamente três por dia — fizeram referência à

---

*N.T. Um jogo de palavras cruzadas em tabuleiro.

teoria de Chern-Simons, concretizando a posição de Simons no escalão mais alto da matemática e física.

=

Simons tinha alcançado o auge da profissão. E, com a mesma rapidez, saiu da matemática sem rumo, desesperado por um novo topo a escalar.

Em 1974, a empresa de pisos que havia aberto com seus amigos Edmundo Esquenazi e Jimmy Mayer vendeu 50% de suas participações, rendendo lucros a Simons e aos outros proprietários. Simons sugeriu que Esquenazi, Mayer e Victor Shaio investissem o dinheiro com Charlie Freifeld, com quem tinha feito um curso em Harvard. Um truste internacional que Shaio tinha estabelecido para Simons também investir com Freifeld.

Freifeld empregava uma estratégia diferente da maioria. Construía modelos *econométricos* para prever os preços das commodities, incluindo açúcar, usando dados econômicos e outros como entrada. Se a safra caísse, por exemplo, os modelos de Freifeld computavam o aumento de preço que seria gerado, uma forma inicial dos investimentos quantitativos.

As táticas de Freifeld compensaram, já que os preços do açúcar quase dobraram. O valor da parceria do grupo aumentou, dez vezes, para US$6 milhões. Alguns dos investidores reagiram de maneiras imprevistas aos impressionantes ganhos inesperados.

"Fiquei deprimido", disse Mayer, amigo colombiano de Simons. "Ganhamos todo aquele dinheiro, mas não havia nenhum valor socialmente compensador no que estávamos fazendo."

Simons reagiu de forma bem diferente. Os ganhos disparados fizeram com que seu sangue especulativo borbulhasse mais uma vez, lembrando da adrenalina que operar nos mercados poderia trazer. O estilo de Freifeld tinha até algumas semelhanças com o sistema de operação baseado na matemática descrito por Simons e seus colegas em seu artigo no IDA. Em sua opinião, usar modelos para operar era uma ideia promissora.

"Jim está viciado", disse Mayer.

Apesar de sua recente aclamação, Simons precisava dar um tempo com a matemática. Ele e Jeff Cheeger, um pupilo que estava surgindo como estrela na área da geometria, estavam tentando mostrar que certos números geometricamente definidos, como o pi, são irracionais em quase todos os casos. Não estavam chegando a lugar nenhum e estavam ficando frustrados, até mesmo sem esperanças.

"Havia algo maior lá, mas não estávamos conseguindo captar", disse Simons. "Estava me deixando maluco."[4]

Simons também estava enfrentando uma confusão em sua vida pessoal. Estava cada vez mais próximo de Marilyn, mas ainda de coração partido pelo término de seu casamento. Após quatro anos juntos, ele confessou a um amigo que pensava em se casar de novo, mas não tinha certeza se queria ter um relacionamento sério mais uma vez.

"Conheci uma mulher; ela é muito especial", disse ele a um amigo. "Não sei o que vou fazer."

Jim e Marilyn se casaram, mas ele continuou ponderando sobre o rumo de sua vida. Simons reduziu suas obrigações na Stony Brook para passar metade de seu tempo operando moedas para um fundo estabelecido por Shaio. No ano de 1977, convenceu-se de que os mercados de moedas estavam maduros para obter lucros. As moedas mundiais começaram a *flutuar*, movimentando livremente sem considerar o preço do ouro, e a libra esterlina despencou. Para Simons, parecia que havia começado uma nova era volátil. Em 1978, ele deixou o mundo acadêmico para abrir sua própria empresa de investimentos focada em operações com moedas.

O pai de Simons disse que ele estava cometendo um grande erro ao abrir mão de um cargo estável. Os matemáticos ficaram ainda mais chocados. Até então, a maioria tinha apenas uma vaga noção de que Simons tinha outros interesses. A ideia de que ele poderia sair para entrar no mercado de investimentos em tempo integral era confusa. Os matemáticos em geral têm um relacionamento complicado com o dinheiro; eles dão valor à riqueza, mas muitos veem a busca por lucro como uma distração inferior a seu nobre chamado. Os acadêmicos não diziam isso a Simons diretamente, mas alguns estavam convencidos de que ele estava desperdiçando um talento raro.

"Passamos a vê-lo com outros olhos, como se ele tivesse sido corrompido e vendido sua alma ao diabo", disse René Carmona, que lecionava em Cornell naquela época.

Simons nunca se encaixou por completo no mundo acadêmico, no entanto. Ele amava geometria e apreciava a beleza da matemática, mas sua paixão por dinheiro, sua curiosidade sobre o mundo dos negócios e sua necessidade por novas aventuras o tirou de lá.

"Sempre me senti um estranho, não importava o que eu fizesse", disse mais tarde.[5] "Estava imerso na matemática, mas nunca me senti como um verdadeiro membro da comunidade da matemática. Eu sempre tinha um pé fora [daquele mundo]."

Simons foi um criptólogo estrela, chegou ao topo da matemática e construiu um departamento de matemática internacional, tudo até os 40 anos de idade. Tinha a confiança de que poderia conquistar o mundo do mercado financeiro. Os investidores passaram séculos tentando dominar o mercado, raramente obtendo grande sucesso. Mais uma vez, em vez de lhe impedir, os desafios traziam mais entusiasmo a Simons.

"Ele realmente queria fazer coisas incomuns, coisas que os outros não achavam possíveis de serem feitas", disse seu amigo Joe Rosenshein.

Simons acabaria percebendo que tudo seria mais difícil do que esperava.

CAPÍTULO TRÊS

Ser demitido pode ser bom.
É só não fazer disso um hábito.

JIM SIMONS

Semanas depois de deixar o vasto campus arborizado da Universidade de Stony Brook, no início do verão de 1978, Simons se viu a poucos quilômetros dali, porém a um mundo de distância.

Estava sentado no escritório de frente para a rua, aos fundos de um centro de conveniências sombrio. Ao lado, havia uma butique de roupas femininas, a duas portas, uma pizzaria, e, em frente, a pequena estação ferroviária de um andar de Stony Brook. Seu espaço, construído para um estabelecimento de varejo, tinha papel de parede bege, um único terminal de computador e serviço telefônico ruim. De sua janela, Simons mal conseguia ver a Rua Pastagens de Ovelhas, nome bem apropriado, uma indicação de como foi rápida sua transição de um ser admirado por todos a um totalmente ofuscado.

As probabilidades não eram a favor de um matemático de 40 anos de idade embarcando em sua quarta carreira, na esperança de revolucionar o secular mundo dos investimentos. De fato, Simons parecia estar mais próximo da aposentadoria do que de qualquer tipo de avanço histórico. Seus cabelos grisalhos eram longos e oleosos, quase alcançavam os ombros. Uma pequena barriga fazia com que parecesse ser ainda mais um professor envelhecido, longe das finanças modernas.

Até então, ele tinha se interessado em investir, mas não demonstrava nenhum talento especial. É certo que a participação com seu pai na parceria de investimento de Charlie Freifeld havia atingido um milhão de dólares depois que Freifeld antecipara corretamente um aumento nos preços do açúcar, mas o desastre passou perto. Apenas algumas semanas depois de Freifeld retirar as participações do grupo, os preços do açúcar despencaram. Nenhum dos dois havia previsto a queda. O único acordo era sacar o montante se conseguissem algum lucro substancial.

"Foi incrível", disse Simons, "mas foi a mais pura sorte".[1]

De alguma forma, ele estava repleto de autoconfiança. Havia conquistado a matemática, decifrado códigos, cifras e criptografias e construído um notável departamento universitário. Agora tinha certeza de que poderia dominar a especulação financeira, em parte porque havia desenvolvido uma percepção especial de como o mercado financeiro funcionava. Alguns investidores e acadêmicos viam os ziguezagues do mercado como aleatórios, afirmando que todas as informações possíveis já estavam inseridas nos preços; portanto, apenas as notícias, impossíveis de prever, poderiam fazer os preços aumentarem ou caírem. Outros acreditavam que as alterações de preço refletiam os esforços dos investidores de prever e reagir às notícias econômicas e corporativas, o que acabava dando frutos algumas vezes.

Simons vinha de um mundo diferente e tinha uma perspectiva única. Estava acostumado a examinar grandes conjuntos de dados e encontrar ordem enquanto os outros viam apenas aleatoriedade. Os cientistas e matemáticos são treinados para ir mais a fundo do mundo natural e caótico, em busca de simplicidade, estrutura e até beleza consideradas inesperadas. Os padrões e regularidades emergentes são o que constituem as leis da ciência.[2]

Simons chegou à conclusão de que o mercado nem sempre reage de maneira explicável ou racional a notícias ou outros eventos, dificultando que dependessem de pesquisa tradicional, conhecimento e percepção. Ainda assim, os preços financeiros pareciam, sim, apresentar ao menos alguns padrões definidos, por mais caótico que o mercado estivesse, da mesma forma que a aparente aleatoriedade dos padrões climáticos pode mascarar as tendências identificáveis.

Parece que há uma estrutura aqui, pensou ele.

Ele só tinha de encontrá-la.

Decidiu, então, tratar o mercado financeiro como qualquer outro sistema caótico. Assim como os físicos examinam vastas quantidades de dados e constroem modelos elegantes para identificar as leis da natureza, Simons construía modelos matemáticos para identificar a ordem no mercado financeiro. Sua abordagem trazia semelhanças à estratégia que havia desenvolvido anos antes no Instituto de Análises de Defesa, quando ele e seus colegas escreveram o artigo de pesquisa que determinava a existência de mercados em vários estados ocultos que podiam ser identificados com modelos matemáticos. Agora ele testaria a abordagem na vida real.

Deve haver alguma maneira de tirar um modelo disso, pensou ele.

Simons deu o nome de Monemetrics a sua nova empresa de investimentos, combinando as palavras "dinheiro" [*money*] e "econometria" [*econometrics*] para indicar que usaria a matemática para analisar os dados financeiros e obter ganhos nas operações. No IDA, havia construído modelos computacionais para detectar "sinais" ocultos no ruído das comunicações dos inimigos dos Estados Unidos. Em Stony Brook, havia identificado, cortejado e gerenciado matemáticos talentosos. Agora, contrataria uma equipe de mentes brilhantes para examinar os dados do mercado, identificar as tendências e desenvolver fórmulas matemáticas lucrativas.

Mas não sabia por onde começar. Tudo o que sabia era que os mercados de moedas haviam se libertado, apresentando potencial de lucro. Ele tinha um parceiro ideal em mente para sua nova empresa: Leonard Baum, um dos coautores do artigo de pesquisa do IDA e matemático que passara um tempo discernindo os estados ocultos e fazendo previsões de curto prazo em ambientes caóticos. Ele só tinha de convencer Baum a arriscar sua carreira com a abordagem radical e não comprovada de Simons.

=

Lenny Baum nasceu em 1931, filho de imigrantes que fugiram da Rússia para o Brooklyn, para escapar da pobreza desenfreada e do antissemitismo. Aos 13 anos de idade, seu pai, Morris, começou a trabalhar no chão de fábrica de um estabelecimento que produzia chapéus, onde acabou se tornando gerente e proprietário. Quando adolescente, já tinha 1,80m de altura e um largo peitoral, era um dos melhores velocistas de sua escola e foi membro da equipe de tênis, embora suas mãos delicadas sugerissem ser alguém mais familiarizado em virar as páginas de um livro do que competir em uma quadra.

Um dia, enquanto visitava a praia Brighton Beach perto dali com seus amigos, viu uma jovem atraente e animada conversando com alguns amigos. Julia Lieberman fora com a família para os Estados Unidos aos 5 anos de idade, saindo de uma pequena vila na Tchecoslováquia, segurando sua boneca favorita enquanto fugiam dos nazistas no último barco vindo da Europa em 1941. Assim que chegou à Nova York, seu pai, Louis, passou meses procurando um emprego sem ter sucesso. Desanimado, decidiu aparecer em uma fábrica local e tentar se misturar aos trabalhadores. Louis provou ser um trabalhador tão incansável que foi adicionado ao quadro de funcionários. Mais tarde, Louis dirigiu uma lavanderia na pequena casa geminada da família, mas sempre tinham dificuldades financeiras.

Lenny e Julia se apaixonaram e acabaram se casando e se mudando para Boston, onde Lenny cursou a Universidade de Harvard, formou-se em 1953 e depois obteve um doutorado em Matemática. Julia terminou em quarto lugar de sua classe na Universidade de Boston antes de obter um mestrado em Educação e História em Harvard. Depois de ingressar no IDA em Princeton, Baum teve ainda mais sucesso com a quebra de códigos do que Simons, recebendo crédito por algumas das conquistas mais importantes e ainda confidenciais da unidade.

"Definitivamente, Lenny e alguns outros estavam em um nível mais alto do que Jim naquilo que nós, na gerência, chamamos de 'quem entra primeiro no bote salva-vidas'", afirma Lee Neuwirth.

Careca e barbudo, fazia pesquisas matemáticas enquanto as conciliava com as atribuições do governo, assim como Simons. Após vários verões, no final dos anos 1960, Baum e Lloyd Welch, teórico da informação que trabalhava ao lado, desenvolveram um algoritmo para analisar as cadeias de Markov, que são sequências de eventos em que a probabilidade do que acontece em seguida depende apenas do estado atual, e não de eventos passados. Em uma cadeia de Markov, é impossível prever as etapas futuras com certeza, mas é possível observar a cadeia para fazer suposições fundamentadas a respeito de possíveis resultados. O beisebol pode ser visto como um jogo de Markov. Se um batedor tiver três bolas e dois *strikes*, a ordem em que vieram e o número de faltas entre elas não importam. Se o próximo arremesso for válido, o batedor estará fora.

Um processo *oculto* de Markov é aquele em que a cadeia de eventos é governada por parâmetros ou variáveis subjacentes desconhecidas. Vemos os resultados da cadeia, mas não os "estados" que ajudam a explicar sua progressão. Quem não conhece o beisebol pode jogar a toalha ao receber as atualizações do número de *runs* marcadas a cada tempo — uma neste tempo, seis no outro, sem nenhum padrão ou explicação óbvia. Alguns investidores comparam o mercado financeiro, padrões de reconhecimento de fala e outras cadeias complexas de eventos a modelos ocultos de Markov.

O algoritmo de Baum-Welch proporcionou uma maneira de estimar probabilidades e parâmetros nessas sequências complexas com um pouco mais de informação do que a saída dos processos. Para o jogo de beisebol, o algoritmo de Baum-Welch pode permitir que até alguém que não entenda do esporte adivinhe as situações do jogo que geram as pontuações. Se houvesse um salto repentino de dois para cinco *runs*, por exemplo, o Baum-Welch poderia sugerir a probabilidade de um *home run* de três pontos ter sido atingido em vez de uma situação de bases lotadas triplas. O algoritmo permitiria que alguém deduzisse uma noção das regras do esporte a partir da distribuição das pontuações, mesmo se as regras completas permanecessem ocultas.

"O algoritmo de Baum-Welch o aproxima da resposta final ao oferecer melhores probabilidades", explica Welch.

Baum geralmente minimizava a importância de sua conquista. Hoje, porém, o algoritmo de Baum, que permite a um computador ensinar a si próprio estados e probabilidades, é visto como um dos notáveis avanços do século XX em aprendizado de máquina, abrindo caminho para avanços que afetam a vida de milhões em áreas como a genômica e até mesmo a previsão do tempo. O Baum-Welch viabilizou o primeiro sistema eficaz de reconhecimento de fala e até o mecanismo de busca do Google.

Apesar de todos os elogios que o Baum-Welch trouxe a Lenny Baum, a maioria das centenas de outros artigos que ele escreveu foram confidenciais, o que irritava Julia. Ela chegou a acreditar que o marido não estava recebendo o reconhecimento nem o pagamento que merecia. Seus filhos não imaginavam o que o pai estava fazendo. Nas poucas vezes em que perguntavam, ele lhes dizia que seu trabalho era confidencial. Contava a eles no que *não estava* trabalhando.

"Não estamos construindo bombas", tranquilizou sua filha Stefi um dia, quando a controvérsia sobre a Guerra do Vietnã eclodiu.

Diferentemente de Simons, ele era um homem caseiro que passava pouco tempo socializando, jogando pôquer ou interagindo com os outros. Na maioria das noites, ficava em silêncio sentado em um sofá de pele falsa de leopardo na modesta casa de sua família em Princeton, rabiscando em um bloco amarelo com lápis. Quando tinha um problema particularmente desafiador, ele parava, olhava fixamente para longe e refletia. Baum se encaixava no estereótipo do professor distraído — uma vez, foi trabalhar com apenas metade da barba feita, explicando que havia se distraído pensando na matemática enquanto se barbeava.

Durante seu cargo no IDA, percebera que sua visão estava piorando. Os médicos posteriormente concluíram que ele sofria de distrofia de cones e bastonetes, um distúrbio que afeta as células do cone na retina. Baum achou difícil se envolver em atividades que exigissem clareza visual, como o tênis. Uma vez, na rede, uma bola o atingiu direto na cabeça. O mesmo aconteceu no tênis de mesa; seus olhos azuis claros viam a bola por um momento e depois a perdiam, forçando-o a abandonar os esportes.

Para a surpresa de todos, permaneceu animado, concentrando-se nos prazeres de que ainda podia desfrutar, como caminhar cerca de 3km por dia perto do campus de Princeton. Grato por poder ler e escrever, apesar da deterioração de sua visão boa, nítida e direta, Baum manteve um otimismo inabalável.

"Deixe esse problema para lá", gostava de dizer, sempre com um sorriso no rosto, quando seus filhos o procuravam com preocupações. "Ele acabará se resolvendo."

No entanto, depois que Simons deixou o IDA para dirigir o departamento de matemática de Stony Brook, a família Baum começou a detectar uma frustração incomum em seu patriarca. Quando decodificou um código russo e identificou um espião, mas o FBI se mostrou lento demais para prender o suspeito, ficou muito irritado. Estava, assim, desanimado com o futuro de sua unidade e escreveu um memorando interno para enfatizar a necessidade de um recrutamento melhor.

"É óbvio que a perda de Simons é grave para nós, não só porque precisamos dele matematicamente, mas também por causa do modo como saiu", escreveu, referindo-se à demissão de Simons. "Durante os sete meses em que Simons supostamente não estava trabalhando com os conteúdos de defesa, ele, de fato, trabalhou mais em projetos de defesa do que alguns de nossos membros trabalharam nos últimos anos."[3]

Um dia, em 1977, Simons entrou em contato com Baum para perguntar se ele poderia passar um dia no escritório da Monemetrics em Long Island, ajudando-o a estabelecer um sistema de trades para especular as moedas. Baum riu discretamente do convite. Não sabia muito sobre operações financeiras, apesar de seu artigo teórico anterior com Simons, e sua preocupação com investimentos era tão pequena que deixava o portfólio da família inteiramente nas mãos de sua esposa. Contudo, concordou em passar um tempo ajudando Simons, como um favor a seu velho amigo.

No escritório, Simons colocou gráficos com os valores diários de fechamento de várias moedas importantes na frente de Baum, como se estivesse mostrando um problema matemático. Examinando os dados, Baum rapidamente determinou que, durante certos períodos de tempo, algumas moedas, especialmente o iene japonês, pareciam se movimentar em linhas retas e constantes. Talvez Simons estivesse certo, pensou ele, parecia haver uma estrutura inerente no mercado. Ele levantou a hipótese de que a subida constante do iene poderia ter ocorrido devido ao governo japonês, que, sob pressão de países estrangeiros, interveio na compra da moeda "de maneira precisa japonesa" para tornar suas exportações um pouco menos competitivas. De qualquer maneira, concordou com Simons que um modelo matemático para mapear e acompanhar as tendências de várias moedas poderia ser desenvolvido.

Então, Baum começou a trabalhar com Simons uma vez por semana. Em 1979, aos 48 anos, estava imerso nas operações da bolsa, como Simons esperava. Um dos melhores jogadores de xadrez da faculdade, ele sentia ter descoberto um novo jogo para testar suas capacidades mentais. Recebeu uma licença de um ano do IDA e mudou-se com sua família para Long Island, onde alugou uma casa vitoriana de três quartos, forrada com estantes altas para seus livros. Como sua visão havia piorado, era Julia quem levava e buscava o marido de carro ao escritório de Simons todos os dias.

"Vamos ver se conseguimos criar um modelo", Simons disse a ele, enquanto se preparavam para se concentrar nos mercados.

Não demorou muito para que Baum desenvolvesse um algoritmo direcionando a Monemetrics para comprar moedas, caso movimentassem um determinado nível abaixo de sua recente linha de tendência, e vendê-las se subissem demais. Era um trabalho simples, mas ele parecia estar no caminho certo, depositando sua confiança em Simons.

"Assim que envolvi Lenny, pude ver as possibilidades de construir modelos", disse Simons mais tarde.[4]

Simons ligou para alguns amigos, incluindo Jimmy Mayer e Edmundo Esquenazi, perguntando se eles investiriam em seu novo fundo. Mostrou a eles os mesmos gráficos que havia mostrado a Baum, deixando-os boquiabertos com quanto os dois teriam ganhado se tivessem usado sua estratégia de operação focada na matemática ao longo dos anos anteriores.

"Ele veio com um gráfico e nos impressionou com as possibilidades", conta Mayer.

Simons não conseguiu angariar os US$4 milhões que esperava, mas chegou perto o suficiente para abrir seu fundo, usando seu próprio dinheiro também. Chamou seu novo fundo de investimento de Limroy, um amálgama de Lord Jim, o protagonista do romance de Joseph Conrad, de mesmo nome, e o Royal Bank of Bermuda, que administrava as transferências de capital da nova empresa, para que pudesse obter as vantagens relacionadas a impostos e outros, por estar localizado no exterior. O nome misturava as altas finanças com um personagem conhecido por lutar com ideais de honra e moralidade, uma escolha adequada para alguém que há muito tempo tinha um pé no mundo dos negócios e outro na matemática e no mundo acadêmico.

Simons decidiu que Limroy seria um *fundo de hedge*, um termo superficialmente definido para parcerias de investimento privado que gerenciavam as riquezas de indivíduos e instituições afluentes e buscavam uma variedade de estratégias, incluindo a tentativa de cobrir os prejuízos no mercado em geral ou proteger-se deles.

A Monemetrics investiria um pouco de dinheiro para Simons, testando as estratégias em diversos mercados. Se as táticas parecessem lucrativas, ele faria as mesmas operações no Limroy, que era muito maior e investiria tanto para pessoas de fora quanto para si próprio. Baum participava do corte de 25% que a empresa reivindicava de todos os seus lucros de operação.

Simons esperava que ele e Baum pudessem ganhar muito dinheiro contando com um estilo de operação que combinasse modelos matemáticos, gráficos complicados e uma forte dose de intuição humana. Baum estava tão certo de que sua abordagem funcionaria e tão viciado em investir que abandonou o IDA para trabalhar em tempo integral com Simons.

Para ter certeza de que estavam no caminho certo, Simons pediu a James Ax, seu contratado premiado de Stony Brook, que viesse conferir suas estratégias. Assim como Baum cerca de um ano antes, Ax sabia pouco sobre investimentos e se importava ainda menos. No entanto, entendeu de imediato o que seus ex-colegas de trabalho estavam tentando realizar e ficou convencido de que estavam em busca de algo especial. O algoritmo de Baum não só poderia ter sucesso nas moedas, argumentou Ax, mas também poderiam ser desenvolvidos modelos preditivos semelhantes para operar commodities, como trigo, soja e petróleo bruto. Ao ouvir aquilo, Simons convenceu Ax a deixar o mundo acadêmico, arranjando a ele sua própria conta de operação. Agora, sim, Simons estava *muito* empolgado. Ele tinha dois dos matemáticos mais aclamados trabalhando com ele para desvendar os segredos do mercado e possuía dinheiro suficiente para sustentar seus esforços.

Um ou dois anos antes, Baum não conseguia parar de pensar na matemática; agora, eram as operações que ocupavam sua cabeça. Deitado na praia com sua família em uma manhã do verão de 1979, Baum refletia sobre a fraqueza prolongada no valor da libra esterlina. Na época, a sabedoria convencional era que a moeda só poderia cair em valor. Um especialista que aconselhou Simons e Baum em suas operações ganhou tanto dinheiro vendendo libras que deu o nome de Esterlino a seu próprio filho.

Relaxando na praia naquela manhã, Baum levantou-se tomado pela emoção. Estava convencido de que havia uma oportunidade de compra à mão. Correu para o escritório, dizendo a Simons que Margaret Thatcher, a nova primeira-ministra da Grã-Bretanha, estava mantendo a moeda a níveis insustentavelmente baixos.

"Thatcher está sentada na libra", disse Baum. "Ela não conseguirá segurar por muito mais tempo."

Baum afirmou que precisavam comprar libras, mas Simons achou graça, em vez de se deixar influenciar pela repentina convicção de Baum.

"Lenny, é uma pena que você não tenha vindo aqui antes", respondeu, sorrindo. "Thatcher se levantou... A libra acabou de subir cinco centavos."

Naquela manhã, coincidentemente, Thatcher decidiu deixar o preço da libra subir. Baum não se abalou.

"Isso não é nada!", insistiu ele. "Ainda vai subir 50 centavos ou talvez mais!"[5]

Baum estava certo. Ele e Simons continuaram comprando libras esterlinas, e a moeda continuou disparando. Seguiram essa jogada com previsões precisas para o iene japonês, o marco alemão da Alemanha Ocidental e o franco suíço, ganhos que faziam com que os investidores sul-americanos ligassem para Simons dando os parabéns e incentivo, à medida que o fundo crescia dezenas de milhões de dólares.

Os colegas matemáticos ainda não entendiam por que Simons havia descartado uma carreira promissora para trabalhar em um escritório improvisado, negociando contratos a termo de moeda. Ficaram surpresos da mesma forma ao saber que Baum e Ax se juntaram a ele. Até o pai de Simons parecia decepcionado. Em 1979, em uma festa de *bar mitzvah* para Nathaniel, filho de Simons, Matty Simons disse a um matemático de Stony Brook: "Eu gostava de dizer: 'Meu filho, o professor' e não 'Meu filho, o homem de negócios'."

Simons passava pouco tempo analisando o passado. Depois de acumular ganhos antecipados em moeda, ele alterou o estatuto do fundo Limroy para permitir que negociasse contratos futuros de títulos do Tesouro norte-americano, bem como commodities. Ele e Baum — que agora tinham suas próprias contas de investimentos separadas — formaram uma pequena equipe para criar modelos sofisticados que pudessem identificar operações lucrativas nos mercados de moedas, commodities e títulos.

Simons estava se divertindo demais explorando a paixão de sua vida pela especulação financeira enquanto tentava decifrar o mercado, talvez o maior desafio que encontrara. Além disso, brincava ele, finalmente sua esposa Marilyn poderia "sair com as pessoas e saber do que elas estavam falando".[6]

A diversão não duraria muito.

=

Enquanto buscava alguém para programar seus computadores, Simons ouviu falar de um estudante de 19 anos à beira de ser expulso do Instituto de Tecnologia da Califórnia. Greg Hullender era perspicaz e criativo, mas tinha problemas para se concentrar em seus trabalhos acadêmicos e ia mal em muitas matérias. Mais para frente, foi diagnosticado com transtorno de déficit de atenção. Na época, estava frustrado com suas dificuldades, assim como os administradores da escola. A gota d'água ocorreu quando foi pego executando uma operação financeira não autorizada e de alto risco em seu dormitório. Seus amigos juntavam dinheiro e entregavam a ele, que comprava opções de ações antes de os preços do mercado subirem em 1978, transformando US$200 em US$2 mil em questão de dias. Logo, todos do dormitório queriam participar da operação, jogando dinheiro em seu colo, que começou a reformular as opções de ações compradas por meio de uma conta de corretagem na Merrill Lynch e a revendê-las para estudantes impacientes.

"Era como se eu tivesse minha própria bolsa de valores", disse ele, todo orgulhoso.

Os funcionários da Merrill Lynch não estavam achando nenhuma graça em sua engenhosidade. Intimando Hullender por violar os termos de sua conta, a corretora cortou os laços com sua empreitada e a faculdade o expulsou. Sentado em seu dormitório, esperando ser expulso, ficou assustado com um telefonema de Simons às 7h da manhã. Ele ouvira falar das operações não autorizadas de Hullender por meio de um estudante de pós-graduação da Caltech e ficou impressionado com a compreensão que ele tinha do mercado financeiro, bem como com seu destemor. Simons ofereceu a ele um salário de US$9 mil por ano, além de uma parte dos lucros de sua empresa, para ir a Nova York programar as operações do Limroy.

De rosto redondo e querubim, cabelos castanhos desalinhados e um sorriso de menino, Hullender parecia um adolescente indo para o acampamento de verão, e não alguém preparado para atravessar o país para participar de uma operação financeira desconhecida. Magrelo, com óculos grossos e grandes, portava canetas no bolso da frente, junto com uma caixa marrom para os óculos, uma composição que o fazia parecer bastante inocente.

Ele não conhecia Simons ou Baum e desconfiava da oferta de emprego.

"A empresa de Jim parecia a coisa mais duvidosa do mundo", disse ele.

Mas o jovem não hesitou em aceitar a oferta.

"Estava em meu quarto esperando ser expulso — não tinha muitas opções."

Mudou-se para Long Island, ficando com Simons e sua família por várias semanas até alugar um quarto em um dormitório próximo a Stony Brook. O jovem ainda não tinha carteira de motorista, então Simons lhe emprestou uma bicicleta para ir trabalhar. No escritório, Simons, vestindo sua habitual camisa de algodão com o colarinho aberto e mocassins, deu a ele um tutorial sobre como abordava as operações. Os mercados de moedas são afetados pelas ações de governos e outros, disse Simons, e sua empresa esperava desenvolver algoritmos detalhados, passo a passo, para identificar "as tendências que resultam de atores ocultos que influenciam o mercado", nada muito diferente do que Simons havia feito no IDA para decodificar o inimigo.

Hullender começou criando um programa para acompanhar os resultados da nova empresa. Em menos de seis meses, seus números mostraram prejuízos perturbadores — a mudança de Simons para a operação de títulos tinha dado errado. Os clientes ficavam ligando, mas agora para saber por que estavam perdendo tanto dinheiro, em vez de darem os parabéns.

Simons parecia estar muito chateado com a crise, cada vez mais ansioso à medida que os prejuízos aumentavam. Em um dia mais difícil, Hullender encontrou seu chefe deitado de costas em um sofá de seu escritório. Sentiu que Simons queria se abrir para ele, talvez até fazer algum tipo de confissão.

"Às vezes, olho para tudo isso e sinto que sou apenas um cara que nem sabe o que está fazendo", disse Simons.

Hullender ficou perplexo. Até aquele momento, a autoconfiança de Simons parecia ilimitada. Agora parecia que ele pensava duas vezes sobre sua decisão de abandonar a matemática para tentar decifrar o mercado. Ainda no sofá, como se estivesse no consultório de um terapeuta, Simons contou a Hullender sobre Lord Jim, centrado no fracasso e na redenção. Ele era fascinado por Jim, personagem que se achava bom o bastante e ansiava por glória, mas fracassou miseravelmente em um teste de coragem, condenando-se a uma vida repleta de vergonha.

Simons sentou-se e virou para Hullender.

"Mas ele teve uma morte muito boa", disse ele. "Jim morreu de maneira nobre."

Espere, Simons está pensando em cometer suicídio?

Hullender estava preocupado com o chefe — e com seu próprio futuro. Percebeu que não tinha dinheiro, estava sozinho na Costa Leste e tinha um chefe no sofá falando sobre a morte. Tentou acalmá-lo, mas a conversa ficou estranha.

Nos dias seguintes, Simons saiu daquele desânimo, mais determinado do que nunca em construir um sistema de trades de alta tecnologia guiado por algoritmos ou instruções computacionais passo a passo, em vez do julgamento humano. Até então, Simons e Baum contavam com modelos rudimentares de operação, bem como com seu próprio instinto, uma abordagem que deixara Simons em crise. Ele se sentou com Howard Morgan, especialista em tecnologia que havia contratado para investir em ações, e compartilhou uma nova meta: construir um sistema de trades sofisticado, totalmente dependente de algoritmos predefinidos que poderiam até ser automatizados.

"Não quero ter de me preocupar com o mercado a cada minuto. Quero modelos que ganhem dinheiro enquanto durmo", disse ele. "Um sistema puro sem a interferência de humanos."

Simons sabia que a tecnologia para um sistema totalmente automatizado ainda não existia, mas queria experimentar alguns métodos mais sofisticados. Suspeitava que precisaria de uma série de dados históricos, para que seus computadores pudessem procurar padrões de preços persistentes e repetidos em uma longa faixa de tempo. Comprou pilhas de livros do Banco Mundial e de outros lugares, juntamente com bobinas de fita magnética de várias bolsas de commodities, cada uma trazendo os preços de commodities, títulos e moedas de décadas atrás, algumas de antes da Segunda Guerra Mundial. Eram coisas muito antigas com as quais quase ninguém se importava, mas Simons tinha um palpite de que poderiam ser valiosas.

O computador PDP-11/60 azul e branco de 1,5m de altura, não conseguia ler alguns dos dados mais antigos que Simons estava acumulando devido à formatação desatualizada. Assim, Hullender secretamente carregou as bobinas para a sede próxima da Grumman Aerospace, onde trabalhava seu amigo Stan. Por volta da meia-noite, quando as coisas desaceleravam na prestadora de serviços para o departamento de defesa, Stan deixou Hullender ter acesso a um supercomputador e passar horas convertendo as bobinas para que pudessem ser lidas no computador de Simons. Enquanto as bobinas giravam, os amigos se atualizavam tomando um café.

Para reunir dados adicionais, Simons viajou com um funcionário para o sul de Manhattan, para visitar o escritório do Federal Reserve e registrar minuciosamente os históricos de taxas de juros e outras informações ainda não disponíveis eletronicamente. Para os dados de precificação mais recentes, passou a tarefa a sua ex-secretária de Stony Brook e nova gerente de escritório, Carole Alberghine, para registrar os preços de fechamento das principais moedas. Todas as manhãs, ela folheava o *Wall Street Journal* e subia em sofás e cadeiras na biblioteca da empresa para atualizar vários números em papel milimetrado que ficava pendurado do teto ao chão, colado nas paredes (esse arranjo funcionava até Alberghine cair lá de cima, distendendo um nervo e sofrendo uma lesão permanente, o que, logo após, fez Simons recrutar uma mulher mais jovem para escalar os sofás e atualizar os números).

Simons recrutou sua cunhada e outras pessoas para inserir os preços no banco de dados que Hullender havia criado para acompanhá-los e testar várias estratégias de trades baseadas tanto em percepções matemáticas como na intuição de Simons, Baum e outros. Muitas das táticas que tentaram focavam várias estratégias de impulso, mas eles também procuraram possíveis correlações entre as commodities. Se uma moeda caía três dias seguidos, quais eram as chances de cair no quarto dia? Os preços do ouro lideram os preços da prata? Os preços do trigo podem prever os preços do ouro e de outras commodities? Simons chegou a explorar até se os fenômenos naturais afetavam os preços. Hullender e a equipe frequentemente apareciam sem nada, incapazes de provar correlações confiáveis, mas Simons os pressionava a continuar pesquisando.

"Há um padrão aqui. *Tem* de haver um padrão", insistia.

Por fim, o grupo desenvolveu um sistema que conseguia ditar as operações para vários mercados de commodities, títulos e moedas. O único computador do escritório não era poderoso o bastante para incorporar todos os dados, mas conseguia identificar algumas correlações confiáveis.

Um dos componentes do sistema de trades eram suínos, então Simons o chamou de "Cesto dos Porquinhos". O grupo o construiu para digerir grandes quantidades de dados e fazer recomendações de operações usando as ferramentas da álgebra linear. O Cesto dos Porquinhos produzia uma linha de números. A sequência "0,5; 0,3; 0,2", por exemplo, significava que o portfólio de moedas deveria ser 50% iene, 30% de marcos alemães e 20% de francos suíços. Depois que o Cesto dos Porquinhos produzia suas recomendações para cerca de 40 contratos futuros, um funcionário entrava em contato com o corretor da empresa e fornecia instruções de compra e venda com base nessas proporções. O sistema produzia recomendações automatizadas de operações, em vez de operações automatizadas, mas era o melhor que Simons podia fazer na época.

Durante alguns meses, o Cesto dos Porquinhos obteve grandes lucros, operando cerca de US$1 milhão com o capital da Monemetrics. A equipe geralmente mantinha suas posições por mais ou menos um dia e depois as vendia.

Incentivado pelos primeiros resultados, Simons transferiu vários milhões de dólares de caixa adicional da conta do Limroy para o modelo, obtendo ganhos ainda maiores.

Foi então que algo inesperado aconteceu. O sistema computacional desenvolveu um apetite incomum por batatas, transferindo dois terços de seu caixa para contratos futuros na Bolsa Mercantil de Nova York que representava milhões de quilos de batatas do Maine. Um dia, Simons recebeu uma ligação de reguladores da Comissão de Trades de Futuros de Commodities (CFTC) que estavam infelizes: a Monemetrics estava perto de monopolizar o mercado global com todas aquelas batatas, disseram eles, alarmados.

Simons teve de segurar o riso. Sim, os reguladores o interrogavam, mas eles tinham de entender que ele não pretendia juntar tantas batatas; ele nem conseguia entender direito por que seu sistema computacional estava comprando tantas batatas. Com certeza o CFTC entenderia isso.

"Eles acham que estamos tentando dominar o mercado de batatinhas!", disse ele a Hullender, achando graça, depois de desligar o telefone.

Os reguladores, de alguma forma, não entendiam o humor da desventura de Simons. Fecharam suas posições de batatas, o que custou milhões de dólares a ele e seus investidores. Logo, ele e Baum perderam a confiança no sistema. Podiam ver as operações do Cesto dos Porquinhos e sabiam quando ganhavam e perdiam dinheiro, mas os dois não tinham certeza do *motivo* de o modelo estar tomando aquelas decisões. Talvez um modelo informatizado de trades não fosse mesmo o caminho a seguir, decidiram eles.

Em 1980, Hullender pediu demissão para voltar a estudar. Largar a faculdade muito cedo teve um grande peso em sua vida, além de ter ficado envergonhado por não poder ajudar Simons a progredir mais em seu sistema computacional de operações. Hullender não conseguia entender a matemática que Simons e Baum estavam usando, e estava se sentindo sozinho e infeliz. Semanas antes, havia revelado aos colegas que era gay. Tentaram fazê-lo se sentir confortável, mas o jovem se sentia cada vez mais deslocado.

"Achava que teria mais chances de conhecer alguém que combinasse comigo na Califórnia", disse Hullender, que acabou se graduando e se tornou especialista em aprendizado de máquina para a Amazon e a Microsoft. "Algumas coisas são mais importantes que o dinheiro."

Com a saída de Hullender e o Cesto dos Porquinhos indo de mal a pior, Simons e Baum saíram dos modelos matemáticos preditivos passando para um estilo de operação mais tradicional. Começaram a buscar investimentos subvalorizados enquanto reagiam às notícias que movimentavam o mercado, investindo US$30 milhões em vários mercados.

Simons achou que poderia ser útil se conseguissem obter notícias da Europa antes de seus rivais, foi então que contratou um parisiense que estudava em Stony Brook para ler um informativo financeiro francês desconhecido e traduzi-lo antes que outros tivessem a chance de fazê-lo. Consultou também um economista chamado Alan Greenspan, que acabou se tornando presidente do Federal Reserve. Em um dado momento, colocou um telefone vermelho em seu escritório que tocava toda vez que surgissem notícias financeiras urgentes, para que ele e Baum pudessem negociar antes dos outros. Às vezes, o telefone tocava e ninguém sabia do paradeiro deles, o que fazia com que a nova gerente Penny Alberghine, cunhada de Carole, fosse correndo tentar encontrá-los, mesmo que fosse em um restaurante ou loja local ou até no banheiro masculino, onde ia batendo de porta em porta até encontrá-los.

"Volte!" Gritou ela uma vez. "O trigo caiu trinta pontos!"

O senso de humor descarado e irreverente de Simons deixava sua equipe à vontade. Ele provocava Alberghine por seu forte sotaque de Nova York e ela zombava com o que restava da sua inflexão de Boston. Uma vez, Simons ficou eufórico ao receber uma taxa de juros particularmente alta pelo dinheiro que a empresa mantinha em uma conta bancária.

"Os investidores estão recebendo *malditos* 87,5%!", exclamou ele.

Quando algum funcionário novo ficava sem jeito com seu palavreado, Simons soltava um sorriso.

"Eu sei — *é* uma taxa impressionante!"

Algumas vezes por semana, Marilyn vinha visitá-lo, geralmente com seu bebê, Nicholas. Outras vezes, Barbara verificava como estava o ex-marido. Os cônjuges e filhos de outros funcionários também frequentavam o escritório. Todas as tardes, a equipe se reunia para tomar chá na biblioteca, onde Simons, Baum e outros discutiam as últimas notícias e debatiam sobre a direção da economia. Simons também recebia funcionários em seu iate, *The Lord Jim*, atracado na vizinha Port Jefferson.

Na maioria dos dias, ele ficava sentado em seu escritório, vestindo jeans e uma camisa polo, olhando para a tela do computador, desenvolvendo novas operações — lendo as notícias e prevendo para onde os mercados estavam indo, como quase todo mundo. Quando ficava bastante concentrado em seus pensamentos, segurava um cigarro na mão e mordia a bochecha. Baum, que ficava em um escritório menor e próximo, operava sua própria conta e preferia suéteres esfarrapados, calças amassadas e sapatos gastos da marca Hush Puppies. Para compensar a piora de sua visão, ficava curvado bem próximo a seu computador, tentando ignorar a fumaça que flutuava pelo escritório dos cigarros que Simons fumava.

A abordagem tradicional de trades deles estava indo tão bem que, quando a butique ao lado fechou as portas, Simons alugou o espaço e quebrou a parede que os separava. O novo espaço foi preenchido com salas de escritório para novos contratados, incluindo um economista e outros que forneciam inteligência especializada e faziam suas próprias operações, ajudando a alavancar os retornos. Ao mesmo tempo, Simons estava desenvolvendo uma nova paixão: apoiar empresas promissoras de tecnologia, incluindo uma empresa de dicionário eletrônico chamada Franklin Electronic Publishers, que desenvolveu o primeiro computador portátil.

Em 1982, mudou o nome da Monemetrics para Renaissance Technologies Corporation, refletindo seu crescente interesse nessas empresas pretensiosas. Passou a se considerar investidor de risco, tanto quanto operador da bolsa. Passava a maior parte da semana trabalhando em um escritório na cidade de Nova York, onde interagia com os investidores de seu fundo de hedge enquanto também lidava com suas empresas de tecnologia.

Simons também encontrava tempo para cuidar de seus filhos, sendo que um deles precisava de mais atenção. Paul, seu segundo filho com Barbara, nasceu com uma doença hereditária rara chamada displasia ectodérmica. A pele, o cabelo e as glândulas sudoríparas dele não se desenvolveram adequadamente, tinha estatura baixa para a idade e poucos dentes que, por sua vez, eram deformados. Para lidar com suas inseguranças, o menino pedia a seus pais que lhe comprassem roupas elegantes e de marcas famosas na esperança de se enturmar com seus colegas de escola.

Os desafios do filho pesavam para Simons, que às vezes o levava a Trenton, Nova Jersey, onde um odontopediatra fazia melhorias cosméticas em seus dentes. Mais tarde, um dentista de Nova York colocou um conjunto completo de implantes dentários nele, o que melhorou muito sua autoestima.

Estava tudo bem para Baum o fato de Simons trabalhar no escritório de Nova York, cuidar de seus investimentos externos e assuntos familiares. Ele não precisava de muita ajuda. Estava ganhando muito dinheiro ao negociar várias moedas usando a intuição e o instinto que parecia uma perda de tempo perseguir um estilo de trades sistemáticos e "quantitativos". Construir fórmulas era difícil e consumia muito tempo, e os ganhos eram constantes, mas nunca espetaculares. Por outro lado, digerir rapidamente as notícias do escritório, estudar artigos de jornal e analisar os eventos geopolíticos parecia empolgante e muito mais lucrativo.

"Por que preciso desenvolver esses modelos?", perguntava à filha, Stefi. "É muito mais fácil ganhar milhões no mercado do que encontrar provas matemáticas."

Simons respeitava demais Baum para lhe dizer como operar. Além disso, Baum estava no auge do sucesso e o poder dos computadores da empresa era limitado, tornando impossível implementar qualquer tipo de sistema automatizado.

Ele gostava de examinar os dados econômicos entre outros, fechar a porta de seu escritório e deitar-se no sofá verde, refletindo por longos períodos sobre qual seria sua próxima jogada no mercado.

"Ele perdia a noção do tempo", afirma Penny Alberghine. "Era um pouco aéreo."

Quando Baum surgia, geralmente fazia pedidos de compra. Otimista por natureza, gostava de comprar investimentos e ficar com eles até subirem, sem importar quanto tempo levasse. Era necessário coragem para manter posições de investimento, dizia aos amigos, e ele tinha orgulho de não ceder quando os outros fraquejavam.

"Se não tiver motivos, deixo as coisas como estão e não faço nada", escreveu aos familiares, explicando suas táticas de trades.

"A teoria de meu pai era comprar na baixa e esperar para sempre", disse Stefi.

A estratégia permitiu que ele superasse a turbulência do mercado e acumulasse mais de US$43 milhões em lucros entre julho de 1979 e março de 1982, quase o dobro de sua participação original com Simons. Naquele ano de 1982, ficou tão otimista com suas ações que achou melhor perder o passeio anual da empresa no iate de Simons, para ficar de olho no mercado e comprar mais futuros de ações. Por volta do meio-dia, quando acabou se juntando a seus colegas, com má vontade, Simons perguntou por que ele estava tão abatido.

"Consegui metade do que queria", disse Baum. "Aí tive que vir a este almoço."

Era melhor ele ter ficado no escritório, pois havia identificado corretamente o ponto mais baixo da história daquele ano do mercado de ações dos EUA. Enquanto as ações disparavam e acumulavam lucros, Lenny e Julia compraram uma moderníssima mansão de seis quartos em Long Island Sound. Julia ainda dirigia um Cadillac antigo, porém não se preocupava mais com dinheiro. Aquela vida de operar na bolsa não tinha um impacto muito saudável para o marido, apesar de todo o ganho alcançado. Baum, que antes era mais relaxado e alegre, virou uma pessoa séria e intensa, recebendo ligações de Simons e de outras pessoas durante a noite para discutir como reagiriam às notícias do dia.

"Ele tinha se tornado outra pessoa", lembra sua filha.

=

A tendência de Baum de ficar segurando seus investimentos acabou provocando uma desavença com Simons. A tensão começou no outono norte-americano de 1979, quando cada um comprou contratos futuros de ouro por cerca de US$250 a onça [aproximadamente 31 gramas]. No final daquele ano, o governo iraniano tomou 52 diplomatas e cidadãos americanos como reféns e a Rússia invadiu o Afeganistão para apoiar o regime comunista daquele país. O nervosismo geopolítico consequente elevou os preços do ouro e da prata. Os visitantes do escritório de Long Island observaram Baum, que normalmente era calmo e introspectivo, em pé, exuberantemente animado com o resultado do ouro. Simons ficou apenas sentado ali próximo, sorrindo.

Em janeiro de 1980, os preços do ouro e da prata estavam disparados. Quando o ouro alcançou US$700 em um período frenético de duas semanas, Simons abandonou sua posição, obtendo milhões de dólares em lucros. Como sempre, Baum não conseguia se desfazer de seus investimentos. Um dia, Simons estava conversando com um amigo que mencionou que sua esposa, uma joalheira, estava vasculhando seu armário, pegando todas as abotoaduras e prendedores de gravata de ouro para vender.

"Você está quebrado ou algo do tipo?", perguntou preocupado.

"Não, ela consegue cortar a fila para vender", respondeu o amigo.

"As pessoas estão *fazendo fila* para vender ouro?"

O amigo explicou que as pessoas do país inteiro estavam fazendo fila para vender joias, aproveitando o aumento dos preços. Ele ficou assustado; se a oferta de ouro estava aumentando, os preços despencariam.

De volta ao escritório, Simons deu uma ordem a Baum.

"Lenny, venda agora."

"Não. A tendência continuará."

"Venda a porra do ouro, Lenny!"

Baum o ignorou, o que o deixou louco. Ele tinha mais de US$10 milhões em lucros, o ouro havia disparado, ultrapassando US$800 a onça, e ele tinha certeza de que mais ganhos estavam à vista.

"Jim me incomodou", contou mais tarde a sua família. "Mas eu não conseguia encontrar nenhuma razão ou notícia específica para agir, então não fiz nada."

Finalmente, no dia 18 de janeiro, Simons ligou para o corretor da empresa e enfiou o telefone no ouvido de Baum.

"Diga a ele que você está vendendo, Lenny!"

"Tudo bem, tudo bem", resmungou ele.

Meses depois, o ouro ultrapassou US$865 a onça e Baum ficou reclamando amargamente que Simons lhe havia custado muito dinheiro. Até que a bolha estourou; poucos meses depois, o ouro despencou para menos de US$500 a onça.

Um pouco mais tarde, Baum descobriu um colombiano que trabalhava na corretora E. F. Hutton e alegava conhecer o mercado de futuros de café. Quando ele previu preços mais altos, Baum e Simons construíram algumas das maiores posições em todo o mercado. Quase imediatamente, os preços do café caíram 10%, custando milhões a eles. Mais uma vez, Simons retirou suas participações, mas Baum não conseguia vender. No final das contas, Baum perdeu tanto dinheiro que teve de pedir a Simons para se livrar do investimento de café para ele, pois era incapaz de fazer isso sozinho. Mais tarde, Baum descreveu o episódio como "a coisa mais imbecil que já fiz nos trades".

Seu eterno otimismo estava começando a cansar Simons.

"Ele tinha seu lado comprador na baixa, mas nem sempre tinha o lado vendedor na alta", disse Simons mais tarde.[7]

Em 1983, Baum e sua família se mudaram para Bermudas, onde desfrutaram do clima idílico da ilha e das favoráveis leis tributárias.

A beleza da ilha reforçava sua natureza alegre e seus instintos otimistas. A inflação nos EUA parecia estar sob controle e o presidente do Federal Reserve, Paul Volcker, previa um declínio nas taxas de juros, fazendo com que ele comprasse dezenas de milhões de dólares em títulos norte-americanos, um investimento ideal para esse tipo de cenário.

Mas uma onda de vendas em pânico dominou o mercado de títulos no final da primavera norte-americana de 1984, em meio à crescente emissão de títulos pelo governo do presidente Ronald Reagan e ao rápido crescimento econômico dos EUA. À medida que seus prejuízos aumentavam, Baum mantinha sua típica serenidade, mas Simons temia que os problemas pudessem derrubar a empresa.

"Abra mão, Lenny. Não seja teimoso", disse Simons.

Suas perdas continuavam crescendo. Uma aposta enorme que o iene continuaria a valorizar também saiu pela culatra, colocando-o ainda mais sob pressão.

"Isso não pode continuar!", disse Baum um dia, olhando para a tela do computador.

Quando o valor das suas posições de investimento despencou 40%, uma cláusula automática em seu contrato com Simons foi desencadeada, forçando Simons a vender todas as participações de Baum e a desfazer sua afiliação, um triste desenlace para um relacionamento de décadas entre os estimados matemáticos.

Por fim, Baum mostrou-se presciente. Nos anos seguintes, as taxas de juros e a inflação caíram, recompensando os investidores de títulos. A essa altura, ele estava operando por conta própria, e ele e Julia haviam retornado a Princeton. Os anos com Simons foram tomados por tanto estresse que Baum raramente conseguia ter uma noite inteira de sono. Agora estava descansado e tinha tempo de voltar à matemática. À medida que envelhecia, passou a se concentrar em números primos e em um problema não resolvido e bem conhecido, a hipótese de Riemann. Por diversão, viajava o país competindo nos torneios de Go, memorizando o quadro ou de pé sobre ele para compensar sua visão que continuava piorando.

Aos 80 anos de idade, Baum gostava de caminhar os cerca de 3km de sua casa até Witherspoon Street, perto do campus da Universidade de Princeton, fazendo paradas para cheirar as flores que brotavam ao longo do caminho. Às vezes, os motoristas que passavam paravam o carro para oferecer ajuda ao cavalheiro mais velho, bem vestido e que caminhava vagarosamente, mas sempre recusava ajuda. Passava horas sentado ao sol em cafés, puxando conversas com estranhos. Às vezes, seus familiares o viam reconfortando os estudantes que estavam com saudades de casa. No verão norte-americano de 2017, semanas depois de finalizar seu último artigo de matemática, Baum faleceu aos 86 anos. Seus filhos publicaram o artigo postumamente.

=

As perdas de Baum no desastre de operações de 1984 deixaram cicatrizes profundas em Simons. Ele interrompeu as operações de sua empresa e manteve distância de investidores descontentes. Antigamente, os funcionários atendiam ansiosamente as ligações frequentes dos amigos de Simons, que perguntavam: "Como estamos indo?" Agora que o fundo estava perdendo milhões de dólares diariamente, Simons instituiu uma nova regra com os clientes — nada de resultado de desempenho até o final do mês.

Os prejuízos foram tão perturbadores que pensou em desistir de operar na bolsa para se concentrar em seus negócios de tecnologia em expansão. Ofereceu aos clientes a oportunidade de sacar o dinheiro. A maioria mostrou fé, esperando que ele descobrisse uma maneira de melhorar os resultados, mas ele mesmo estava atormentado pela dúvida.

O contratempo foi "angustiante", disse ele a um amigo. "Não tem explicação."

Simons precisava encontrar uma abordagem diferente.

CAPÍTULO QUATRO

> A verdade... é complicada demais para permitir qualquer coisa que não seja a aproximação.
>
> JOHN VON NEUMANN

Jim Simons estava muito infeliz.

Ele não tinha abandonado uma carreira acadêmica em ascendência para ter de lidar com prejuízos repentinos e investidores rabugentos. Tinha de encontrar um método diferente para especular o mercado financeiro, afinal a abordagem de Lenny Baum, que dependia do intelecto e do instinto, simplesmente não parecia funcionar. Ela também o deixava profundamente inquieto.

"Quando se ganha dinheiro, você é um gênio", disse ele a um amigo. "Se perde, você é uma droga."

Simons ligou para Charlie Freifeld, o investidor que o havia tornado milionário especulando os contratos de açúcar, para compartilhar suas frustrações.

"É difícil demais fazer dessa maneira", disse ele, exasperado. "Tenho de fazer isso matematicamente."

Simons se perguntava se a tecnologia já estava disponível para negociar usando modelos matemáticos e algoritmos predefinidos, para evitar os altos e baixos emocionais que acompanham as apostas de mercado usando apenas a inteligência e a intuição. James Ax ainda trabalhava para ele, matemático que parecia ter nascido para construir um sistema pioneiro de operações por meio de computadores. Simons resolveu apoiá-lo com bastante apoio e recursos, esperando que algo especial viesse à tona.

Por um tempo, parecia que tinha em mãos uma revolução dos investimentos.

=

Ninguém entendia por que James Ax estava sempre tão bravo.

Uma vez, fez um rombo em uma parede do departamento com o pé, começou uma briga com um colega matemático, fora as injúrias que regularmente dirigia aos colegas. Ele discutia sobre o crédito devido, fervia de raiva se alguém o decepcionava e gritava se não conseguisse as coisas de seu jeito.

A raiva não fazia muito sentido. Ax era um matemático aclamado, de boa aparência e um senso de humor ácido. Desfrutava do sucesso profissional e de elogios de seus colegas. No entanto, na maioria dos dias, bastava uma discordância para lhe causar uma erupção assustadora de ressentimento e indignação.

Seus dons surgiram quando era jovem. Nascido no Bronx, estudou na Stuyvesant High School, no sul de Manhattan, a escola pública mais prestigiada da cidade de Nova York. Mais tarde, formou-se com honras no Instituto Politécnico do Brooklyn, uma escola que reivindica contribuições notáveis para o desenvolvimento da física de micro-ondas, de radar e do programa espacial dos EUA.

Ax escondia um profundo sofrimento que não era imediatamente aparente em meio a sua conquista acadêmica. Aos sete anos, seu pai abandonou a família, deixando o menino desconsolado. Enquanto crescia, Ax lutou contra dores abdominais constantes e fadiga. Os médicos só conseguiram diagnosticar que tinha a doença de Crohn no final de sua adolescência, levando a uma série de tratamentos que o ajudaram a melhorar.

Em 1961, obteve seu doutorado em Matemática pela Universidade da Califórnia, Berkeley, onde se tornou amigo de Simons, um colega de pós-graduação. Ele foi o primeiro a cumprimentar Simons e sua esposa no hospital após Barbara ter dado à luz a seu primeiro filho. Como professor de matemática na Universidade Cornell, ajudou a desenvolver um ramo da matemática pura chamado teoria dos números. No processo, estabeleceu um vínculo estreito com um acadêmico sênior e experiente chamado Simon Kochen, lógico matemático. Juntos, os professores tentaram provar uma famosa conjectura de 50 anos feita pelo famoso matemático austríaco Emil Artin, dando de cara com a frustração imediata e persistente. Para desabafar, ambos deram início a jogadas semanais de pôquer com colegas e outras pessoas na área de Ithaca, Nova York. O que começou com encontros amistosos, com apostas vencedoras que raramente ultrapassavam US$15, ganhou intensidade até que esses homens fizessem apostas que chegavam a centenas de dólares.

Ele era um bom jogador de pôquer, mas não conseguia encontrar uma maneira de derrotar Kochen. Muito enfurecido com cada vez que perdia, ficou convencido de que Kochen estava ganhando vantagem por saber ler suas expressões faciais. Ele precisava parar de dar bandeira. Durante uma noite de verão, enquanto os jogadores de pôquer se preparavam para jogar, passando por uma onda de calor violenta, Ax apareceu usando uma grossa máscara de esqui de lã para esconder seu rosto. Suando profusamente e mal conseguindo ver pela estreita abertura da máscara, acabou perdendo para Kochen mais uma vez. Saiu do jogo, furioso, sem nunca descobrir o segredo de Kochen.

"Não era o rosto dele", disse Kochen. "Ax tinha a mania de se endireitar na cadeira quando tinha uma mão boa."

Passou a década de 1970 procurando novos rivais e maneiras de superá-los. Além do pôquer, começou a jogar golfe e boliche, enquanto emergia como um dos principais jogadores de gamão do país.

"Ax era um homem inquieto com uma mente inquieta", afirma Kochen.

Concentrou a maior parte de sua energia na matemática, um mundo mais competitivo do que a maioria imagina. Os matemáticos geralmente iniciam nessa área por amor a números, estruturas ou modelos, mas a verdadeira emoção geralmente surge quando alguém é o primeiro a fazer uma descoberta ou um avanço. Andrew Wiles, matemático de Princeton famoso por provar a conjectura de Fermat, descreve a matemática como uma jornada em "uma mansão escura e inexplorada", passando meses ou até anos "tropeçando". Ao longo do caminho, surgem pressões. A matemática é considerada um jogo de jovens — quem não alcança algo significativo aos 20 ou 30 anos pode descartar suas chances.[1]

Mesmo enquanto Ax progredia em sua carreira, surgiam ansiedades e irritações. Um dia, depois de reclamar amargamente a Kochen de que seu escritório ficava perto demais do banheiro do departamento e que os sons que saíam de lá atrapalhavam sua concentração, deu um pontapé na parede com sua bota, formando um buraco entre seu escritório e o banheiro. Conseguiu provar assim como aquela parede era frágil, mas agora acabava ouvindo cada descarga ainda mais alto do que antes. Como provocação, os professores não fecharam o buraco, o que o irritou ainda mais.

Conforme Kochen passava a conhecê-lo melhor e soube da dor de seus primeiros anos, passou a ter uma atitude mais generosa com seu colega. Sua fúria vinha de profundas inseguranças, argumentava Kochen com outras pessoas, ele não era totalmente cruel e sua infelicidade se dissipava rapidamente. Os dois tornaram-se amigos íntimos, assim como suas esposas. Com o passar do tempo, os matemáticos introduziram uma solução elegante para seu desafio matemático que há muito perdurava, um avanço que ficou conhecido como o teorema de Ax-Kochen. De certa forma, sua abordagem era mais surpreendente do que sua realização, visto que, até então, ninguém havia usado as técnicas da lógica matemática para resolver problemas da teoria dos números.

"Os métodos que usamos eram incomuns", disse Kochen.

Em 1967, o teorema, descrito em três artigos inovadores, trouxe a Kochen e Ax o Prêmio Frank Nelson Cole em teoria dos números, que está entre as principais honrarias na área e um prêmio concedido apenas uma vez a cada cinco anos. Ax foi muito aclamado, e a universidade o promoveu a professor titular em 1969. Aos 29 anos de idade, foi o mais jovem a ter esse título em Cornell.

Foi nesse ano que recebeu uma ligação de Simons, convidando-o a ingressar no crescente departamento de matemática de Stony Brook. Ele havia nascido e crescido na cidade de Nova York, mas foi atraído pela tranquilidade do oceano, talvez resultado da revolta inicial de sua vida. Ao mesmo tempo, sua esposa Barbara estava cansada dos rigorosos invernos de Ithaca.

Depois que partiu para Stony Brook, Cornell ameaçou registrar uma manifestação junto ao governador Rockefeller se Simons continuasse atacando o corpo docente da universidade, demonstração do desânimo que a faculdade da Ivy League sentia por perder seu célebre matemático.

Assim que chegou a Stony Brook, disse a um colega que os matemáticos produzem seu melhor aos 30 anos de idade, uma possível indicação de que ele estava sentindo a pressão para superar seu sucesso inicial. Os colegas sentiram que ele estava decepcionado por seu trabalho com Kochen não ter gerado bastante glorificação. Sua taxa de publicação caiu e ele se jogou no pôquer, no xadrez e até na pesca, procurando distrações da matemática.

Lutando contra claros sinais de depressão, ele sempre se envolvia em discussões com sua esposa, Barbara. Como outros no departamento, havia se casado muito jovem, antes de o período de liberação e experimentação sexual da década começar. Enquanto Ax deixava o cabelo crescer e começava a usar calças jeans justas, surgiam boatos de sua infidelidade. Outros homens com dois filhos pequenos talvez lutassem pelo casamento em prol dos filhos, mas a paternidade não veio fácil para ele.

"Eu gosto de crianças", disse ele com sotaque do Bronx, "só se aprenderem álgebra."

Depois que seu divórcio ficou amargo e perdeu a guarda dos filhos, Kevin e Brian, sobrou pouco contato com os meninos. Seu humor parecia sombrio e perpétuo. Nas reuniões do departamento, interrompia os colegas com tanta frequência que Leonard Charlap começou a carregar um sino, para poder tocar cada vez que Ax interrompesse alguém.

"Que diabos você está fazendo?", gritou Ax um dia.

Quando Charlap explicou o propósito do sino, ele saiu da sala furioso, deixando seus colegas de trabalho aos risos.

Outra vez, teve uma briga feia com um professor associado, forçando os colegas a tirá-lo de cima do colega mais novo. As provocações incessantes de Ax haviam convencido o professor mais novo de que ele bloquearia sua promoção, provocando tensão.

"Eu poderia ter morrido!", gritou o professor para Ax.

Apesar do drama interpessoal, sua reputação na área se sobressaía a ponto de Michael Fried, um jovem professor, recusar uma posição de titular na Universidade de Chicago para se juntar a Ax em Stony Brook. Ele respeitava as habilidades de Fried e parecia impressionado com o magnetismo natural do matemático. Fried era um atleta musculoso, de 1,80m, com cabelos ruivos ondulados e bigode fino, o mais próximo que o mundo da matemática poderia chegar de uma aparência máscula que parecia se alastrar pelo país no início dos anos 1970. Nas festas do departamento, as mulheres desmaiavam de emoção, afinal, Ax, recém-divorciado, era notado, lembra Fried.

"Era como se Ax me convidasse para ir lá para atrair mulheres", disse ele.

No entanto, esse relacionamento se desgastou, pois Fried suspeitava que Ax estivesse se apropriando de seu trabalho sem compartilhar o devido crédito. Já Ax acreditava que Fried não estava demonstrando a ele o respeito necessário perante outros acadêmicos. Em uma reunião de queixas e reclamações com Fried, Simons e um administrador de Stony Brook, ele chegou bem próximo do rosto de Fried fazendo uma ameaça.

"Farei tudo o que puder para arruinar sua carreira, custe o que custar", esbravejou.

Atordoado, Fried não conseguiu nem retrucar.

"Esqueça", respondeu Fried.

Ele saiu e nunca mais falou com Ax.

=

Quando Simons conversou pela primeira vez com Ax sobre ingressar em sua empreitada de operação na bolsa, em 1978, Ax considerava o mercado financeiro um pouco chato. Mudou de ideia depois de visitar o escritório de Simons e dar uma olhada nos primeiros modelos de operação de Baum. Simons retratava o investimento como o maior quebra-cabeça, prometendo apoiar Ax com seus próprios meios, se deixasse o mundo acadêmico para se concentrar nas operações. Ansioso por uma nova competição e precisando de um intervalo do mundo acadêmico, ele se perguntava se poderia dominar o mercado.

Em 1979, Ax se juntou a Simons naquele escritório aos fundos de um centro de conveniência, perto da pizzaria e da butique de roupas femininas. A princípio, ele se concentrava nos fundamentos do mercado, tais como se a demanda por soja aumentaria ou se um padrão climático severo viria a afetar a oferta de trigo. Os retornos de Ax não eram fora do comum, então começou a desenvolver um sistema de operação aproveitando sua formação em matemática. Explorou os diversos dados que Simons e sua equipe coletaram, criando algoritmos para prever a movimentação de várias moedas e commodities.

Sua pesquisa inicial não foi muito original. Identificou pequenas tendências ascendentes em vários investimentos e testou se o preço médio dos últimos 10, 15, 20 ou 50 dias previa mudanças futuras. Era parecido com o trabalho de outros traders, frequentemente chamados de *trenders*, que examinavam as *médias móveis* e saltavam para as tendências do mercado, fazendo uso delas até se esgotarem.

Os modelos preditivos de Ax tinham potencial, mas estavam bastante rudimentares. Os dados coletados por Simons e outros provaram ser pouco úteis, principalmente porque estavam repletos de erros e de preços equivocados. Além disso, o sistema de operação de Ax não era nem um pouco automatizado — suas operações eram feitas por telefone, duas vezes ao dia, de manhã e ao final do expediente de operação.

Para ganhar vantagem sobre seus rivais, Ax começou a contar com um ex-professor com talentos ocultos que logo seriam revelados.

=

Nascido na Filadélfia, Sandor Straus obteve um doutorado em Matemática pela Berkeley em 1972 e mudou-se para Long Island para trabalhar como professor do departamento de matemática de Stony Brook. Extrovertido e sociável, recebeu boas críticas por seu ensino e destacou-se entre colegas que compartilhavam de sua paixão por matemática e computadores. Ele até parecia o típico acadêmico de sucesso da época. Liberal descarado, conheceu sua esposa, Faye, em um comício antiguerra durante a campanha presidencial de Eugene McCarthy em 1968, assim como muitos outros homens no campus, usava óculos redondos estilo John Lennon e penteava seus longos cabelos castanhos para trás, fazendo um rabo de cavalo.

Com o passar do tempo, porém, começou a se preocupar com seu futuro. Sentia que era um matemático inferior e sabia que era inepto na política de departamento. Mal equipado para disputar o financiamento de projetos de interesse com colegas matemáticos, Straus sabia que tinha poucas chances de obter estabilidade em Stony Brook ou em outra faculdade com um departamento de matemática respeitado.

Em 1976, ingressou no centro de informática de Stony Brook, onde ajudou Ax e outros membros do corpo docente a desenvolver simulações computacionais. Ganhava um salário anual inferior a US$20 mil, tinha poucas oportunidades de progresso e não tinha certeza quanto a seu futuro.

"Não estava superfeliz", disse ele.

Na primavera de 1980, enquanto Hullender se preparava para deixar a Monemetrics, Ax recomendou que a empresa contratasse Straus como o novo especialista em informática. Impressionado com suas credenciais e um pouco desesperado para preencher a vaga que Hullender estava deixando, Simons ofereceu o dobro de seu salário. Ele ficou dividido — tinha 35 anos e o salário do centro de informática dificultava o sustento de sua esposa e seu bebê de um ano. Mas acreditava que, se persistisse por mais alguns anos, poderia receber o equivalente a um cargo estável na universidade. Seu pai e amigos deram o mesmo conselho: nem pense em desistir de um emprego estável para ingressar em uma empresa desconhecida de trades que pode falir.

Straus ignorou o conselho e aceitou a oferta de Simons, mas protegeu sua aposta, solicitando uma licença de um ano de Stony Brook, em vez de renunciar completamente. Saudando o novo contratado, Ax pediu ajuda para construir seus modelos computacionais. Explicou que queria investir em commodities, moedas e títulos futuros com base em *análise técnica*, um ofício antigo que visa fazer previsões baseadas em padrões de dados de mercado anteriores. Ax instruiu Straus a desenterrar todas as informações históricas que podia para melhorar seus modelos preditivos.

Enquanto procurava dados de preços, Straus se deparou com alguns problemas. Na época, as máquinas Telerate que dominavam os pregões não tinham uma interface que permitisse aos investidores coletar e analisar as informações (alguns anos depois, o empresário Michael Bloomberg, que tinha sido recentemente demitido de seu último emprego, apresentaria uma máquina concorrente com esses recursos e muito mais).

Reunindo um banco de dados personalizado, Straus comprou um histórico com os dados de preços de commodities em uma fita magnética de uma empresa sediada em Indiana, chamada Dunn & Hargitt, depois uniu esses dados com o histórico que outras pessoas da empresa já haviam acumulado. Para números mais recentes, ele obtinha os preços de abertura e fechamento de cada sessão do dia, junto com números de alta e baixa. No final das contas, descobriu uma transmissão de dados que continha os dados de *ticks*, as flutuações diárias de várias commodities e outras operações de futuros. Usando um computador Apple II, Straus e outros criaram um programa para coletar e armazenar seus dados crescentes.

Ninguém pedira a ele para rastrear tanta informação. Os preços de abertura e fechamento pareciam ser suficientes para Simons e Ax. Eles nem tinham uma maneira de usar todos os dados que Straus estava coletando e, com o poder de processamento do computador ainda limitado, não era provável que isso mudasse. Mas ele achava que era bom continuar coletando as informações caso viessem a calhar no futuro.

Tornou-se um tanto obsessivo em sua busca para localizar dados de preços antes que os outros percebessem seu possível valor. Até coletou informações sobre os trades de ações, caso a equipe de Simons as quisesse em algum momento no futuro. Para ele, a coleta de dados se tornou uma questão de orgulho pessoal.

Porém, ao examinar aquele monte de dados, ficou preocupado. Durante longos períodos, alguns preços de commodities não pareciam sair do lugar. Isso não fazer sentido — 20 minutos e nenhuma operação? Havia até uma lacuna estranha, anos antes, quando não houve a operação de futuros em Chicago por um período de dois dias, mesmo havendo atividade em outros mercados durante esse período (o que aconteceu foi que uma grande enchente havia suspendido as operações de Chicago).

As inconsistências incomodavam Straus. Ele contratou um aluno para criar programas de computador para detectar picos, quedas ou lacunas incomuns em sua coleta de preços. Trabalhando em um pequeno escritório sem janelas ao lado de Ax, no andar abaixo de Simons, conectados por uma escada em espiral, Straus começou o trabalho meticuloso de verificar seus preços em relação aos anuários produzidos por bolsas de commodities, tabelas de futuros e arquivos do *Wall Street Journal* e de outros jornais, bem como por outras fontes. Ninguém havia dito a Straus para se preocupar tanto com os preços, mas ele se transformou em um purista de dados, buscando e limpando os dados com os quais o resto do mundo não se importava.

Algumas pessoas levam anos para identificar uma profissão que se encaixe naturalmente em suas vidas; outras nem mesmo fazem essa descoberta. Straus tinha certos dons que só agora estavam sendo revelados. Em praticamente qualquer outra empresa de operações ou na época anterior, sua fixação por informações precisas sobre preços teria parecido deslocada, talvez até um pouco esquisita. Mas ele se considerava um explorador na trilha de riquezas incalculáveis, onde não havia praticamente mais ninguém as buscando. Alguns outros traders estavam coletando e limpando dados, mas ninguém havia coletado tantos quanto Straus, que estava se tornando uma espécie de guru dos dados. Energizado pelo desafio e pela oportunidade, chegou a uma decisão óbvia em sua carreira.

Não volto mais para aquele centro de informática.

=

Os dados de Straus ajudaram Ax a melhorar seus resultados de trades, mudando seu humor à medida que ele ficava cada vez mais otimista com seus métodos. Ax ainda apostava, participava de uma liga de raquetebol e jogava boliche, também. Além disso, viajou para Las Vegas, onde conquistou o terceiro lugar no Campeonato Mundial Amador de Gamão, sendo até mencionado no *New York Times* ao longo do caminho.

"Ele tinha de competir e tinha de vencer", comentou Reggie Dugard, outro programador.

Mas Ax descobriu que operar na bolsa era tão cativante e estimulante quanto qualquer desafio que encontrara. Ele e Straus programaram movimentações de preços passados para seu modelo de trades, esperando prever o futuro.

"Tem alguma coisa aqui", disse Simons a Ax, incentivando sua nova abordagem.

Procurando mais ajuda, Simons pediu a Henry Laufer, respeitado matemático de Stony Brook, para passar um dia por semana ajudando. Laufer e Ax possuíam habilidades matemáticas complementares — Ax era teórico dos números, enquanto Laufer explorava as funções de números complexos — sugerindo que uma parceria poderia funcionar. Porém tinham personalidades distintas. Ao assumir o antigo escritório de Lenny Baum, Laufer às vezes levava seu bebê para o escritório em um bebê conforto, enquanto Ax observava com desdém.

Laufer criou simulações computacionais para testar se certas estratégias deveriam ser adicionadas a seu modelo de trades. As estratégias eram muitas vezes baseadas na ideia de que os preços tendem a reverter após uma movimentação inicial mais alta ou mais baixa. Laufer comprava contratos futuros se fossem abertos a preços incomumente baixos, em comparação com o preço de fechamento anterior, e os vendia se os preços começassem o dia muito mais altos do que o fechamento anterior. Simons fez suas próprias melhorias no sistema em evolução, insistindo que a equipe deveria trabalhar em conjunto e dividir o crédito. Às vezes, Ax tinha dificuldade de seguir essa solicitação, ficando estressado com a questão do reconhecimento e da remuneração.

"Henry está exagerando ao falar de sua função", reclamou Ax um dia a Simons.

"Não se preocupe com isso. Tratarei os dois igualmente."

A resposta de Simons não o apaziguou. Nos seis meses seguintes, ele se recusava a falar com Laufer, porém, por estar muito envolvido em seu trabalho, Laufer mal percebeu.

Em todo o escritório, Ax defendia teorias da conspiração, especialmente as que envolviam o assassinato de Kennedy. Ele também exigia que os funcionários se referissem a ele como "Dr. Ax", por respeito a seu doutorado (o que eles se recusavam a fazer). Uma vez, pediu a Penny Alberghine que dissesse a um motorista em um estacionamento próximo que tirasse o carro de lá, porque o reflexo do sol o estava incomodando (ela fingiu não ter encontrado o dono do carro).

"Ele não tinha autoconfiança e sempre levava as coisas pelo lado errado", disse ela. "Eu rezava para nunca o incomodar ou irritar."

Ax e sua equipe estavam ganhando dinheiro, mas havia poucas pistas de que seus esforços levariam a algo especial. Nem estava claro se Simons continuaria nas operações. Quando um funcionário recebeu uma oferta de emprego da Grumman, Straus apoiou sua decisão de sair. A contratante, que prestava serviços ao departamento de defesa, era uma empresa estável — até dava um peru como bônus de contratação. Escolher sair parecia uma decisão muito fácil de ser tomada.

＝

Em 1985, Ax surpreendeu Simons com a notícia de que estava se mudando. Ele queria estar em um clima mais quente para poder velejar, surfar e jogar raquetebol o ano todo. Straus também queria fugir do frio do nordeste norte-americano. Sem muita escolha, Simons concordou em deixá-los transferir o negócio de operações para a Costa Oeste.

Estabelecendo-se em Huntington Beach, Califórnia, a 91km de Los Angeles, os dois abriram uma nova empresa chamada Axcom Limited. Simons recebia 25% dos lucros da nova organização, concordando em fornecer ajuda nas operações e em se comunicar com os clientes da nova empresa. Ax e Straus administravam os investimentos e dividiam os 75% restantes. Laufer, que não tinha a mínima intenção de se mudar para o Oeste, voltou a lecionar em Stony Brook, embora continuasse operando com Simons em seu tempo livre.

Ax tinha outro motivo para se mudar, o que não compartilhou com Simons: estava lidando com uma grande tristeza por causa do divórcio, jogando a culpa dessa dor em sua ex-esposa. Assim que deixou Nova York, abandonou seus filhos, da mesma forma que seu próprio pai havia desaparecido de sua vida anos antes. Ficou sem falar com eles por mais de quinze anos.

=

O escritório de Huntington Beach, localizado no segundo e último andar de um conglomerado comercial, pertencente a uma subsidiária da gigante petrolífera Chevron, era o último lugar que se esperaria encontrar uma inovadora empresa de operações. Os poços de petróleo bombeavam no estacionamento e o cheiro de petróleo bruto permeava por todo o bairro. Como o prédio não tinha elevador, Straus e uma equipe de trabalhadores usaram uma esteira rolante para colocar no escritório um VAX-11/750 gigantesco, com 300 megabytes de armazenamento em disco. Um superminicomputador Gould imenso, que tinha 900 megabytes de armazenamento, e era do tamanho de uma geladeira grande, teve de ser transferido de um caminhão para uma empilhadeira, sendo colocado no escritório pela varanda do segundo andar.

Em 1986, a Axcom negociava 21 contratos futuros diferentes, incluindo a libra esterlina, o franco suíço, o marco alemão, eurodólares e commodities, incluindo trigo, milho e açúcar. As fórmulas matemáticas desenvolvidas por Ax e Straus geravam a maioria das movimentações da empresa, embora algumas decisões tenham sido baseadas no julgamento de Ax. Todos os dias, antes do início das operações e pouco antes do final das operações no final da tarde, um programa de computador enviava uma mensagem eletrônica para Greg Olsen, corretor contratado que atuava em uma empresa externa, com uma ordem e algumas condições simples. Um exemplo: "Se o trigo abrir acima de US$4,25, venda 36 contratos."

Olsen comprava e vendia contratos futuros à moda antiga: ligando para corretores em várias bolsas de commodities e títulos. Às vezes, os resultados desse sistema parcialmente automatizado eram impressionantes, no entanto, muitas vezes, deixavam a equipe frustrada. O problema era o seguinte: nem Simons nem a equipe do escritório de Huntington Beach estavam descobrindo novas maneiras de ganhar dinheiro ou melhorar suas estratégias atuais, algumas das quais seus rivais já conheciam. Simons considerava a possível influência de manchas solares e fases lunares nas operações, mas resultavam poucos padrões confiáveis. Straus tinha um primo que trabalhava na AccuWeather, empresa de previsão do tempo, então ele fez um acordo para revisar o histórico do clima brasileiro para ver se era capaz de prever os preços do café, outro esforço que provou ser uma perda de tempo. Os dados sobre o sentimento público e as participações de outros colegas traders de futuros também renderam poucas sequências confiáveis.

Ax passou um tempo pesquisando novos algoritmos, mas também jogava muito raquetebol, aprendia a praticar windsurf e estava passando por uma crise da meia-idade. Com seus ombros largos, corpo musculoso e cabelos castanhos ondulados, parecia um surfista tranquilo, mas era tudo menos isso, até mesmo na Califórnia.

Começou a organizar intensas competições de perda de peso e ficou determinado a derrotar seus colegas de escritório. Uma vez, pouco antes da pesagem inicial, Ax engordou vários quilos devorando melões, calculando que perderia rapidamente esse peso ganho, já que o melão contém muita água. Outra vez, foi de bicicleta ao trabalho debaixo de sol intenso, na esperança de perder peso, chegando tão ensopado de suor que teve de colocar a cueca no micro-ondas do escritório para secar; minutos depois, o micro-ondas explodiu e um funcionário teve que correr para buscar um extintor de incêndio.

Várias vezes ao ano, Simons pegava um voo para a Califórnia para discutir possíveis abordagens de trades, mas suas visitas produziam mais tristezas do que avanços. Agora que moravam na Califórnia, alguns dos funcionários passaram a adotar estilos de vida saudáveis. Simons ainda fumava três maços de cigarro Merit por dia, um atrás do outro.

"Ninguém queria ficar com ele, pois fumava no escritório", disse um funcionário da época, "então saíamos para almoçar e tentar fazer com que ele trabalhasse fora o máximo possível".

Quando o almoço acabava, Simons sugeria que voltassem ao escritório, mas a equipe estava tão apreensiva em ficar em um ambiente fechado com toda aquela fumaça que inventava mil desculpas para ficar longe.

"Sabe de uma coisa, Jim, está tão gostoso aqui fora", dizia um colega a Simons após um de seus almoços.

"Verdade, vamos ficar por aqui e trabalhar fora", outro membro da Axcom entrava na conversa.

Simons concordava, alheio à verdadeira razão pela qual os funcionários estavam enrolando para voltar para o escritório.

Com o tempo, Ax decidiu que precisavam operar de uma maneira mais sofisticada. Eles não tinham tentado usar a matemática mais complexa para criar fórmulas de trades, em parte porque o poder da computação não parecia suficiente. Agora, ele achava que poderia ser a hora de tentar.

Ele acreditava, há muito tempo, que o mercado financeiro tinha as mesmas características das cadeias de Markov, aquelas sequências de eventos em que o próximo evento depende apenas do estado atual. Em uma cadeia de Markov, é impossível prever com certeza cada passo ao longo do caminho, mas os passos futuros podem ser previstos com um certo grau de precisão, se contar com um modelo capaz. Quando Simons e Baum desenvolveram seu hipotético modelo de trades no IDA, uma década antes, também descreveram o mercado como um processo semelhante ao de Markov.

Para melhorar seus modelos preditivos, Ax chegou à conclusão de que era hora de trazer alguém com experiência no desenvolvimento de equações estocásticas, a família mais ampla de equações à qual as cadeias de Markov pertencem. As equações estocásticas modelam processos *dinâmicos* que evoluem ao longo do tempo e podem envolver um alto nível de incerteza. Straus havia lido recentemente artigos acadêmicos sugerindo que os modelos de trades baseados em equações estocásticas poderiam ser ferramentas valiosas. Concordou que a Axcom precisava recrutar mais profissionais influentes da matemática.

Um pouco mais tarde, René Carmona, professor da Universidade da Califórnia, Irvine, recebeu uma ligação de um amigo.

"Há um grupo de matemáticos fazendo equações diferenciais estocásticas procurando ajuda", disse o amigo. "Você conhece bem essas coisas?"

Carmona, que era nativo da França, tinha 41 anos e mais tarde se tornaria professor na Universidade de Princeton, não sabia muito sobre mercados ou investimentos, mas as equações diferenciais estocásticas eram sua especialidade. Essas equações podem fazer previsões usando dados que parecem ser aleatórios; os modelos de previsão do tempo, por exemplo, usam equações estocásticas para gerar estimativas razoavelmente precisas. Os membros da equipe da Axcom viam o investimento através de um prisma matemático e entendiam que o mercado financeiro era complicado e estava em evolução, com um comportamento difícil de prever, pelo menos por longos períodos — assim como um processo estocástico.

É fácil ver por que eles viram semelhanças entre os processos estocásticos e os investimentos. Por um lado, Simons, Ax e Straus não acreditavam que o mercado fosse realmente uma "caminhada aleatória" ou totalmente imprevisível, como alguns acadêmicos e outros argumentavam. Embora houvesse claramente elementos de aleatoriedade, tal como o clima, matemáticos como Simons e Ax argumentavam que uma distribuição de probabilidade poderia capturar os preços de futuros, bem como qualquer outro processo estocástico. Essa era a razão de Ax achar que empregar tal representação matemática poderia ser útil para seus modelos de trades. Talvez com a contratação de Carmona, eles pudessem desenvolver um modelo que produzisse uma série de resultados prováveis para seus investimentos, ajudando a melhorar seu desempenho.

Carmona estava ansioso para ajudar — ele estava prestando consultoria a uma empresa aeroespacial local na época e gostou da ideia de ganhar dinheiro extra trabalhando para a Axcom alguns dias da semana. O desafio de melhorar os resultados de trades da empresa também o intrigava.

"O objetivo era inventar um modelo matemático e usá-lo como estrutura para inferir algumas consequências e conclusões", disse Carmona. "O nome do jogo é não estar certo *sempre*, mas estar certo com bastante frequência."

Ele não tinha certeza de que a abordagem funcionaria ou mesmo se era muito melhor do que as estratégias de investimento menos quantitativas adotadas pela maioria das pessoas na época.

"Se eu compreendesse melhor a psicologia ou os traders do pregão, talvez fizéssemos o mesmo", disse ele.

No início, ele usou os dados de Straus para tentar melhorar os modelos matemáticos existentes da Axcom, mas seu trabalho não alcançou muitos avanços úteis. Embora seus modelos fossem mais sofisticados do que aqueles empregados anteriormente pela Axcom, eles não pareciam funcionar muito melhor. Mais tarde, a Renaissance adotaria as equações diferenciais estocásticas por completo para gerenciamento de riscos e precificação de opções, mas, por enquanto, não conseguiam encontrar uma maneira de lucrar com essas técnicas, o que frustrava Carmona.

=

Em 1987, Carmona foi atormentado pela culpa. Seu salário vinha de parte do bônus pessoal de Ax, mas não estava contribuindo quase nada para a empresa. Decidiu então passar o verão trabalhando em período integral na Axcom, na expectativa de que mais tempo dedicado aos modelos levasse a mais sucesso. Teve pouco progresso, agravando-o ainda mais. Ax e Straus não pareciam se importar, mas ele se sentia péssimo.

"Eu estava tirando dinheiro deles e nada estava funcionando como deveria", disse.

Um dia, teve uma ideia. A Axcom vinha empregando várias abordagens para usar seus dados de preços para operar, incluindo contar com sinais de *estratégia de rompimento* [*breakout*]. Usavam também regressões lineares simples, uma ferramenta básica de previsão usada por muitos investidores que analisa as relações entre dois conjuntos de dados ou variáveis, sob a suposição de que essas relações permanecerão lineares. Assinale os preços do petróleo bruto no eixo x e o preço da gasolina no eixo y, coloque uma *linha de regressão* reta através dos pontos no gráfico, estenda essa linha e pode-se realizar um bom trabalho prevendo os preços na bomba para um determinado nível de preço do petróleo.

No entanto, há momentos em que os preços de mercado ficam confusos. Um modelo dependente da execução de regressões lineares simples, através de pontos de dados, geralmente faz um trabalho ruim na previsão de preços de futuros em mercados voláteis e complexos, marcados por tempestades de neve assustadoras, vendas em pânico e eventos geopolíticos turbulentos, os quais podem causar grande confusão nos preços de commodities e outros. Ao mesmo tempo, Straus havia coletado dezenas de conjuntos de dados com preços de fechamento de commodities provenientes de vários períodos históricos. Carmona decidiu que precisavam de regressões que pudessem capturar relações não lineares nos dados de mercado.

Sugeriu uma abordagem diferente. A ideia de Carmona era fazer com que os computadores procurassem relações nos dados que Straus acumulara. Talvez pudessem encontrar exemplos no passado remoto de ambientes de operação parecidos e, então, poderiam examinar como os preços reagiram. Ao identificar as situações de operações comparáveis e monitorar o que havia acontecido subsequentemente com os preços, poderiam desenvolver um modelo de previsão sofisticado e preciso, capaz de detectar padrões ocultos.

Para que essa abordagem funcionasse, a Axcom precisava de *muitos* dados, ainda mais do que havia sido coletado por Straus e pelos outros. Para resolver o problema, Straus começou a *modelar* os dados em vez de apenas coletá-los. Em outras palavras, para lidar com as lacunas nos dados históricos, usou modelos computacionais para fazer suposições fundamentadas sobre o que estava faltando. Não tinham dados abrangentes sobre os preços do algodão desde a década de 1940, por exemplo, mas talvez a *criação* dos dados fosse suficiente. Assim como alguém pode deduzir qual é a peça do quebra-cabeça que falta observando as peças já colocadas, a equipe da Axcom fez deduções sobre as informações que faltavam e as inseriu em seu banco de dados.

Carmona sugeriu deixar o modelo executar o programa, digerindo todos os dados e apresentando decisões de compra e venda. De alguma forma, ele estava propondo um sistema inicial de aprendizado de máquina. O modelo geraria previsões para vários preços de commodities com base em padrões complexos, agrupamentos e correlações que mesmo Carmona e os outros não entendiam e não conseguiam detectar a olho nu.

Em outros lugares, os estatísticos usavam abordagens parecidas — chamadas de métodos de *Kernel* — para analisar padrões em conjuntos de dados. De volta a Long Island, Henry Laufer estava trabalhando em táticas semelhantes de aprendizado de máquina em sua própria pesquisa e estava disposto a compartilhar seu trabalho com Simons e com os outros. Carmona não estava ciente desse trabalho. Ele estava apenas propondo o uso de algoritmos sofisticados para dar a Ax e Straus a estrutura para identificar padrões nos preços atuais que pareciam semelhantes aos do passado.

"Você deveria usar isso", Carmona insistiu com seus colegas.

Quando compartilharam a abordagem com Simons, ele ficou pasmo. As equações lineares em que estavam se baseando geravam ideias de operações e uma alocação de capital que Simons conseguia entender. Por outro lado, não estava claro por que o programa de Carmona produzia esses resultados. Seu método não se baseava em um modelo que Simons e seus colegas podiam reduzir a um conjunto de equações padrão, e isso o incomodava. Os resultados de Carmona vieram da execução de um programa por horas, permitindo que os computadores vasculhassem padrões e depois gerassem operações. Para Simons, apenas não *parecia* certo.

"Não consigo ficar à vontade com o que isso está me dizendo", disse Simons à equipe um dia. "Não entendo por quê [o programa está dizendo para comprar e não vender]."

Mais tarde, Simons ficou ainda mais exacerbado.

"É uma caixa-preta!", disse ele, frustrado.

Carmona concordou com a avaliação de Simons, mas persistiu.

"Basta seguir os dados, Jim", disse ele. "Não sou eu, são os dados."

Ax, que estava fazendo amizade com Carmona, passou a crer na abordagem, defendendo-a perante Simons.

"Funciona sim, Jim", disse Ax a Simons. "E faz sentido racional... os humanos não conseguem prever os preços."

Deixe que os computadores façam isso, Ax pediu. Era exatamente o que Simons esperava fazer desde o início. No entanto, ele ainda não estava convencido dessa abordagem radical. Em sua cabeça, apostava tudo no conceito de contar com os modelos. Seu coração é que ainda não estava lá, ao que parece.

"Jim gostava de descobrir o que o modelo estava fazendo", lembra Straus. "Ele não gostava muito do Kernel."

Com o passar do tempo, Straus e seus colegas criaram e descobriram outros dados históricos de precificação, ajudando Ax a desenvolver novos modelos preditivos baseados nas sugestões de Carmona. Alguns dos dados semanais de trades de ações que acabaram encontrando mais tarde remontavam ao século XIX, informações confiáveis às quais quase ninguém mais tinha acesso. Na época, a equipe não tinha muito o que fazer com os dados, mas a capacidade de pesquisar no histórico para ver como os mercados reagiam a eventos incomuns ajudaria a equipe de Simons a construir modelos para lucrar com colapsos no mercado e outros acontecimentos inesperados, ajudando a empresa a vencer de goleada os mercados durante esses períodos.

Quando a equipe da Axcom começou a testar a abordagem, rapidamente começaram a ver resultados melhores. A empresa começou a incorporar abordagens *dimensionais mais altas* de regressão de Kernel, que pareciam funcionar melhor para modelos de *tendências* ou para prever por quanto tempo certos investimentos continuariam se movimentando em uma tendência.

Simons estava convencido de que poderiam fazer ainda melhor. As ideias de Carmona ajudaram, mas não foram suficientes. Simons ligava e ia até a empresa, na esperança de melhorar o desempenho da Axcom, mas praticamente atuou como *operador de trades*, encontrando investidores afluentes para o fundo e mantendo-os felizes, enquanto participava dos diversos investimentos em tecnologia que compunham cerca da metade dos US$100 milhões em ativos geridos pela empresa naquele momento.

Buscando ainda mais profissionais influentes da matemática, Simons conseguiu que um respeitado acadêmico fizesse consultoria para a empresa. Essa jogada formaria o alicerce de um avanço histórico.

CAPÍTULO CINCO

Acredito de verdade que, para todos os bebês e um grande número de adultos, a curiosidade é um motivador muito mais potente do que o dinheiro.

ELWYN BERLEKAMP

Durante grande parte da vida de Elwyn Berlekamp, a sugestão de que ele poderia ajudar a revolucionar o mundo das finanças teria parecido uma piada de mau gosto vinda de outra pessoa.

Crescendo em Fort Thomas, Kentucky, na margem sul do rio Ohio, dedicou-se à vida da igreja, aos jogos de matemática e a ficar o mais longe possível dos esportes. Seu pai era ministro da Igreja Reformada e Evangélica, conhecida hoje como Igreja Unida de Cristo, uma das maiores e mais liberais denominações protestantes do país. Waldo Berlekamp era um líder ecumênico gentil e compassivo que organizava cultos conjuntos com diferentes igrejas protestantes e congregações católicas, conquistando seguidores leais por seus sermões cativantes e personalidade envolvente. Quando a família se mudou, 450 congregados vieram a sua festa de despedida. Presentearam Waldo com um automóvel DeSoto novo, como sinal de seu afeto e gratidão.

Em Fort Thomas, subúrbio de Cincinnati com dez mil pessoas, onde há um orgulho por sua história abolicionista, Elwyn desenvolveu, quando menino, um forte viés antissulista e a convicção de perseguir seus interesses, não importando o quanto fossem impopulares. Enquanto outros na escola estavam atacando, jogando e lutando no parquinho, Berlekamp, sério e magro, estava dentro de uma sala de aula competindo de uma maneira diferente. Ele e alguns amigos gostavam de pegar lápis e papel para criar quadros de pontos. Revezavam-se para adicionar linhas, unindo os pontos e fechando quadrados, brincando de timbiriche [ou jogo dos pontinhos], um jogo de estratégia centenário famoso na época no Centro-Oeste. Alguns viam o jogo como uma simples brincadeira de criança, mas o timbiriche tem uma complexidade surpreendente e bases matemáticas, o que ele passou a apreciar mais tarde na vida.

"Foi um aprendizado inicial sobre a teoria dos jogos", disse ele.

Quando entrou na High Thomas Highlands High School, em 1954, era um jovem esguio de um 1,78m e com uma boa ideia do que gostava dentro e fora da sala de aula. Na escola, era matemática e ciências. Por detectarem uma inteligência que se destacava dos outros, seus colegas o elegeram presidente da classe. Ele também tinha curiosidade sobre outros assuntos, embora sua paixão pela literatura tenha sido praticamente apagada por um professor que insistia em passar metade do semestre analisando o romance *E o Vento Levou*.

Os esportes não entravam em sua lista de interesses, por mais que sentisse a pressão para participar.

"Os nerds eram impopulares e o espírito escolar era muito enfatizado", conta, "então entrei na onda e decidi me juntar a uma equipe."

Fez as contas e percebeu que suas melhores chances estavam na natação.

"A equipe de natação não tinha tantas pessoas quanto precisava, então pelo menos sabia que não seria deixado de fora."

Todas as noites, os meninos nadavam nus em uma piscina da Associação Cristã de Moços (YMCA) local, que era tão cheia de cloro que demorava horas para tirar tudo, provável razão pela qual a equipe era tão malvista. Ou talvez pelo treinador, que gritava com os meninos durante todo o treino. Berlekamp, o nadador mais lento e fraco, tinha de suportar o peso do abuso.

"Vamos, Berlekamp!" — berrava o treinador. "Tire esse chumbo do calção!"

Aquela frase parecia bastante ilógica ao jovem, já que estava nu naquele momento.

Era lento e estava fora de forma. Nas poucas vezes em que conseguiu terminar em segundo lugar e conquistar uma medalha, só havia mais um competidor inscrito.

Houve uma confusão em uma competição estadual em 1957, e o rapaz foi forçado a nadar em uma disputa de revezamento contra um grupo de nadadores muito mais fortes. Felizmente, seus companheiros de equipe ganharam uma vantagem enorme que nem ele conseguiu estragar. Sua equipe conquistou o ouro, seu momento de glória nos esportes, ensinando-lhe uma valiosa lição de vida.

"Procure entrar em uma ótima equipe", revelou.

(Décadas depois, o âncora da equipe de revezamento, Jack Wadsworth Jr., que trabalhava como banqueiro de investimentos, liderou a oferta pública inicial, IPO, de uma nova empresa chamada Apple Computer.)

Na época dos vestibulares para a faculdade, Berlekamp tinha duas prescrições: notável estudioso e fraco em programas de esporte. Achava que os esportes eram exageradamente enfatizados na sociedade e não fingiria mais se importar.

O Instituto de Tecnologia de Massachusetts, MIT, foi uma escolha óbvia. "Quando fiquei sabendo que o MIT não tinha um time de futebol, sabia que era meu lugar", disse ele.

Após mudar-se para Cambridge, Massachusetts, Berlekamp passou a se interessar por física, economia, computadores e química. Como calouro, foi selecionado para participar de uma aula avançada de cálculo ministrada por John Nash, teórico dos jogos e matemático que, mais tarde, seria imortalizado no livro de Sylvia Nasar, *Uma Mente Brilhante*. Um dia, no início de 1959, Nash estava dando aula no quadro-negro quando um aluno levantou a mão para fazer uma pergunta. Nash virou-se e o encarou intensamente. Após vários minutos de silêncio constrangedor, apontou o dedo para o aluno, repreendendo-o por ter a ousadia de interromper sua aula.

"Ele parecia um louco", lembra Berlekamp.

Foi uma das primeiras pistas públicas de que Nash tinha uma doença mental. Algumas semanas depois, renunciou de seu cargo no MIT e foi internado em um hospital local para tratar de sua esquizofrenia.

Berlekamp não tinha muito problema em acompanhar a maioria das aulas. Teve um ano em que recebeu oito notas A, ou seja, 10, em um único semestre e uma média geral de 4,9 (em uma escala de 5), não alcançando nota máxima por um único C, ou seja, aproximadamente 6, que havia tirado em ciências humanas. Depois de vencer um prestigiado concurso de matemática no último ano da faculdade, recebendo uma bolsa de estudos e o título Putnam Fellow, Berlekamp iniciou um programa de doutorado no MIT. Seu foco era em engenharia elétrica, estudando com Peter Elias e Claude Shannon, pioneiros na teoria da informação, a abordagem inovadora para quantificar, codificar e transmitir sinais telefônicos, textos, imagens e outros tipos de informações que forneceriam os fundamentos para computadores, internet e todas as mídias digitais.

Uma tarde, Shannon passou por Berlekamp no corredor da escola. O professor, magro e com 1,78m, tinha fama de introvertido, então Berlekamp tinha de pensar rápido para tentar chamar sua atenção.

"Vou à biblioteca conferir um de seus artigos", falou rapidamente.

Shannon fez uma careta.

"Não faça isso — aprenderá mais se tentar sozinho", insistiu Shannon.

Puxou Berlekamp de lado, como se fosse contar um segredo.

"Agora não é a hora de investir no mercado", disse ele.

Shannon não havia contado a muitos outros, mas começara a criar fórmulas matemáticas para tentar conquistar o mercado de ações. Até então, suas fórmulas davam sinais de alerta. Berlekamp segurou-se para não rir; não tinha praticamente nada no banco, então aqueles alertas não significavam nada para ele. Além disso, sua visão com relação às finanças era de desdém.

"Minha impressão era de que aquilo se tratava de um jogo em que as pessoas ricas brincam umas com as outras e não faz muito bem ao mundo", disse Berlekamp. "E *continua* sendo minha impressão."

Ver alguém que admirava negociando ações foi um choque para o jovem.

"Foi uma grande novidade", disse ele.

Durante os verões de 1960 e 1962, passou um tempo como assistente de pesquisa no prestigiado centro de pesquisa Bell Laboratories em Murray Hill, Nova Jersey. Lá, trabalhou para o físico John Larry Kelly Jr., um homem bonito, com um forte sotaque texano e uma série de interesses e hábitos, muitos dos quais Berlekamp não gostava de início. John, que havia passado quatro anos como piloto da Marinha dos EUA durante a Segunda Guerra Mundial, tinha um enorme rifle na parede da sala de estar de sua casa, fumava seis maços de cigarro por dia e era apaixonado por futebol americano profissional e universitário, até chegando a introduzir um novo sistema de apostas para prever as pontuações dos jogos.

Quando John ficou frustrado com seu trabalho, usou uma linguagem que seu jovem assistente não estava acostumado a ouvir.

"Integrais *de merda*", gritou um dia, deixando-o surpreso.

Apesar de parecer grosseiro às vezes, ele era o cientista mais brilhante que Berlekamp já conhecera.

"Para minha surpresa, toda a matemática dele estava certa", disse. "Eu achava que os sulistas eram burros — John me fez mudar de opinião."

Vários anos antes, John publicou um artigo descrevendo um sistema que havia desenvolvido para analisar informações transmitidas por redes, estratégia que também funcionava para fazer vários tipos de aposta. Para ilustrar suas ideias, desenvolveu um método planejado para lucrar no hipódromo. Seu sistema propunha apostas ideais se alguém obtivesse informações suficientes para desconsiderar as chances publicadas e pudesse confiar em um conjunto mais preciso de probabilidades — as "verdadeiras probabilidades" para cada corrida.

Sua fórmula surgiu do trabalho anterior de Shannon sobre a teoria da informação. Passando as noites na casa de John jogando Bridge e discutindo ciência, matemática e outras coisas, Berlekamp percebeu as semelhanças entre apostar em cavalos e investir em ações, já que a probabilidade desempenha um papel enorme em ambas. Também discutiam como informações precisas e apostas de tamanho adequado podiam proporcionar uma vantagem.

O trabalho de John destacava a importância de avaliar o tamanho das apostas, uma lição que Berlekamp usaria mais tarde em sua vida.

"Eu não tinha nenhum interesse em finanças, mas lá estava John fazendo toda essa teoria de portfólio", afirmou ele.

Lentamente, começou a dar valor aos desafios intelectuais — e recompensas financeiras — decorrentes das finanças.

=

Em 1964, Berlekamp viu-se em um profundo marasmo. Uma jovem com quem namorava terminou com ele, o que o fez se afundar na autopiedade. Quando a Universidade da Califórnia, Berkeley, perguntou se ele gostaria de ir para a Costa Oeste, para uma entrevista de emprego como professor, ele agarrou a oportunidade.

"Estava nevando e fazia muito frio, eu precisava de um tempo", disse.

Por fim, aceitou o trabalho e concluiu sua tese de doutorado em Berkeley, tornando-se professor assistente de engenharia elétrica. Um dia, enquanto organizava as coisas em seu apartamento, ouviu uma batida vinda do andar de baixo. O barulho que fazia estava perturbando as duas mulheres que viviam abaixo dele. O pedido de desculpas de Berlekamp levou-o a se apresentar para uma estudante da Inglaterra chamada Jennifer Wilson, com quem se casou em 1966.[1]

Ele tornou-se especialista em decodificar informações digitais, ajudando a NASA a decifrar imagens vindas de satélites explorando Marte, Vênus e outras partes do sistema solar. Ao empregar os princípios que desenvolveu estudando quebra-cabeças e jogos, como o timbiriche, ele ajudou a fundar um ramo da matemática chamado *teoria combinatória dos jogos* e escreveu um livro chamado *Algebraic Coding Theory* [Teoria de Codificação Algébrica, em tradução livre], um clássico da área. Também construiu um algoritmo, chamado adequadamente de algoritmo de Berlekamp, para a fatoração de polinômios sobre campos finitos, que se tornou uma ferramenta crucial na criptografia e em outras áreas.

Ele não conseguia acompanhar a política do campus nem um pouco, como pôde perceber quando se viu em meio a uma disputa territorial violenta entre os departamentos da Faculdade de Letras e Ciências de Berkeley.

"Era criticado por almoçar com as pessoas erradas", lembra ele.

Berlekamp chegou a perceber que grande parte da interação humana é colorida por tons de cinza que, às vezes, achava difícil de discernir. A matemática, por outro lado, provoca respostas objetivas e imparciais, resultados que considerava calmantes e tranquilizadores.

"A verdade na vida é ampla e sutil; pode-se lançar todo tipo de argumento, como se um presidente ou uma pessoa é fantástica ou péssima", disse ele. "É por isso que amo problemas de matemática — eles têm respostas claras."

No final da década de 1960, seu trabalho sobre a teoria da codificação havia atraído a atenção do Instituto de Análise de Defesa, IDA, corporação sem fins lucrativos que também empregava Simons. Começou a realizar trabalhos confidenciais para o IDA em 1968, passando anos em vários projetos em Berkeley e Princeton. Durante esse período, um colega o apresentou a Simons, mas os dois não se deram bem logo de início, apesar de compartilharem do amor pela matemática e pelo tempo passado no MIT, em Berkeley e no IDA.

"A matemática dele era diferente da minha", afirma. "E Jim tinha um desejo insaciável de entrar para as finanças e ganhar dinheiro. Ele gosta de ação... sempre estava jogando pôquer e revirando os mercados. Sempre vi o pôquer como uma digressão, que me interessava como o beisebol ou o futebol americano — ou seja, praticamente nada."

Retornou a Berkeley como professor de engenharia elétrica e matemática na mesma época em que Simons desenvolvia seu departamento em Stony Brook. Em 1973, quando se tornou proprietário de parte de uma empresa de criptografia, pensou que Simons poderia querer uma participação. No entanto, ele não podia pagar o investimento de US$4 milhões, mas atuou no conselho de diretoria da empresa. Berlekamp notou que Simons era um bom ouvinte nas reuniões do conselho e fazia recomendações sensatas, embora sempre interrompesse as reuniões para fazer pausas para fumar.

Em 1985, a Eastman Kodak adquiriu uma empresa fundada por Berlekamp que trabalhava com códigos de bloqueio para comunicações espaciais e via satélite. O resultado inesperado de vários milhões de dólares trouxe novos desafios a seu casamento.

"Minha esposa queria uma casa maior, enquanto eu queria viajar", conta.

Determinado a proteger sua nova riqueza, comprou os melhores títulos municipais, mas, na primavera de 1986, um boato de que o Congresso poderia remover o status de isenção de impostos desses investimentos destruiu seu valor. O Congresso nunca tomou essa atitude, mas a experiência o ensinou que os investidores agem irracionalmente às vezes. Considerou investir seu dinheiro em ações, mas um ex-colega de faculdade com quem dividia o dormitório o alertou de que os executivos corporativos "mentem para os acionistas", tornando a maioria das ações uma promessa arriscada.

"Você deveria dar uma olhada em commodities", disse o amigo da faculdade.

Berlekamp sabia que a operação de commodities envolvia complexos contratos de futuros, então ligou para Simons, a única pessoa que conhecia que poderia saber alguma coisa sobre a área, pedindo conselhos.

Simons parecia emocionado ao receber o telefonema.

"Tenho a oportunidade perfeita para você", disse ele.

Simons convidou Berlekamp para ir a Huntington Beach algumas vezes por mês, para aprender a negociar por conta própria e ver se sua experiência em teoria da informação estatística poderia ser útil para a Axcom.

"Você realmente deveria ir até lá e conversar com Jim Ax", disse a Berlekamp. "Ele poderia se beneficiar em ter alguém como você."

Antes disso, Berlekamp via o negócio de operação na bolsa com desdém; agora, estava intrigado com a ideia de um novo desafio. Pegou um avião e foi até o escritório em Huntington Beach em 1988, com grandes expectativas. Antes mesmo de se acomodar em sua mesa, Ax se aproximou com um olhar de aborrecimento no rosto.

"Se Simons está querendo que você trabalhe para nós, é ele quem vai pagar seu salário", disse a Berlekamp como forma de se apresentar. "Sei que eu *não vou*."

Ele ficou perplexo. Ax o queria fora do escritório *imediatamente*. Berlekamp tinha pego um voo lá de Berkeley e não queria dar meia-volta e ir para casa tão logo. Decidiu ficar mais um pouco, mas ficar fora do caminho de Ax, assim como George Costanza voltou ao trabalho depois de ter sido demitido em um episódio clássico do programa de televisão *Seinfeld*.

Logo ficou sabendo que Ax e Simons estavam no meio de uma briga amarga e longa, centrada em quem deveria pagar as crescentes despesas da Axcom, batalha que Simons não tinha mencionado a ele.

Com todo o poder intelectual que a equipe estava empregando e a ajuda que recebiam de Carmona e de outras pessoas, o modelo da Axcom geralmente se concentrava em duas estratégias de trades simples e comuns. Às vezes, *seguia a tendência do mercado,* quer dizer, comprava várias commodities que estavam subindo ou descendo, supondo que a tendência continuaria. Outras vezes, o modelo apostava que uma movimentação de preços estava chegando ao fim e seria revertida, uma estratégia de *reversão*.

Ax tinha acesso a informações de preços mais abrangentes do que seus rivais, graças à crescente coleta de dados históricos e limpos de Straus. Como as movimentações de preços geralmente se assemelhavam às do passado, esses dados permitiam à empresa determinar com mais precisão quando as tendências fossem continuar e quando fossem diminuir. A capacidade computacional havia melhorado e se tornado mais barata, permitindo que a equipe produzisse modelos de trades mais sofisticados, incluindo os métodos de Kernel de Carmona — a estratégia inicial de aprendizado de máquina que deixara Simons tão desconfortável. Com essas vantagens, a Axcom obteve uma média de ganhos anuais de cerca de 20%, superando a maioria dos rivais.

No entanto, Simons continuava perguntando por que os retornos não estavam melhorando. Para aumentar a tensão, seus rivais estavam se multiplicando. Um analista veterano da Merrill Lynch, chamado John Murphy, publicou um livro chamado *Technical Analysis of the Financial Markets* [*Análise Técnica do Mercado Financeiro*, em tradução livre], em que explicava, simplificadamente, como rastrear e negociar as tendências de preços.

Comprar investimentos à medida que se tornavam mais caros e vendê-los à medida que seu valor caía não estava de acordo com a principal teoria acadêmica, que recomendava a compra quando os preços estivessem mais baixos e a retirada do dinheiro quando os preços subissem. Warren Buffett e outros grandes investidores adotaram esse estilo de investimento de *valor*. Mesmo assim, alguns traders mais agressivos, incluindo o gerente de fundos de hedge Paul Tudor Jones, adotaram estratégias de *trend following [seguir as tendências]* semelhantes às da equipe de Simons. Simons precisava de novas abordagens para ficar um passo à frente dos concorrentes.

Berlekamp começou a seguir suas sugestões. Disse a Ax que os modelos de trades da Axcom não pareciam dimensionar as operações corretamente. Eles deveriam comprar e vender quantias maiores quando o modelo sugerisse mais chances de ganhar dinheiro, argumentava ele, preceitos que havia aprendido com John. "Deveríamos estar enchendo de dinheiro aqui", disse um dia.

Ax não parecia impressionado.

"Vamos chegar lá", respondeu, sem entusiasmo.

Berlekamp descobriu outros problemas com as operações da Axcom. A empresa negociava ouro, prata, cobre e outros metais, além de carne suína e outros cortes, grãos e outras commodities. Mas seus pedidos de compra e venda ainda eram feitos por meio de instruções enviadas por e-mail a seu corretor, Greg Olsen, na abertura e no fechamento do pregão todos os dias, e a Axcom frequentemente mantinha os investimentos por semanas ou meses.

Essa é uma abordagem perigosa, ele argumentava, porque os mercados podem ser voláteis. Trades pouco frequentes impediram a empresa de aproveitar novas oportunidades à medida que surgiam e levaram a prejuízos durante crises prolongadas. Berlekamp pediu para Ax encontrar oportunidades menores e de curto prazo — entrar e sair. Ax o ignorou novamente, dessa vez citando o custo de se fazer operações rápidas. Além disso, os dados diários de preços de Straus eram muito imprecisos — ele ainda não os havia "limpado" completamente —, por isso, não podiam criar um modelo confiável para trades em curto prazo.

Ax consentiu em dar a Berlekamp algumas tarefas de pesquisa, mas, toda vez que o visitava, percebia que Ax havia ignorado suas recomendações — chamando-as de meros "ajustes" — ou haviam sido mal implementadas. Não foi ele quem dera a ideia de Berlekamp aparecer para compartilhar suas opiniões, e ele não se incomodaria com as teorias e sugestões de um professor que estava apenas começando a entender o jogo dos trades.

Ax não parecia precisar de muita ajuda. No ano anterior, 1987, a Axcom obteve um percentual de retorno de dois dígitos, evitando a quebra de outubro que fez com que o índice Dow Jones Industrial Average despencasse 22,6% em um dia. Ignorando o modelo de trades, Ax adquiriu, de forma presciente, futuros de eurodólares que dispararam enquanto as ações despencavam, ajudando a Axcom a compensar outras perdas.

Começava a surgir o comentário de que Simons tinha gênios de matemática tentando uma nova estratégia, e algumas pessoas demonstraram interesse em investir na Axcom, incluindo Edward Thorp, o pioneiro trader quantitativo. Thorp marcou uma reunião para encontrar Simons em Nova York, mas a cancelou depois de realizar uma due diligence. Porém não eram as estratégias de Simons que mais o preocupavam.

"Fiquei sabendo que Simons era fumante inveterado e que ir a seu escritório era como entrar em um cinzeiro gigante", disse Thorp, que havia se mudado para Newport Beach, Califórnia.

Os clientes tinham outros problemas com a Axcom. Alguns não botavam fé nas aventuras de capital de risco de Simons e não queriam um fundo com esses tipos de investimento.

Para manter esses investidores, Simons fechou o fundo Limroy em março de 1988, vendendo os investimentos da empreitada para lançar, juntamente com Ax, um fundo de hedge estrangeiro focado exclusivamente na operação, que foi chamado de Medallion, em homenagem aos prestigiosos prêmios de matemática que cada um deles havia recebido.

Em menos de seis meses, o Medallion estava sofrendo. Alguns dos prejuízos podem ser atribuídos à mudança de foco de Ax.

=

Depois de se mudar para a Califórnia, Ax alugou uma casa tranquila com um deque para barcos nas proximidades de Huntington Harbor, a 8km do escritório passando pela Pacific Coast Highway. Não demorou muito para procurar um local ainda mais isolado e acabou alugando uma propriedade à beira-mar em Malibu.

Ele nunca gostou muito da companhia de outras pessoas, especialmente de seus colegas de trabalho. Agora havia se tornado ainda mais distante, gerenciando remotamente quase uma dúzia de funcionários no escritório de Huntington. Ia ao escritório apenas uma vez por semana. Às vezes, Berlekamp pegava um voo para ir a uma reunião lá e descobria que Ax nem havia saído de Malibu ainda. Depois que se casou com uma contadora chamada Frances, Ax ficou com menos vontade ainda de viajar para se encontrar com a equipe. Às vezes, ligava para fazer solicitações que não tinham nada a ver com seus algoritmos e modelos preditivos.

"Certo, então que tipo de cereal quer que eu traga?", ouviram um funcionário perguntando a ele ao telefone um dia.

À medida que ficava menos engajado, os resultados da Axcom iam se deteriorando.

"A pesquisa não estava mais tão intensa", disse Carmona. "Quando o chefe não está presente, a dinâmica não é a mesma."

Berlekamp explicou a situação da seguinte forma: "Ax era um matemático competente, mas um gerente de pesquisa incompetente."

Procurando ainda mais reclusão, comprou uma casa espetacular localizada sobre uma falésia em Pacific Palisades, no topo de uma colina com vista para as montanhas de Santa Monica. Carmona ia até lá uma vez por semana para levar comida, livros e outras coisas de que Ax precisava. Jogavam exaustivas partidas de pádel, enquanto Carmona ouvia pacientemente suas mais recentes teorias de conspiração. Os colegas chegaram a considerá-lo um ermitão, com a teoria de que ele continuava escolhendo casas perto da costa para não ter de lidar com ninguém em pelo menos um dos lados de sua casa. Depois que um funcionário concordou em ir até lá instalar um cocho de sal em seu quintal, para atrair veados e outros animais, Ax passava longos períodos de tempo olhando fixamente a cena da janela.

Ele contava com seus instintos para uma parte do portfólio, afastando-se das operações com base nos modelos sofisticados que ele e Straus haviam desenvolvido, da mesma forma que Baum havia se voltado para os trades tradicionais anos antes, e Simons estava inicialmente desconfortável com os "Kernels" de Carmona. Parecia que o investimento quantitativo não acontecia naturalmente, mesmo para professores de matemática. Ax descobriu que os exemplares do *New York Times* da Costa Oeste eram impressas na cidade de Torrance, a cerca de 64km de distância, e providenciou que o jornal do dia seguinte fosse entregue em sua casa logo após a meia-noite. Ele passou a operar nos mercados internacionais madrugada adentro com base em comentários de funcionários do governo e de outros que havia lido no jornal, na esperança de dar um passo à frente dos concorrentes. Instalou também enormes televisões em toda a casa para monitorar as notícias e se comunicar com os colegas por meio de uma conexão de vídeo que havia estabelecido.

"Ele ficou apaixonado pela tecnologia", disse Berlekamp.

Ax tinha um Jaguar branco, sempre jogava raquetebol e passava tempo com sua mountain bike nas colinas próximas, até que um dia caiu de cabeça e teve de passar por uma cirurgia cerebral de emergência. Os resultados da empresa permaneciam sólidos durante o primeiro semestre de 1988, mas eis que os prejuízos chegaram. Ele estava confiante de que uma recuperação era iminente, mas Simons estava preocupado. Logo estavam os dois brigando mais uma vez. Ax queria atualizar os computadores da empresa, para que o sistema de trades pudesse ser mais rápido, mas não havia forma de fazê-lo pagar pelas melhorias. Simons também não queria assinar nenhum cheque. À medida que a tensão aumentava, Ax reclamou que Simons não estava cumprindo com suas responsabilidades.

"Deixe que Simons pague tudo", disse a um colega quando chegou uma conta.

Na primavera de 1989, havia desenvolvido um respeito saudável por Berlekamp, notável colega matemático de mesma veia competitiva. Lembrando que Ax ainda não estava implementando as sugestões de trades de Berlekamp, mas percebeu que estava em uma enrascada, e havia poucas pessoas para ouvir suas queixas sobre Simons.

"Estou fazendo todos os trades, e ele está apenas lidando com os investidores", disse a Berlekamp, que tentou ser compreensivo.

Um dia, quando Berlekamp estava por lá, Ax parecia sombrio. Havia meses que o fundo deles vinha perdendo dinheiro e agora caíra quase 30% em relação ao meio do ano anterior, um golpe inacreditável. As participações da Axcom nos futuros de soja entraram em colapso quando um conglomerado italiano que tentava dominar o mercado se desfez, fazendo com que os preços despencassem. A concorrência crescente de outros seguidores de tendência também estava surtindo efeito.

Ax mostrou a Berlekamp uma carta que havia recebido do contador de Simons, Mark Silber, mandando a Axcom interromper todas as operações baseadas nos dificultosos sinais preditivos de longo prazo da empresa, até que Ax e sua equipe elaborassem um plano para reformular e melhorar suas operações. Simons permitia apenas que a Axcom operasse no curto prazo, um estilo que representava apenas 10% de sua atividade.

Ax ficou furioso. Ele era responsável pelas operações, e Simons era responsável por lidar com os investidores.

"Como ele pode me impedir de operar?", protestou, subindo a voz. "Ele *não pode* me tirar dessa!"

Continuou com a certeza de que o desempenho do fundo seria retomado. As estratégias de tendências requerem um investidor que resista aos períodos difíceis, quando as tendências diminuem ou não podem ser identificadas, visto que, em geral, novas tendências estarão próximas de surgir. A interrupção de Simons havia violado seu acordo de parceria, e Ax estava disposto a processá-lo.

"Já faz muito tempo que ele fica mandando em mim!", berrou.

Berlekamp tentava acalmá-lo. Um processo não era a melhor ideia, propôs. Seria caro, levaria uma eternidade e, por fim, não era garantia de sucesso. Além disso, Simons tinha um bom argumento: tecnicamente, a Axcom estava negociando uma parceria geral controlada por Simons, portanto, ele tinha o direito legal de determinar o futuro da empresa.

Ax não havia percebido, mas Simons estava lidando com suas próprias pressões. Velhos amigos e investidores não paravam de ligar, preocupados com as grandes perdas. Alguns não suportaram e sacaram o dinheiro. Quando teve de lidar com Straus e os outros no escritório, Simons foi áspero. Todos podiam ver os prejuízos aumentando e o clima dentro da empresa estava péssimo.

Para Simons, as estratégias de Ax eram simples demais. Disse a ele que a única maneira de impedir a saída dos clientes e manter a empresa viva era reduzir suas operações de longo prazo, que estavam causando todo aquele prejuízo, enquanto asseguravam aos investidores que desenvolveriam táticas novas e aprimoradas.

Ax não queria saber. Partiu para Huntington Beach para obter o apoio de seus colegas. Teve pouca sorte. Straus disse que não queria escolher um lado e estava desconfortável por estar no meio de uma batalha crescente, comprometendo sua empresa e sua carreira. Ax ficou enfurecido.

"Como pode ser tão desleal?!", gritou com ele.

Straus não sabia como responder.

"Fiquei lá me sentindo um imbecil", confessou.

Simons havia passado mais de uma década apoiando vários traders e buscando uma nova abordagem para investir. Não havia alcançado muito progresso. Baum havia desistido, Henry Laufer não estava muito por perto e, agora, seu fundo com Ax e Straus havia caído para US$20 milhões em meio a perdas crescentes. Simons estava passando mais tempo em seus diversos negócios paralelos do que operando; parecia que seu coração não estava nos investimentos. Straus e seus colegas chegaram à conclusão de que ele poderia fechar a empresa.

"Não estava claro se Jim tinha fé", afirmou. "E não estava claro se sobreviveríamos ou desistiríamos."

Após chegar em casa à noite, Straus e sua esposa passaram horas se preparando para o pior, calculando seus hábitos de despesas e somando sua riqueza acumulada enquanto seus dois filhos pequenos brincavam no escritório. Conversaram sobre aonde iriam se Simons fechasse a Axcom e parasse de operar.

De volta ao escritório, as discussões entre Simons e Ax continuavam. Straus ouvia enquanto Ax gritava ao telefone com Simons e Silber. Era coisa demais acontecendo.

"Estou saindo de férias", informou a Ax, por fim. "Vocês que resolvam isso."

No verão de 1989, Ax se sentia preso. Ele estava recorrendo a advogados de segunda que trabalhavam por honorários de êxito, enquanto Simons contratava os melhores advogados de Nova York. Estava ficando óbvio que Simons ganharia essa batalha legal.

Um dia, Berlekamp deu uma ideia a Ax.

"E se eu comprar sua participação da empresa?"

Em particular, Berlekamp estava começando a pensar que poderia salvar a Axcom. Ele passava apenas um ou dois dias por mês na empresa e se perguntava como poderia se sair caso concentrasse toda a sua atenção na melhoria do sistema de trades. Ninguém havia descoberto como construir um sistema computacional para obter ganhos enormes; talvez ele fosse capaz de ajudar a alcançar isso.

"Estava viciado no exercício intelectual", disse ele.

Ax chegou à conclusão de que não tinha melhores opções e concordou em vender a maior parte de suas ações da Axcom para ele. Após a conclusão do negócio, Berlekamp passou a possuir 40% da empresa, deixando Straus e Simons com 25% cada, e Ax com 10%.

Ax ficou entocado em casa por meses, conversando apenas com sua esposa e poucas outras pessoas. Passado um tempo, ele começou uma transformação lenta e notável. Ele e sua esposa se mudaram para San Diego, onde finalmente Ax aprendeu a relaxar um pouco, escrevendo poesia e se matriculando em aulas de roteirização. Até escreveu um suspense de ficção chamado *Bots* [*Robôs*, em tradução livre].

Alex leu um artigo acadêmico online sobre mecânica quântica escrito por Simon Kochen e decidiu entrar em contato novamente com seu ex-colega, que ainda lecionava em Princeton. Logo, fizeram parcerias em artigos acadêmicos sobre aspectos matemáticos da mecânica quântica.[2]

No entanto, havia um vazio em sua vida. Localizou o paradeiro de seu filho mais novo, Brian. Certo dia, pegou o telefone para ligar para ele em seu dormitório na Universidade Brown, em Providence, Rhode Island. Não conversavam há mais de quinze anos.

"Oi", começou, hesitante. "Aqui é James Ax."

Falaram durante horas naquela noite, a primeira de uma série de longas e intensas conversas entre pai e seus dois filhos. Ax expressou seus arrependimentos por tê-los abandonado e reconheceu o dano que sua raiva havia causado. Os meninos o perdoaram, ansiosos por ter o pai de volta em suas vidas. Com o passar do tempo, passaram a ter mais intimidade. Em 2003, depois que Ax se tornou avô, ele e Barbara, sua ex-esposa, reconciliaram-se e restabeleceram uma improvável amizade.

Três anos depois, aos 69 anos de idade, Ax morreu de câncer de cólon. Em sua lápide, seus filhos entalharam uma fórmula que representava o teorema de Ax-Kochen.

CAPÍTULO SEIS

Cientistas são humanos, não raro humanos demais.
Quando o desejo e os dados se colidem,
a evidência, às vezes, perde para a emoção.

BRIAN KEATING, COSMOLOGISTA, *LOSING THE NOBEL PRIZE*

Elwyn Berlekamp assumiu as rédeas do fundo Medallion durante o verão de 1989, quando o negócio de investimentos estava aquecendo. Uma década antes, as empresas financeiras sustentavam cerca de 10% de todos os lucros nos EUA. Agora, estavam no caminho de multiplicar esse número em uma época que ficou conhecida pela ganância e autoindulgência, conforme retratado em romances, como *Brilho da Noite, Cidade Grande*, e músicas, como *Material Girl*, de Madonna.

A insaciável sede de notícias financeiras de movimentação de mercado dos traders, banqueiros e investidores, indisponíveis para o público em geral — conhecidas como *informações privilegiadas* —, ajudou a alimentar os ganhos de Wall Street. Dicas sobre iminentes ofertas de aqeuisição corporativa, ganhos e novos produtos eram a moeda da vez no crepúsculo da era Reagan. O rei dos junk bonds [títulos de alta rentabilidade por conta de seu alto risco], Michael Milken, embolsou mais de US$1 bilhão em compensações entre 1983 e 1987, antes de ser preso por fraudes financeiras relacionadas ao uso de informações privilegiadas. Outros se juntaram a ele, incluindo o banqueiro de investimentos Martin Siegel e o trader Ivan Boesky, que trocaram informações sobre aquisições e maletas com centenas de milhares de dólares em pacotes perfeitos de notas de cem dólares.[1] Em 1989, Gordon Gekko, o protagonista do filme *Wall Street*, havia chegado para delimitar os profissionais agressivos e exigentes do setor, que viviam pressionando para obter uma vantagem injusta.

Berlekamp era uma anomalia nesse período de intensa testosterona, um acadêmico que dava pouca utilidade para boatos interessantes ou dicas quentes. Ele mal sabia como várias empresas obtinham lucros e nem queria saber.

Quase aos 49 anos, também tinha pouca semelhança física com os mestres do universo que colhiam os crescentes espólios de Wall Street. Passou a valorizar a aptidão física, adotando uma série de dietas extremas e perigosas, e corridas de bicicleta cansativas. A certa altura, perdeu tanto peso que ficou esquelético, preocupando os colegas. Careca e de óculos, com uma barba meio grisalha bem aparada, raramente usava gravatas e chegava a ter cinco canetas BIC multicoloridas no bolso da frente de sua camisa.

Mesmo entre os nerds que estavam ganhando destaque em todos os cantos do mundo dos negócios, ele se destacou. Quando foi a uma conferência em Carmel na Califórnia, em 1989, para estudar como as máquinas poderiam construir melhores modelos preditivos, parecia o professor mais distraído de todos.

"Elwyn estava um pouco descabelado, com a camisa para fora da calça e toda amassada, e os olhos não paravam de se mexer quando pensava muito", disse Langdon Wheeler, que o conheceu na conferência e mais tarde se tornou seu amigo. "Mas ele era tão inteligente que deixei as esquisitices de lado e quis aprender com ele."

No escritório da Axcom, Berlekamp favorecia longas tangentes e digressões, causando cada vez mais preocupação entre os funcionários. Uma vez disse que gostava de falar 80% durante uma conversa; aqueles que o conheciam viam a estimativa como um pouco conservadora. Mas sua reputação como matemático lhe rendia respeito, e sua confiança em que o Medallion poderia melhorar o desempenho gerava otimismo.

Seu primeiro plano de ação foi aproximar a empresa de sua casa em Berkeley, uma decisão que Straus e sua esposa passaram a apoiar. Em setembro de 1989, Straus alugou escritórios no 9º andar do histórico prédio de 12 andares da Wells Fargo, o primeiro arranha-céu da cidade, a uma curta distância do campus da UC Berkeley. As linhas de conexão existentes no escritório não conseguiam gerar preços precisos a uma velocidade suficientemente rápida, foi então que um funcionário adaptou o uso de um receptor de satélite no topo da Tribune Tower, nas proximidades de Oakland, para transmitir os preços de futuros de minuto a minuto. Um mês depois, a área de São Francisco foi atingida pelo terremoto Loma Prieta, que matou 63 pessoas. O novo escritório da Axcom não sofreu danos graves, mas as prateleiras e mesas desabaram, livros e equipamentos foram danificados, e o receptor de satélite tombou, um início pouco auspicioso para uma operação desesperada por se revitalizar.

A equipe seguiu em frente, com Berlekamp focado na implementação de algumas das recomendações mais promissoras que Ax havia ignorado. Simons, exausto dos meses de brigas com Ax, apoiou a ideia.

"Vamos negociar algumas coisas seguras", disse ele a Simons.

Ax resistira à mudança para uma estratégia de trades mais frequentes e de curto prazo, em parte porque questionava se as comissões de corretagem e outros custos relacionados a uma abordagem acelerada e de maior frequência compensariam os possíveis lucros. Ele também estava preocupado com o fato de que os trades rápidos pressionariam os preços o suficiente para reduzir quaisquer ganhos, um custo escondido chamado *slippage*,* que o Medallion não conseguia medir com precisão.

Essas preocupações eram legítimas e levaram a uma regra tácita em Wall Street: não opere demais. Além dos custos, as movimentações de curto prazo geralmente produzem pequenos ganhos, empolgando poucos investidores. Qual é o sentido de trabalhar tanto e operar com tanta frequência se a vantagem é tão limitada?

"Assim como não se deve discutir futebol, religião e política, não é para questionar essa visão também", argumentou.

Berlekamp não havia trabalhado em Wall Street e era inerentemente cético em relação aos dogmas de longa data desenvolvidos por aqueles que ele suspeitava não serem particularmente sofisticados em suas análises. Ele defendia mais

---

* N.T.: Deslizamento, termo usado em investimentos quando ocorre a execução de uma ordem com um preço menor do que o preço no momento da ordem, pois houve uma mudança abrupta nas cotações.

operações de curto prazo. Muitas das movimentações de longo prazo da empresa fracassaram, enquanto as de curto prazo do Medallion foram suas maiores vitórias, graças ao trabalho de Ax, Carmona e outros. Fazia sentido tentar aproveitar esse sucesso. Ele também aproveitava o momento certo — até então, a maioria dos dados intradiários de Straus havia sido organizada, facilitando o desenvolvimento de novas ideias para operações de curto prazo.

Sua meta era a mesma: examinar os históricos de preços para descobrir sequências que pudessem se repetir, sob a suposição de que os investidores exibiriam um comportamento semelhante no futuro. A equipe de Simons considerava que a abordagem compartilhava de algumas semelhanças com as *operações com análise técnica*. O sistema de Wall Street geralmente considerava esse tipo de operação como uma arte sombria, mas Berlekamp e seus colegas estavam convencidos de que poderia funcionar, se realizado de maneira sofisticada e científica — mas apenas se os trades focassem movimentações de curto prazo em vez de tendências de longo prazo.

Ele também argumentava que a ausência de frequência na compra e venda ampliava as consequências de cada movimentação. Se errasse algumas vezes, seu portfólio estaria condenado. Mas, se fizesse muitas operações, cada movimentação individual seria menos importante, reduzindo o risco geral do portfólio.

Berlekamp e seus colegas esperavam que o Medallion se parecesse com um cassino, que, por lidar com tantas apostas diárias, acaba precisando somente lucrar com pouco mais da metade delas, ou seja, a equipe da Axcom queria que seu fundo fosse operado com tanta frequência a ponto de obter grandes lucros ao ganhar dinheiro com a maioria mínima de seus trades. Com uma ligeira vantagem estatística, a lei dos grandes números estaria do lado deles, assim como ocorre nos cassinos.

"Se você opera muito, precisa estar certo somente 51% das vezes", argumentou ele a um colega. "Precisamos de uma margem menor em cada trade."

Enquanto examinavam os dados, procurando estratégias de trades de curto prazo para adicionar ao modelo de trades do Medallion, a equipe começou a identificar certas peculiaridades intrigantes no mercado. Os preços de alguns investimentos geralmente caíam pouco antes dos principais relatórios econômicos e subiam logo após, mas os preços nem *sempre* caíam antes da publicação dos relatórios e nem *sempre* subiam nos momentos seguintes. Por qualquer que tenha sido o motivo, o padrão não se aplicava às estatísticas de emprego do

Departamento de Trabalho dos EUA e a alguns outros dados divulgados. Mas havia dados suficientes para indicar quando os fenômenos eram mais prováveis de ocorrer; portanto, o modelo recomendava compras pouco antes dos informativos econômicos e vendas quase imediatamente após.

Continuando sua procura, Berlekamp telefonou para Henry Laufer, que havia concordado em passar mais tempo ajudando Simons a resgatar o Medallion após a saída de Ax. Laufer estava no porão do escritório de Simons em Long Island, com alguns assistentes de pesquisa da área de Stony Brook, tentando reformular o modelo de operações do Medallion, assim como Berlekamp e Straus estavam fazendo em Berkeley.

Examinando os dados de Straus, Laufer descobriu certas sequências de trades recorrentes com base no dia da semana. O que acontecia com os preços de segunda-feira costumava ser o mesmo que acontecia na sexta-feira, por exemplo, enquanto a terça-feira tinha *reversões* nas tendências anteriores. Laufer também descobriu como os trades do dia anterior costumavam prever a atividade do dia seguinte, o que ele chamou de *efeito de 24 horas*. O modelo Medallion começava a comprar ao final do dia de uma sexta-feira, se houvesse uma clara tendência de alta, por exemplo, e depois vendia na segunda-feira, aproveitando o que chamavam de *efeito de fim de semana*.

Simons e seus pesquisadores não acreditavam em passar muito tempo propondo e testando suas próprias ideias intuitivas de trades. Permitiam que os dados os apontassem para as anomalias que sinalizavam oportunidades. Eles também não achavam que fazia sentido se preocupar com o porquê de esses fenômenos existirem. Tudo o que importava era que ocorriam com frequência suficiente para serem incluídos em seu sistema de trades atualizado e que podiam ser testados para garantir que não fossem um golpe de sorte estatístico.

Eles tinham, sim, teorias. Berlekamp e outros desenvolveram uma tese de que os traders *locais* ou do pregão que compravam ou vendiam commodities e títulos, para manter o mercado funcionando, gostavam de voltar para casa ao final de uma semana de operações com poucos ou nenhum contrato de futuros, apenas no caso de más notícias surgirem no fim de semana podendo sobrecarregá-los com prejuízos. Da mesma forma, os corretores nos pregões das bolsas de commodities pareciam podar as posições de futuros à frente dos relatórios econômicos para evitar a possibilidade de que notícias inesperadas pudessem prejudicar suas participações.

Esses traders logo voltavam a suas posições após o fim de semana ou após a divulgação dos informativos, ajudando os preços a se recuperarem. O sistema do Medallion comprava quando esses corretores vendiam e vendia os investimentos de volta a eles à medida que se sentiam mais confortáveis com o risco.

"Estamos no ramo de seguros", disse Berlekamp a Straus.

As peculiaridades nos mercados de moedas representavam mais operações atrativas. Parecia haver grandes oportunidades no trade de marcos alemães. Quando a moeda subia um dia, também havia uma probabilidade surpreendente de subir no dia seguinte. E, quando havia uma queda, também caía no dia seguinte. Não parecia importar se a equipe observasse as correlações mês a mês, semana a semana, dia a dia ou mesmo hora a hora; os marcos alemães mostravam uma propensão incomum à tendência de um período para o outro, tendências que duravam mais do que se poderia esperar.

Quando se joga uma moeda, há 25% de chance de tirar cara duas vezes seguidas, mas não há correlação de uma jogada para a outra. Por outro lado, Straus, Laufer e Berlekamp determinaram que a correlação de movimentações de preços em marcos alemães entre quaisquer dos dois períodos consecutivos era de até 20%, o que significa que a sequência se repetia mais da metade das vezes. Em comparação, a equipe encontrou uma correlação entre períodos consecutivos de 10% ou mais para outras moedas, 7% para ouro, 4% para suínos e outras commodities e apenas 1% para ações.

"A escala de tempo não parece importar", Berlekamp comentou surpreso a um colega certo dia. "Encontramos a mesma anomalia estatística."

As correlações de um período para o próximo não devem ocorrer com nenhuma frequência, pelo menos de acordo com a maioria dos economistas da época que adotaram a hipótese do *mercado eficiente*. Sob essa visão, é impossível lucrar muito no mercado aproveitando as irregularidades dos preços — elas não deveriam existir. Assim que as irregularidades são descobertas, os investidores devem intervir para removê-las, argumentavam os acadêmicos.

As sequências testemunhadas nas operações com marcos alemães — e correlações ainda mais fortes encontradas no iene — foram tão inesperadas que a equipe sentiu a necessidade de entender por que elas estavam acontecendo. Straus encontrou artigos acadêmicos argumentando que os bancos centrais internacionais detestavam movimentações bruscas de moeda, o que podia atrapalhar as economias; por isso, eles intervinham para desacelerar as movimentações bruscas em qualquer direção, estendendo essas tendências por períodos mais longos. Para Berlekamp, o ritmo lento em que grandes empresas como a Eastman Kodak tomavam decisões de trades sugeria que as forças econômicas por trás das movimentações de moedas provavelmente se desenrolariam por muitos meses.

"As pessoas persistem em seus hábitos por mais tempo do que deveriam", afirmou.

As movimentações de moedas faziam parte da crescente mistura de *efeitos dos tradeables* do Medallion, em sua terminologia em desenvolvimento. Berlekamp, Laufer e Straus passaram meses lendo atentamente seus dados, trabalhando longas horas grudados em seus computadores, e examinando como os preços reagiam a dezenas de milhares de acontecimentos no mercado. Simons marcava presença diariamente, seja em pessoa ou ao telefone, compartilhando suas próprias ideias para melhorar o sistema de trades e encorajando a equipe a se concentrar em descobrir o que ele chamava de "anomalias sutis" que os outros haviam ignorado.

Além das sequências repetidas que pareciam fazer sentido, o sistema que Berlekamp, Straus e Laufer desenvolveram localizava padrões difíceis de perceber em vários mercados que não tinham explicação aparente. Às vezes, essas tendências e peculiaridades aconteciam tão rapidamente que eram imperceptíveis para a maioria dos investidores. Elas eram tão tênues que a equipe passou a chamá-las de *fantasmas*, mas continuavam reaparecendo com bastante frequência, sendo dignas de serem adicionadas a sua mistura de ideias de operações. Simons chegou à conclusão de que não importavam os *porquês*, mas, sim, que os trades funcionassem.

Na medida em que os pesquisadores trabalhavam para identificar o comportamento histórico do mercado, ganharam uma grande vantagem: tinham informações de preços mais precisas do que seus rivais. Durante anos, Straus havia coletado os dados dos *ticks*, apresentando informações sobre volumes e preços intradiários para vários futuros, mesmo quando a maioria dos investidores ignorava essas informações espalhadas. Até 1989, a Axcom geralmente contava com os dados de abertura e fechamento, como a maioria dos outros investidores; até esse ponto, grande parte dos dados intradiários que Straus havia coletado era praticamente inútil. Mas os computadores MIPS (milhões de instruções por segundo) mais modernos e poderosos em seus novos escritórios deram à empresa a capacidade de analisar rapidamente todos os dados de preços da coleta de Straus, gerando milhares de observações estatisticamente significativas dos dados de trades para ajudar a revelar padrões de preços anteriormente não detectados.

"Percebemos que estávamos salvando dados intradiários", disse Straus. "Não estavam superlimpos e não eram todos os dados de *ticks*", mas eram mais confiáveis e abundantes do que os outros estavam usando.

=

No final de 1989, após cerca de seis meses de trabalho, Berlekamp e seus colegas estavam razoavelmente certos de que seu sistema de trades reconstruído — focado nos mercados de commodities, moedas e títulos — poderia prosperar. Algumas de suas anomalias e tendências duravam dias, outras apenas horas ou até minutos, mas ele e Laufer estavam confiantes de que seu sistema renovado poderia tirar proveito delas. A equipe achou difícil identificar tendências confiáveis para ações, mas isso não parecia importar, já que haviam encontrado peculiaridades suficientes de trades em outros mercados.

Alguns dos sinais de trades que identificaram não eram particularmente novos ou sofisticados. Mas muitos traders os ignoraram. Ou o fenômeno ocorreu pouco mais de 50% das vezes, ou eles não pareciam render lucro suficiente para compensar os custos das operações. Os investidores seguiram em frente, procurando oportunidades melhores, como pescadores ignorando os peixes pequenos que ficam presos em suas redes, esperando pegar somente os maiores. Ao operar com frequência, a equipe do Medallion achou que valeria a pena manter todos os peixes pequenos que estavam coletando.

A empresa implementou sua nova abordagem no final de 1989, com os US$27 milhões que Simons ainda administrava. Os resultados foram praticamente imediatos, surpreendendo quase a todos do escritório. Fizeram mais trades do que nunca, reduzindo o tempo médio de retenção dos valores mobiliários [*holding*] feitos pelo Medallion, que antes era de uma semana e meia, para apenas um dia e meio, lucrando quase todos os dias.

Com a mesma rapidez, surgiram os problemas. Toda vez que o Medallion negociava dólares canadenses, o fundo parecia perder dinheiro. Quase toda operação era um fracasso. Não parecia fazer sentido — o modelo dizia que o

Medallion deveria estar acumulando dinheiro, mas estavam perdendo a cada dia que passava.

Uma tarde, Berlekamp compartilhou suas frustrações com Simons, que ligou para um trader do pregão da Bolsa de Chicago para ter uma opinião sobre seus problemas.

"Sabe o quê, Jim?", o trader respondeu, soltando uma risada. "Esses caras são bandidos."

Apenas três traders da bolsa se concentraram nos futuros de dólar canadense e trabalhavam lado a lado para se aproveitarem de clientes ingênuos o suficiente para operar com eles. Quando a equipe de Simons fez um pedido de compra, os corretores compartilharam as informações e os traders imediatamente adquiriram os contratos de dólares canadenses para si mesmos, fazendo o preço subir um pouco, antes de vender para Simons e embolsar a diferença. Eles faziam o oposto se o Medallion estivesse vendendo; as pequenas diferenças de preço eram suficientes para transformar os trades com dólares canadenses em uma aposta ruim. Esse era um dos truques mais antigos de Wall Street, mas Berlekamp e seus colegas acadêmicos não sabiam da prática. Simons eliminou imediatamente os contratos de dólares canadenses do sistema de trades do Medallion.

Alguns meses depois, no início de 1990, Simons ligou para Berlekamp com notícias ainda mais perturbadoras.

"Há um boato de que Stotler está com problemas", contou, passando ansiedade na voz.

Berlekamp ficou chocado. Cada uma das posições do Medallion era mantida em contas na Stotler Group, uma empresa de negociação de commodities administrada por Karsten Mahlmann, a principal autoridade eleita na Bolsa de Chicago (CBOT). Berlekamp e outros consideravam Stotler a corretora mais segura e confiável de Chicago. Se ela falisse, a conta deles seria congelada. Nas semanas que possivelmente levaria para organizar, dezenas de milhões de dólares em contratos de futuros estariam no limbo, provavelmente levando a perdas devastadoras. As fontes de Straus na bolsa confidenciaram que a Stotler estava passando dificuldades com dívidas enormes, aumentando todo o nervosismo.

No entanto, eram apenas boatos. Transferir todas as operações e contas para outras corretoras seria complicado, demorado e custaria dinheiro ao Medallion, bem agora que estavam revertendo as coisas. Há muito tempo, a Stotler estava entre as empresas mais poderosas e prestigiadas do mercado, sugerindo que poderia sobreviver a qualquer revés. Berlekamp disse a Simons que não sabia o que fazer.

Simons não conseguia entender sua indecisão.

"Elwyn, quando se sente cheiro de fumaça, é para dar o *fora*!", advertiu.

Straus fechou a conta na corretora e transferiu suas operações para outro lugar. Meses depois, Mahlmann pediu demissão da Stotler e da Bolsa de Chicago (CBOT); dois dias depois, a Stotler entrou com pedido de falência. Por fim, os reguladores acusaram a empresa de fraude.

Simons e sua empresa escaparam por pouco de um provável golpe mortal.

=

Na maior parte de 1990, a equipe de Simons errava pouco, como se tivessem descoberto uma fórmula mágica após uma década mexendo no laboratório. Em vez de operar apenas na abertura e no fechamento do pregão todos os dias, Berlekamp, Laufer e Straus operavam ao meio-dia também. Seu sistema passou a fazer, principalmente, movimentações de curto prazo, com operações de longo prazo representando cerca de 10% das atividades.

Um dia, a Axcom faturou mais de US$ 1 milhão, o primeiro da empresa. Simons recompensou a equipe com champanhe, da mesma forma que a equipe do IDA distribuía taças de champanhe depois de descobrir soluções para problemas complexos. Os ganhos de um dia tornaram-se tão frequentes que a bebida ficou um pouco fora de controle; Simons precisou informar que o champanhe deveria ser distribuído apenas se os retornos subissem 3% em um dia, uma mudança que pouco ajudou a diminuir a vertigem da equipe.

Apesar de todos os ganhos, poucos fora do escritório tinham o mesmo respeito pela abordagem do grupo. Quando Berlekamp explicou os métodos de sua empresa para estudantes de negócios no campus de Berkeley, alguns zombaram dele.

"Éramos vistos como excêntricos com ideias ridículas", confessou.

Os colegas professores eram educados o bastante para não dividir suas críticas e ceticismo, pelo menos ao alcance da voz. Mas Berlekamp sabia o que estavam pensando.

"Os colegas evitavam comentar ou desviavam a conversa", admitiu.

Simons não se importava com os que duvidavam; os ganhos reforçavam sua convicção de que um sistema automatizado de trades poderia lucrar muito no mercado.

"Há uma oportunidade real aqui", disse ele a Berlekamp, com crescente entusiasmo.

O Medallion obteve um ganho de 55,9% em 1990, uma melhoria drástica em comparação com sua perda de 4% no ano anterior. Os lucros eram particularmente impressionantes, porque ficavam acima das altas taxas cobradas pelo fundo, que totalizavam 5%[*] de todos os ativos gerenciados e 20% de todos os ganhos gerados pelo fundo.

Apenas cerca de um ano antes, Simons estivera tão envolvido em seus negócios paralelos quanto no fundo de hedge. Agora estava convencido de que a equipe estava finalmente alcançando algo especial e queria ser uma parte maior disso. Ligava para Berlekamp o tempo todo, quase todos os dias.

No início de agosto daquele ano, depois que o Iraque invadiu o Kuwait, o que elevou os preços do ouro e do petróleo, Simons ligou para Berlekamp, incentivando-o a adicionar contratos de futuros de ouro e petróleo ao mix do sistema.

"Elwyn, já deu uma olhada no ouro?"

O negócio era que Simons ainda operava algumas coisas sozinho, traçando os padrões técnicos de várias commodities. Ele queria compartilhar as visões otimistas que havia desenvolvido sobre vários investimentos em ouro.

Berlekamp ouviu os conselhos educadamente, como sempre, antes de dizer a ele que seria melhor deixar o modelo fazer seu trabalho e evitar o ajuste de algoritmos nos quais haviam trabalhado tanto para aperfeiçoar.

"Tudo bem, pode voltar ao que estava fazendo", Simons concordou.

Um pouco mais tarde, quando o ouro disparou ainda mais, ele telefonou novamente: "Aumentou ainda mais, Elwyn!"

Berlekamp ficou perplexo. Foi Simons quem se esforçara para desenvolver um sistema computadorizado de trades sem nenhum envolvimento humano, e foi Simons quem quis confiar no método científico, testando as anomalias

---

[*] A taxa de administração de 5% fora determinada em 1988, quando Straus disse a Simons que precisava de cerca de US$800 mil para rodar o sistema computacional da empresa e pagar outras despesas operacionais — um valor que representava 5% dos US$16 milhões gerenciados na época. A taxa parecia certa para Simons, que a manteve enquanto a empresa crescia.

ignoradas em vez de usar gráficos rudimentares ou seu próprio instinto. Berlekamp, Laufer e o resto da equipe haviam trabalhado diligentemente para remover os seres humanos do ciclo de operações o máximo possível. E, agora, Simons estava dizendo que tinha um bom pressentimento sobre os preços do ouro e queria mexer no sistema?

"Jim acreditava que o fundo deveria ser gerenciado sistematicamente, mas ele fazia um rebuliço quando tinha tempo, de cinco a dez horas por semana, negociando ouro ou cobre, pensando que estava aprendendo alguma coisa", contou Berlekamp.

Assim como Baum e Ax antes dele, Simons não conseguia deixar de reagir às notícias.

Berlekamp colocou-o em seu lugar.

"Como eu disse, Jim, não vamos ajustar nossas posições", disse irritado a ele um dia.

Ao desligar o telefone, virou-se para um colega e disse: "*O sistema* determinará o que negociamos."

Simons nunca havia pedido nenhuma operação grandiosa, mas conseguiu que Berlekamp comprasse algumas opções de compra [*call*] de petróleo para servir como "seguro", caso os preços do petróleo continuassem subindo, visto que a Guerra do Golfo havia começado, e ele reduziu em um terço as posições gerais do fundo, enquanto as hostilidades no Oriente Médio continuavam a aumentar.

Simons sentiu a necessidade de explicar os ajustes para seus clientes.

"Ainda precisamos confiar no julgamento humano e na intervenção manual para lidar com uma mudança drástica e repentina", explicou em uma carta naquele mês.

Continuou ligando para Berlekamp, que ficava cada vez mais exasperado.

"Um dia, ele me ligou umas quatro vezes", disse ele. "Era irritante."

Telefonou novamente, dessa vez para dizer a ele que queria que a equipe de pesquisa se mudasse para Long Island. Simons havia atraído Laufer de volta como membro da equipe em tempo integral e queria também desempenhar um papel maior na execução dos trades. Em Long Island, ele argumentou, todos poderiam estar juntos, uma ideia à qual Berlekamp e Straus resistiram.

Com o passar do ano, Simons começou a dizer a Berlekamp como o fundo, que agora administrava quase US$40 milhões, poderia estar se saindo melhor. Estava entusiasmado com os ajustes mais recentes do modelo e convencido de que o Medallion estava à beira de um sucesso notável.

"Vamos trabalhar no sistema", informou certo dia. "No próximo ano, devemos chegar a 80%."

Berlekamp não conseguia acreditar no que estava ouvindo.

"Temos sorte em alguns aspectos, Jim", disse a Simons, na esperança de conter sua exuberância.

Ao desligar o telefone, balançou a cabeça em frustração. Os ganhos do Medallion já eram surpreendentes. Ele duvidava de que o fundo de hedge pudesse manter seu mesmo ritmo acelerado, muito menos melhorar seu desempenho.

Simons fazia ainda mais solicitações. Queria expandir a equipe, comprar antenas parabólicas adicionais para o telhado e gastar em outras infraestruturas que lhes permitissem atualizar o sistema computadorizado de trades do Medallion. Pediu que Berlekamp contribuísse com as novas despesas.

As pressões cansaram Berlekamp, que permanecera como professor durante meio período em Berkeley e estava gostando de suas aulas mais do que nunca, provavelmente porque não envolviam alguém o cobrando o tempo todo.

"Jim ligava muito e eu me divertia mais lecionando", explica ele.

Estava ficando insuportável. Por fim, Berlekamp ligou para Simons com uma oferta.

"Jim, se você acha que subiremos 80%, e acho que podemos chegar a 30%, você deve pensar que a empresa vale muito mais do que eu penso", disse ele. "Então, por que você não compra minha parte?"

E foi exatamente o que Simons fez. Em dezembro de 1990, a Axcom foi dissolvida; Simons adquiriu a participação de Berlekamp paga em dinheiro, enquanto Straus e Ax negociaram suas participações da Axcom por ações da Renaissance, que passou a administrar o fundo Medallion. Berlekamp voltou a Berkeley para lecionar e fazer pesquisas matemáticas em período integral, vendendo suas ações da Axcom a um preço que equivalia a 6 vezes o que havia pago apenas 16 meses antes, um negócio que considerava uma absoluta barganha.

"Nunca imaginei que iríamos tão longe", Berlekamp confessou.

Mais tarde, abriu uma empresa de investimentos, a Berkeley Quantitative, que negociava seus próprios contratos de futuros e, a certa altura, administrava mais de US$200 milhões. Fechou em 2012 após registrar retornos medianos.

"Sempre fui mais motivado pela curiosidade", conta ele. "Já Jim era motivado pelo dinheiro."

Na primavera norte-americana de 2019, Berlekamp morreu devido a complicações por fibrose pulmonar aos 78 anos de idade.

=

Berlekamp, Ax e Baum deixaram a empresa, mas Simons não estava muito preocupado. Ele tinha certeza de que havia desenvolvido um método infalível para investir de maneira *sistemática*, usando computadores e algoritmos para negociar commodities, títulos e moedas de forma que pudesse ser vista como uma versão mais científica e sofisticada de trades técnicos, que envolvia a pesquisa de padrões ignorados no mercado.

Entretanto, Simons era um matemático com uma compreensão limitada da história dos investimentos. Não percebeu que sua abordagem não era tão original quanto acreditava ser. Também não sabia quantos traders haviam fracassado por completo usando métodos semelhantes. Alguns traders que empregavam táticas parecidas até tiveram uma vantagem substancial sobre ele.

Para conquistar o mercado financeiro de verdade, ele precisaria superar uma série de obstáculos imponentes que ainda nem imaginava estar em seu caminho.

CAPÍTULO SETE

O que mantinha Jim Simons tão empolgado no final de 1990 era uma visão simples e direta: os padrões históricos podiam formar a base de modelos computacionais capazes de identificar tendências de mercado ignoradas e contínuas, permitindo adivinhar o futuro baseado no passado. Ele defendia essa visão há muito tempo, mas seus grandes ganhos recentes o convenceram de que a abordagem era vencedora.

Entretanto, não passara muito tempo investigando a história financeira. Se tivesse feito isso, poderia ter percebido que sua abordagem não era particularmente nova. Durante séculos, os especuladores adotaram várias formas de reconhecimento de padrões, contando com métodos que tinham similaridades a algumas das coisas que a Renaissance estava fazendo. O fato de que muitos desses personagens brilhantes fracassaram por completo, ou de que eram charlatães, não era um bom sinal para Simons.

As raízes de seu estilo de investimento retomavam os tempos da Babilônia, quando os primeiros traders registravam os preços da cevada, tâmaras e outras safras em pranchetas de barro, esperando prever movimentações futuras. Em meados do século XVI, um trader de Nuremberg, Alemanha, chamado Christopher Kurz, foi aclamado por sua suposta capacidade de prever os preços de até vinte dias da canela, pimenta e outras especiarias. Como grande parte da sociedade da época, ele fazia uso dos signos astrológicos, mas também tentou testar seus sinais novamente, deduzindo certos princípios confiáveis ao longo do caminho, como o fato de que os preços se movimentam em tendências persistentes e longas com frequência.

Um comerciante de arroz e especulador japonês do século XVIII chamado Munehisa Homma, conhecido como o "deus dos mercados", inventou um método de gráficos para visualizar os níveis de preços na abertura, na alta, na baixa e no fechamento para o escambo de arroz do país durante um período de tempo. Seus gráficos, incluindo o padrão clássico conhecido como *Candlestick*, resultaram em uma estratégia inicial de trades de reversão à média e razoavelmente sofisticada. Ele argumentava que os mercados são regidos pelas emoções e que "os especuladores deveriam aprender a cortar rapidamente as perdas e deixar os lucros fluírem" — táticas adotadas por futuros traders.[1]

Na década de 1830, os economistas britânicos vendiam sofisticados gráficos de preços aos investidores. Mais tarde naquele século, um jornalista norte-americano chamado Charles Dow, que criou o Dow Jones Industrial Average e ajudou a lançar o *Wall Street Journal*, aplicou um nível de rigor matemático a várias hipóteses de mercado, dando origem a análises técnicas modernas, baseadas em gráficos de tendências de preços distintas, volume de operação e outros fatores.

No início do século XX, um profissional de prognósticos financeiros chamado William D. Gann ganhou seguidores fanáticos, apesar da natureza dúbia de seu registro. Diz a lenda que ele havia nascido de uma família batista humilde em uma fazenda de algodão no Texas. Abandonou a escola para ajudar seus familiares nos campos, obtendo sua única educação financeira em um depósito de algodão local. Acabou na cidade de Nova York, onde abriu uma corretora em 1908, desenvolvendo uma boa reputação por sua habilidade em ler gráficos de preços, identificando e antecipando ciclos e retrações.

Um trecho de Eclesiastes guiava as jogadas de Gann: "O que foi tornará a ser... não há nada novo debaixo do sol." Para ele, a frase sugeria que os pontos de referência históricos são a chave para obter lucros de trades. Sua fama aumentou, em parte com base em uma alegação de que, em um único mês, ele transformara US$130 em US$12 mil. Seus apoiadores atribuíam a ele a previsão de tudo, desde a Grande Depressão até o ataque a Pearl Harbor. Ele chegou à conclusão de que uma ordem natural e universal governava todas as facetas da vida — o que chamou de *Lei da Vibração* — e que sequências e ângulos geométricos poderiam ser usados para prever as atividades do mercado.

Até hoje, a *Análise de Gann* continua sendo um ramo razoavelmente popular dos trades técnicos.

Entretanto, seu histórico de investimentos nunca foi comprovado, e seus fãs costumavam ignorar algumas mancadas colossais. Em 1936, por exemplo, ele disse: "Estou confiante de que o Dow Jones Industrial Average nunca mais venderá a 386", querendo dizer que tinha certeza de que o Dow Jones não voltaria a atingir esse nível, uma previsão que não passou no teste de tempo. O fato de ter escrito oito livros e um informativo diário de investimentos, e, contudo, compartilhado apenas poucos detalhes de sua abordagem de trades e, segundo alguns relatos, ter falecido com um patrimônio líquido de apenas US$100 mil, levanta outras suspeitas[2].

"Ele era um astrólogo financeiro inferior", concluiu Andrew Lo, professor do MIT Sloan School of Management.

Décadas depois, Gerald Tsai Jr. usou a análise técnica, entre outras táticas, para se tornar o investidor mais influente do intenso final da década de 1960. Ganhou destaque na Fidelity Investments, onde aproveitou as ações de impulso para gerar fortuna, tornando-se o primeiro gerente de fundos de crescimento. Mais tarde, lançou sua própria empresa, a Manhattan Fund, queridinha da época. Construiu uma sala de guerra com gráficos deslizantes e rotativos que acompanhavam centenas de médias, proporções e osciladores. Mantinha a sala a uma temperatura gelada de 12°C, procurando garantir que os três funcionários de tempo integral encarregados de atualizar os números permanecessem totalmente alertas e atentos.

A Manhattan Fund foi esmagada no mercado de baixa de 1969-70, e seu desempenho e métodos foram ridicularizados. Até então, Tsai tinha vendido tudo para uma seguradora e estava ocupado ajudando a transformar a empresa de serviços financeiros Primerica em um elemento essencial para a potência bancária que viria a se tornar o Citigroup.[3]

Com o passar do tempo, os traders técnicos se tornaram motivos de chacota, suas estratégias eram vistas como simplistas e preguiçosas na melhor das hipóteses, e como ciência vodu na pior delas. Apesar do ridículo, muitos investidores continuam mapeando o mercado financeiro, rastreando formações *cabeça e ombros* e outras configurações e padrões comuns. Alguns dos principais traders modernos, incluindo Stanley Druckenmiller, consultam os gráficos para confirmar as teses de investimento existentes. O professor Lo e outros afirmam que os analistas técnicos foram os "precursores" dos investimentos quantitativos. No entanto, seus métodos nunca foram submetidos a testes independentes e detalhados, e a maioria de suas regras surgiu de uma misteriosa combinação de reconhecimento de padrões humanos e regras de ouro que pareciam razoáveis, levantando dúvidas sobre sua eficácia.[4]

Assim como os traders técnicos antes dele, Simons praticava uma forma de análise de padrões e buscava sequências e correlações reveladoras nos dados do mercado. Assim, esperava ter um pouco mais de sorte do que os investidores antes dele, operando de maneira mais científica. Concordou com Berlekamp que os indicadores técnicos eram melhores para orientar os trades de curto prazo do que os investimentos de longo prazo. Mas ele esperava que testes rigorosos e modelos preditivos sofisticados, baseados em análises estatísticas e não em gráficos de preços lindos de se ver, ajudassem-no a escapar do destino dos adeptos dos gráficos que haviam fracassado por completo.

Mas Simons não percebia que outros estavam ocupados criando estratégias semelhantes, alguns usando seus próprios computadores de alta potência e algoritmos matemáticos. Vários desses traders já haviam alcançado enormes progressos, o que sugeria que Simons estava ficando para trás.

De fato, assim que a era dos computadores surgiu, havia investidores, madrugando e dispostos, usando computadores para desvendar os mercados. Já em 1965, a revista *Barron's* falava sobre as recompensas "incomensuráveis" que os computadores podiam render aos investidores e como as máquinas eram capazes de aliviar o "trabalho monótono de um analista, liberando-o para atividades mais criativas". Na mesma época, o *Wall Street Journal* falava positivamente sobre como os computadores podiam classificar e filtrar um grande número de ações quase instantaneamente. No clássico livro de finanças da época, *O Jogo do Dinheiro*, o autor George Goodman, empregando o pseudônimo de Adam Smith, zombava da "turminha do computador" que começavam a invadir Wall Street.

Embora um segmento do mundo dos investimentos usasse máquinas para orientar seus investimentos e outras tarefas, a tecnologia ainda não estava disponível nem para fazer análises estatísticas levemente desafiadoras, nem havia muita necessidade de modelos com qualquer nível de sofisticação, já que as finanças não eram particularmente matemáticas na época. Ainda assim, um trader de Chicago, chamado Richard Dennis, conseguiu desenvolver um sistema de trades regido por regras predefinidas específicas, destinadas a remover emoções e irracionalidade de suas operações, não muito diferente da abordagem com a qual Simons estava tão empolgado. Enquanto os funcionários da Renaissance se esforçavam para melhorar seu modelo ao longo dos anos 1980, sempre ouviam sobre os sucessos de Dennis. Aos 26 anos de idade, já era uma presença diferenciada no pregão da Bolsa de Chicago, o bastante para justificar seu apelido: o "Príncipe do Pregão". Dennis usava óculos grossos de armação dourada, tinha uma barriga que se projetava por cima do cinto e os cabelos crespos e ralos que caíam "no rosto como orelhas de beagle", nas palavras de um entrevistador da época.

Ele estava tão confiante em seu sistema que perseguia as tendências do mercado a ponto de codificar suas regras e as compartilhar com vinte ou mais novatos que chamava de "tartarugas". Dava dinheiro a seus novatos e os mandava para fazer suas próprias operações, na esperança de ganhar um longo debate com algum amigo, provando que suas táticas eram tão infalíveis que poderiam ajudar até os inexperientes a se tornarem especialistas do mercado. Alguns dos "tartarugas" tiveram um sucesso impressionante. Dizem que o próprio Dennis faturou US$80 milhões em 1986 e administrou cerca de US$100 milhões um ano depois. No entanto, foi aniquilado pela turbulência do mercado de 1987, o mais recente trader, com um estilo que se assemelhava ao de Simons, que havia fracassado totalmente. Depois de desperdiçar cerca de metade de seu dinheiro, fez uma pausa nas operações para se concentrar em causas políticas liberais e na legalização da maconha, entre outras coisas.

"Há muito mais a se fazer na vida do que apenas trades", disse ele a um entrevistador na época.[5]

Ao longo dos anos 1980, matemáticos aplicados e ex-físicos foram contratados para trabalhar em Wall Street e na cidade de Londres. Em geral, recebiam a tarefa de criar modelos para colocar valores em derivativos e produtos hipotecários complicados, analisar riscos e *fazer hedge* — ou proteger — posições de investimento, atividades que ficaram conhecidas como formas de *engenharia financeira*.

Demorou um pouco para o setor financeiro criar um apelido para aqueles que projetavam e implementavam esses modelos matemáticos. Em princípio, eles eram chamados de *cientistas de foguetes* por aqueles que consideravam a engenharia espacial o ramo mais avançado da ciência, disse Emanuel Derman, que recebeu um doutorado em Física Teórica pela Universidade Columbia antes de ingressar em uma empresa de Wall Street. Com o passar do tempo, esses especialistas ficaram conhecidos como *quants*, abreviação de especialistas em finanças quantitativas. Por anos, lembra ele, os gerentes de nível sênior de bancos e empresas de investimento, muitos dos quais se orgulhavam de manter certa ignorância quanto aos computadores, empregaram o termo de forma pejorativa. Quando entrou para a Goldman Sachs em 1985, Derman diz, ele "percebeu instantaneamente a vergonha de ser da área matemática... era de mau gosto para dois adultos com consentimento falar sobre matemática ou UNIX ou C na companhia de traders, vendedores e banqueiros.

"As pessoas ao redor desviavam o olhar", escreveu Derman em sua autobiografia, *My Life as a Quant* [*Minha Vida Como Quant*, em tradução livre].[6]

Havia boas razões para ser cético em relação às "pessoas dos computadores". Por um lado, sua cobertura sofisticada nem sempre funcionava tão perfeitamente. No dia 19 de outubro de 1987, o Dow Jones Industrial Average caiu 23%, o maior declínio de um dia de todos os tempos, queda atribuída à adoção generalizada do *seguro de portfólio*, uma técnica de cobertura na qual os computadores dos investidores vendiam futuros de índices de ações ao primeiro sinal de declínio para se proteger de crises maiores. A venda causou uma queda maior dos preços, é claro, levando a ainda mais vendas computadorizadas e à consequente derrota.

Um quarto de século depois, o lendário colunista financeiro do *New York Times*, Floyd Norris, chamou esse momento de "o começo da destruição dos mercados por computadores idiotas. Ou, para ser justo com os computadores, por computadores programados por pessoas falíveis e confiados por pessoas que não entendiam as limitações dos programas de computador. Assim que os computadores chegaram, foi-se todo o julgamento humano".

Na década de 1980, o professor Benoit Mandelbrot — que havia demonstrado que certas formas matemáticas irregulares chamadas *fractais* imitam as irregularidades encontradas na natureza — argumentou que o mercado financeiro também tinha padrões fractais. Essa teoria sugeria que os mercados gerariam mais eventos inesperados do que se esperava amplamente, outra razão para duvidar dos modelos elaborados produzidos por computadores de alta potência. Seu trabalho reforçaria as opiniões de Nassim Nicholas Taleb, trader que se tornou autor, e de outros quanto ao fato de que as ferramentas matemáticas e os modelos de risco conhecidos eram incapazes de preparar suficientemente os investidores para desvios grandes e altamente imprevisíveis dos padrões históricos — desvios que ocorrem com mais frequência do que a maioria dos modelos sugere.

Em parte devido a essas preocupações, as pessoas que mexiam com modelos e máquinas geralmente não tinham permissão para operar ou investir. Em vez disso, eram contratadas para ajudar os traders e outras pessoas importantes de bancos e empresas de investimento — e ficar fora do caminho deles. Na década de 1970, um professor de economia de Berkeley, chamado Barr Rosenberg, desenvolveu modelos quantitativos para rastrear os fatores que influenciavam as ações. Em vez de fazer uma fortuna operando por si mesmo, vendia programas computadorizados para ajudar outros investidores a prever o comportamento das ações.

Edward Thorp se tornou o primeiro matemático moderno a usar estratégias quantitativas para investir consideráveis quantias de dinheiro. Thorp era acadêmico, havia trabalhado com Claude Shannon, o pai da teoria da informação, e adotou o sistema proporcional de apostas de John Kelly, o cientista do Texas que havia influenciado Elwyn Berlekamp. Primeiro, aplicou seus talentos ao jogo, ganhando destaque por suas grandes vitórias e por seu livro best-seller, *Beat the Dealer* [*Quebrando a Banca*, em tradução livre]. O livro descreve a crença de Thorp nas táticas de jogo sistemáticas e baseadas em regras, bem como sua percepção de que os jogadores podem tirar proveito das probabilidades de movimentação nos jogos de azar.

Em 1964, voltou sua atenção para Wall Street, o maior cassino de todos. Depois de ler livros sobre análise técnica — bem como o volume histórico de Benjamin Graham e David Dodd, *Security Analysis* [*Análise de Valores Imobiliários*, em tradução livre], que lançou as bases do investimento fundamentalista —, Thorp ficou "surpreso e incentivado por como tantas pessoas sabiam tão pouco", escreveu ele em sua autobiografia, *Um Homem para Qualquer Mercado*.[7]

Thorp se concentrava nos bônus de subscrição, que dão ao detentor a capacidade de comprar ações a um determinado preço. Desenvolveu uma fórmula para determinar o preço "correto" de um bônus, o que lhe permitia detectar instantaneamente erros nos preços de mercado. Ao programar um computador Hewlett-Packard 9830, usou sua fórmula matemática para comprar bônus baratos e apostar em bônus caros, uma tática que protegia seu portfólio de trancos no mercado geral.

Durante a década de 1970, ajudou a liderar um fundo de hedge, Princeton/Newport Partners, registrando fortes ganhos e atraindo investidores conhecidos — incluindo o ator Paul Newman, o produtor de Hollywood Robert Evans e o roteirista Charles Kaufman. Sua empresa baseava seus trades em algoritmos e modelos econômicos gerados por computadores, usando tanta eletricidade que seu escritório no sul da Califórnia estava sempre fervendo.

Sua fórmula de trades era influenciada pela tese de doutorado do matemático francês Louis Bachelier, que, em 1900, desenvolveu uma teoria para opções de preços na bolsa de valores de Paris, usando equações semelhantes às usadas posteriormente por Albert Einstein para descrever o movimento browniano das partículas de pólen. A tese de Bachelier, que descreve a movimentação irregular dos preços das ações, havia sido ignorada há décadas, mas Thorp e outros entendiam sua relevância para o investimento moderno.

Em 1974, deparou-se com uma manchete na primeira página do *Wall Street Journal* intitulada: "As Fórmulas de Computador são o Segredo de um Homem para o Sucesso no Mercado." Um ano depois, sua fortuna continuava aumentando, tinha um novo Porsche 911S vermelho. Para ele, contar com modelos computacionais para negociar bônus de subscrição, opções, títulos conversíveis e outros supostos títulos derivativos era a única abordagem racional de investimento.

"Um modelo é uma versão simplificada da realidade, como um mapa de ruas que mostra como ir de uma parte da cidade para outra", escreveu ele. "Se segui-lo corretamente, [você] poderá usar as regras para prever o que aconteceria em novas situações."

Os céticos desaprovaram — um deles disse ao jornal que "o mundo real dos investimentos é complicado demais para ser reduzido a um modelo". Contudo, ao final dos anos 1980, o fundo de Thorp era de quase US$300 milhões, ofuscando o fundo Medallion de US$25 milhões que Simons administrava na época. Mas a Princeton/Newport foi envolvida no escândalo de operações centrado no rei dos junk bonds, Michael Milken, nas proximidades de Los Angeles, acabando com todas as esperanças que Thorp tinha de se tornar uma potência de investimentos.

Ele nunca foi acusado de nenhuma improbidade, e o governo acabou retirando todas as acusações relacionadas às atividades da Princeton/Newport, mas a publicidade em torno da investigação prejudicou seu fundo, que foi fechado no final de 1988, um desfecho considerado por ele como "traumático". Nos seus 19 anos de existência, o fundo de hedge apresentava ganhos anuais acima de 15% em média (após cobrar várias taxas dos investidores), superando os retornos do mercado nesse período.

Se não fosse pelas ações do governo, "seríamos bilionários", afirma Thorp.

=

Gerry Bamberger tinha poucas perspectivas de riqueza ou destaque no início dos anos 1980. Formado em Ciências da Computação pela Universidade Columbia, o jovem alto e esbelto fornecia suporte analítico e técnico para os traders de ações da Morgan Stanley, servindo de empregado subalterno da máquina do banco de investimentos. Quando os traders se preparavam para comprar e vender grandes quantidades de ações para os clientes, adquirindo alguns milhões de dólares da Coca-Cola, por exemplo, eles se protegiam vendendo uma quantidade igual de algo semelhante, como Pepsi, operação casada comumente chamada de *pairs trade*. Bamberger criou um software para atualizar os resultados dos traders da Morgan Stanley, embora muitos deles tenham se irritado com a ideia de obter assistência com o nerd da informática.

Ao observar os traders comprarem grandes *blocos* de ações, percebeu que os preços frequentemente subiam mais, como era de se esperar. Os preços caíam quando os traders da Morgan Stanley vendiam blocos de ações. A cada vez, a operação alterava a diferença, ou o *spread*, entre as ações em questão e a outra empresa do par, mesmo quando não havia notícias no mercado. Um pedido de venda de uma grande quantidade de ações da Coca-Cola, por exemplo, poderia fazer essa ação cair um ponto percentual ou até dois, mesmo se a Pepsi mal tivesse se movimentado. Depois que o efeito da venda de ações da Coca-Cola ficava desgastado, o spread entre as ações voltava à norma, o que fazia sentido, uma vez que não havia outro motivo para a queda da Coca-Cola além da atividade da Morgan Stanley.

Bamberger pressentiu uma oportunidade. Se o banco criasse um banco de dados rastreando os preços históricos de várias ações casadas, poderia lucrar simplesmente apostando no retorno desses spreads de preços aos níveis históricos após trades em grandes lotes [block trade] ou outras atividades incomuns. Seus chefes estavam persuadidos, conferindo a ele meio milhão de dólares e uma pequena equipe. Ele começou a desenvolver programas de computador para tirar proveito dos "picos temporários" das ações casadas. Judeu ortodoxo, fumante compulsivo e com um senso de humor irônico, Bamberger levava um sanduíche de atum em um saco de papel para o almoço todos os dias. Em 1985, estava implementando sua estratégia com seis ou sete ações de cada vez, enquanto administrava US$30 milhões, obtendo lucros para a Morgan Stanley.[8]

As grandes empresas burocráticas costumam agir como, bem, grandes empresas burocráticas. Foi por isso que a Morgan Stanley logo deu a ele um novo chefe, Nunzio Tartaglia, um insulto às claras que o fez pedir as contas. (Depois, ingressou no fundo de hedge de Ed Thorp, no qual fazia trades parecidos e acabou se aposentando milionário).

Astrofísico baixo e esguio, Tartaglia administrava o grupo de trades da Morgan Stanley de maneira muito diferente de seu antecessor. Natural do Brooklyn e com passagens por Wall Street, seu pavio era muito mais curto. Certa vez, quando um novo colega se aproximou para se apresentar, foi logo o interrompendo.

"Nem tente passar por cima de mim, porque eu venho lá de fora", soltou, apontando o dedo para uma janela próxima que mostrava as ruas da cidade de Nova York.[9]

Tartaglia renomeou seu grupo para Automated Proprietary Trading, ou APT, e mudou-o para uma sala com dez metros de comprimento no 19º andar da sede da Morgan Stanley, em um arranha-céu no centro de Manhattan. Ele adicionou mais automação ao sistema e, em 1987, estava gerando US$50 milhões em lucros anuais. A equipe não sabia nada sobre as ações que operava, nem precisava — sua estratégia era simplesmente apostar no ressurgimento de relações históricas entre ações, uma extensão do velho ditado de investimentos "compre na baixa, venda na alta", dessa vez usando programas de computador e operações extremamente rápidas.

Os novos contratados, incluindo um ex-professor de ciência da computação da Universidade Columbia, chamado David Shaw, e o matemático Robert Frey, melhoraram os lucros. Os traders da Morgan Stanley se tornaram alguns dos primeiros a adotar a estratégia de *arbitragem estatística*. Isso geralmente significa fazer muitos trades simultâneos, muitos dos quais não estão correlacionados ao mercado em geral, mas visam tirar proveito das anomalias estatísticas ou de outros comportamentos de mercado. Por exemplo, o software da equipe classificava as ações por seus ganhos ou perdas nas semanas anteriores. O grupo APT venderia *a descoberto,* ou apostaria contra, os 10% melhores dos vencedores de um setor e, ao mesmo tempo, compraria os piores 10% dos perdedores, na expectativa de que esses padrões de trades se reverteriam. É claro que nem sempre foi o que aconteceu, mas, quando implementada várias vezes, a estratégia resultou em lucros anuais de 20%, provavelmente porque os investidores costumam ter reações exageradas quando recebem notícias boas ou ruins antes mesmo de tentarem se acalmar e ajudar a restaurar as relações históricas entre as ações.

Em 1988, o APT estava entre as maiores e mais secretas equipes de trades do mundo, comprando e vendendo US$900 milhões em ações por dia. No entanto, a unidade sofreu grandes perdas naquele ano e os executivos da Morgan Stanley reduziram dois terços do capital do APT. A gerência sênior nunca esteve à vontade com os investimentos feitos contando com modelos computacionais e começou a pairar uma inveja sobre quanto dinheiro a equipe de Tartaglia estava ganhando. Não demorou muito e Tartaglia ficou sem emprego e o grupo fechou.

Não ficou claro por muitos anos, mas a Morgan Stanley desperdiçou algumas das estratégias de trades mais lucrativos da história das finanças.

=

Bem antes de o grupo APT encerrar os negócios, Robert Frey estava ansioso. Não só porque seu chefe, Tartaglia, não estava se dando bem com seus superiores, sugerindo que o banco poderia abandonar a equipe se tivesse prejuízos. Frey, corpulento e manco, resultado de uma queda quando jovem que destruiu sua perna e seu quadril, estava convencido de que os rivais estavam alcançando as estratégias de seu grupo. O fundo de Thorp já estava fazendo operações parecidas, e Frey imaginou que os outros certamente seguiriam. Agora tinha de elaborar novas táticas.

Propôs desconstruir as movimentações de várias ações, identificando as variáveis independentes responsáveis por essas jogadas. Um aumento repentino na Exxon, por exemplo, poderia ser atribuído a vários fatores, como movimentações nos preços do petróleo, valor do dólar, embalo do mercado em geral e muitos outros. Um aumento na Procter & Gamble poderia ser mais atribuível a seu sólido balanço patrimonial e à crescente demanda por ações seguras, uma vez que os investidores ficavam amargurados com empresas cheias de dívidas. Nesse caso, poderia ser necessário vender grupos de ações com balanços patrimoniais robustos e comprar aqueles com grandes dívidas, se os dados mostrassem que a diferença de desempenho entre os grupos ultrapassara os limites históricos. Muitos investidores e acadêmicos estava refletindo se deveriam fazer *factor investing* [*investimentos em fatores*] na mesma época, mas Frey imaginou se não poderia fazer algo melhor usando estatísticas computacionais e outras técnicas matemáticas para isolar os verdadeiros fatores que movimentavam as ações.

Ele e seus colegas não conseguiam despertar muito interesse entre os executivos da Morgan Stanley com sua abordagem inovadora de fatores.

"Pediram para eu não mexer no que estava quieto", lembra ele.

Frey pediu demissão, entrou em contato com Jim Simons e ganhou seu apoio financeiro para abrir uma nova empresa, a Kepler Financial Management. Ele e alguns outros prepararam dezenas de pequenos computadores para apostar em sua estratégia de arbitragem estatística. Quase imediatamente, recebeu uma carta ameaçadora dos advogados da Morgan Stanley. Ele não havia roubado nada, mas sua abordagem tinha sido desenvolvida quando trabalhava para a Morgan Stanley. Porém a sorte batia em sua porta. Lembrou-se de que Tartaglia não havia permitido que ele ou qualquer outra pessoa do grupo assinasse os acordos de confidencialidade e não concorrência. Tartaglia queria ter a opção de levar sua equipe a um concorrente se os bônus algum dia decepcionassem. Como resultado, a Morgan Stanley não tinha bases legais sólidas para interromper os trades de Frey. Com um pouco de receio, ignorou as ameaças contínuas da Morgan Stanley e começou a operar.

=

Em 1990, Simons tinha grandes esperanças de que Frey e Kepler pudessem ter sucesso com suas operações de ações. Ficou ainda mais entusiasmado com seu próprio fundo Medallion e suas estratégias de trades quantitativos nos mercados de títulos, commodities e moedas. Entretanto, a concorrência estava aumentando, e alguns rivais estavam adotando estratégias de trades semelhantes.

A maior concorrência de Simons veio de David Shaw, outro refugiado do grupo APT da Morgan Stanley. Depois de abandonar o banco em 1988, Shaw, de 36 anos, que havia recebido seu doutorado pela Universidade Stanford, foi cortejado pela Goldman Sachs e não tinha certeza se aceitava a oferta de emprego. Para discutir suas opções, procurou o gerente de fundos de hedge Donald Sussman, que o levou para velejar em Long Island Sound. Um dia, em sua chalupa de 14 metros, tiveram 3 ideias enquanto discutiam o que Shaw deveria fazer.

"Acho que posso usar a tecnologia para fazer trades de valores mobiliários", disse a Sussman.

Sussman sugeriu que abrisse seu próprio fundo de hedge, em vez de trabalhar para a Goldman Sachs, oferecendo um capital *semente* inicial de US$28 milhões. Shaw ficou balançado, mas aceitou e lançou o fundo D. E. Shaw em um escritório no andar de cima da Revolution Books, livraria comunista em uma área então pesada da Union Square em Manhattan. Uma das primeiras jogadas de Shaw foi comprar dois computadores ultrarrápidos e caros da Sun Microsystems.

"Ele precisava de Ferraris", disse Sussman. "Compramos Ferraris para ele."[10]

Shaw, um especialista em supercomputação, contratou doutores em Matemática e Ciências que adotaram sua abordagem científica aos trades. Também contratou funcionários extremamente inteligentes de diferentes áreas. Mestres em Inglês e Filosofia estavam entre seus contratados favoritos, mas contratou também um mestre em xadrez, comediantes de *stand-up*, escritores publicados, um esgrimista de nível olímpico, um músico que tocava trombone e um especialista em demolições.

"Não queríamos ninguém com noções preconcebidas", afirmou um dos primeiros executivos.[11]

Ao contrário das turbulentas salas de operações da maioria das empresas de Wall Street, os escritórios de Shaw eram silenciosos e sombrios, recordando os visitantes da sala de pesquisa da Biblioteca do Congresso, mesmo com funcionários usando jeans e camiseta. Esses eram os primeiros dias da internet, e os acadêmicos eram os únicos que usavam e-mail na época, mas Shaw não parava de falar com um de seus programadores sobre as possibilidades da nova era.

"Acho que as pessoas comprarão coisas na internet", antecipou a um colega. "Não só comprarão, como também, quando comprarem alguma coisa..., dirão: 'este cachimbo é bom' ou 'este cachimbo é ruim' e publicarão críticas sobre os produtos."

Um programador, Jeffrey Bezos, trabalhava com Shaw poucos anos antes de pegar todos os seus pertences e colocá-los em uma van, indo para Seattle, com sua então esposa, MacKenzie, ao volante. Ao longo do caminho, trabalhou em um laptop, elaborando um plano de negócios para sua empresa, a Amazon.com (havia escolhido originalmente "Cadabra", mas desistiu do nome porque muitas pessoas o confundiam com "Cadáver"). [12]

Logo que ligou os motores de suas Ferraris, o fundo de hedge de Shaw cunhou dinheiro. Em pouco tempo, estava administrando várias centenas de milhões de dólares, negociando diversos investimentos relacionados a ações e ostentando mais de 100 funcionários.

Jim Simons não entendia muito bem o tipo de progresso que Shaw e alguns outros estavam fazendo. O que, sim, sabia era que se quisesse construir algo especial para alcançar aqueles que o tinham ultrapassado, ele precisaria de ajuda. Ligou para Sussman, o financista que havia dado a David Shaw o apoio necessário para abrir seu próprio fundo de hedge, esperando um estímulo parecido.

CAPÍTULO OITO

O pulso de Jim Simons acelerava enquanto se aproximava da Sexta Avenida.

Era uma tarde de verão abafada, mas Simons usava paletó e gravata, esperando impressionar. Ele tinha uma tarefa difícil pela frente. Em 1991, David Shaw e alguns outros pretensiosos estavam usando modelos computacionais para os trades de ações. Entretanto, a maioria dos poucos membros do sistema de Wall Street, cientes da abordagem, zombava dela. Confiar em algoritmos inescrutáveis, como Simons estava fazendo, parecia ridículo, até perigoso. Alguns chamavam aquilo de investimento *caixa-preta* — difícil de explicar e, provavelmente, mascarando riscos sérios. Enormes quantias de dinheiro estavam sendo ganhas à moda antiga, misturando pesquisas ponderadas com instintos afiados. Quem precisava de Simons e de seus computadores requintados?

À espera de Simons em uma alta torre de escritórios no centro de Manhattan estava Donald Sussman, natural de Miami e com 45 anos, um tipo herético em Wall Street. Mais de duas décadas antes, como estudante de graduação na Universidade Columbia, tirou uma licença para trabalhar em uma pequena corretora. Lá, ele se deparou com uma estratégia obscura para negociar títulos conversíveis, um investimento particularmente complicado. Sussman convenceu seus chefes a desembolsar US$2 mil por uma calculadora eletrônica de primeira geração, para poder determinar rapidamente qual título era o mais atrativo. Calculadora em mãos, lucrou milhões de dólares para a empresa, um golpe de sorte inesperado que abriu seus olhos para saber como a tecnologia poderia render uma vantagem.

Agora, o homem de 1,90m, ombros largos e bigode, administrava um fundo chamado Paloma Partners, que estava apoiando a rápida expansão da empresa de fundos de hedge de Shaw, a D. E. Shaw. Sussman suspeitava que matemáticos e cientistas poderiam se igualar, ou até superar, as maiores empresas de trades, independentemente da sabedoria convencional nos negócios. Diziam que ele estava aberto a investir em outros traders focados em informática, dando a Simons a esperança de obter seu apoio.

Simons havia descartado uma carreira acadêmica próspera para alcançar algo especial no mundo dos investimentos. Mas, após uma década inteira nesse mundo, estava gerenciando pouco mais de US$45 milhões, apenas 25% dos ativos da empresa de Shaw. A reunião era relevante — o apoio de Sussman poderia ajudar a Renaissance a contratar funcionários, atualizar a tecnologia e se tornar uma potência em Wall Street.

Sussman tinha sido um dos primeiros investidores de Simons, mas, como teve prejuízo, retirou seu dinheiro, uma experiência sugeria ceticismo em relação a seu visitante. Porém, os algoritmos de trades de Simons tinham sido reformulados recentemente e ele estava irradiante de confiança. Simons entrou no prédio, a uma quadra do Carnegie Hall, pegou um elevador até o 31º andar e entrou em uma ampla sala de conferências com vista panorâmica do Central Park e um grande quadro branco para os quants visitantes rabiscarem suas equações.

Olhando para Simons do outro lado de uma mesa comprida e estreita de madeira, ele não conseguia deixar de sorrir. Seu convidado era barbudo, careca e grisalho, pouco parecido com a maioria dos investidores que fazia peregrinações regulares a seu escritório pedindo dinheiro. A gravata de Simons estava levemente torta e o paletó de tweed era uma raridade em Wall Street. Veio sozinho, sem a comitiva habitual de assessores e consultores. Ele era exatamente o tipo de investidor inteligente que Sussman gostava de ajudar.

"Ele parecia um acadêmico", lembra ele.

Simons começou sua apresentação contando como seu fundo de hedge Medallion havia aperfeiçoado sua abordagem. Seguro de si e sincero, Simons passou mais de uma hora detalhando o desempenho, os riscos e a volatilidade de sua empresa e descreveu amplamente seu novo modelo de curto prazo.

"Agora, eu realmente tenho um modelo", entusiasmou-se ele. "Tivemos um grande avanço."

Pediu a Sussman um investimento de US$10 milhões em seu fundo de hedge, expressando certeza de que poderia gerar grandes ganhos e transformar a Renaissance em uma grande empresa de investimentos.

"Tive uma revelação", confidenciou Simons. "Agora sei fazer isso em grande escala."

Sussman ouviu pacientemente, e ficou impressionado. No entanto, ele não daria dinheiro a Simons de jeito nenhum. Em particular, ele se preocupava com possíveis conflitos de interesse, já que era a única fonte de capital do fundo de hedge de Shaw. Estava até mesmo ajudando a empresa de Shaw a contratar acadêmicos e traders para ampliar sua liderança sobre Simons e outros traders quantitativos iniciantes. Se Sussman tivesse dinheiro de sobra, pensou ele, provavelmente deveria colocá-lo na D. E. Shaw. Além disso, Shaw estava obtendo ganhos anuais de 40%. A Renaissance não parecia ter chance de alcançar esses ganhos.

"Por que eu daria dinheiro a um concorrente teórico?", perguntou a Simons. "Sinto muito, mas já tenho David."

Eles se levantaram, apertaram as mãos e prometeram manter contato. Quando Simons se virou para sair, Sussman notou um olhar fugaz de decepção em seu rosto.

Simons não teve muito mais sorte com outros financiadores em potencial. Os investidores não diriam em sua cara, mas a maioria considerava absurdo confiar nos modelos de trades gerados por computadores. Tão absurdas eram as taxas de Simons, especialmente sua exigência de que os investidores entregassem 5% do dinheiro que ele administrava a cada ano, bem acima dos 2% cobrados pela maioria de fundos de hedge.

"Eu também pago as taxas", disse Simons a um investidor em potencial, ao perceber que ele também era investidor no Medallion. "Por que você não deveria pagar?"

Simons não foi muito longe com essa lógica; as taxas que ele pagava voltavam diretamente a sua própria empresa, ou seja, seu argumento não era convincente. Simons foi particularmente prejudicado pelo fato de seu fundo ter menos de dois anos de retornos impressionantes.

Quando uma veterana de Wall Street chamada Anita Rival se encontrou com Simons no escritório dele em Manhattan para discutir um investimento da empresa que ela representava, tornou-se a mais nova a desprezá-lo.

"Ele não explicava como os modelos computacionais funcionavam", lembra ela. "Não dava para entender o que ele estava fazendo."

Na Renaissance, circulava a notícia de que a Commodities Corporation — empresa acreditada pelo lançamento de fundos de hedge dominantes administrados por traders focados em commodities, incluindo Paul Tudor Jones, Louis Bacon e Bruce Kovner— também negou financiamento ao fundo de Simons.

"A visão da indústria era: 'um monte de matemáticos usando computadores... O que *eles* sabem sobre os negócios?'", disse um amigo de Simons. "Eles não tinham histórico... o risco era que eles iriam acabar com o próprio negócio."

Simons ainda tinha seu sistema de trades, agora gerenciando um pouco mais de US$70 milhões após um ganho de 39% em 1991. Se pudesse descobrir uma maneira de estender sua série de vitórias, ou até melhorar os retornos do Medallion, tinha certeza de que os investidores acabariam por aparecer. No entanto, Berlekamp, Ax e Baum já estavam longe há muito tempo. Straus era o responsável pelas operações, coleta de dados e outras atividades da empresa, mas não era um pesquisador capaz de descobrir sinais de trades ocultos. Com o aumento da concorrência, o Medallion precisaria descobrir novas maneiras de lucrar. Procurando ajuda, Simons recorreu a Henry Laufer, matemático que já havia demonstrado um talento em soluções criativas.

=

Laufer nunca reivindicou nenhum dos prestigiados prêmios de matemática concedidos a Simons e Ax, nem tinha um algoritmo conhecido com seu nome, como Lenny Baum ou Elwyn Berlekamp. No entanto, Laufer havia escalado suas próprias alturas de realização e reconhecimento, e seria o melhor parceiro que Simons já teve.

Concluiu a graduação na City College de Nova York e a pós-graduação na Universidade de Princeton em dois anos cada, sendo aclamado pelo progresso alcançado em um problema complicado de uma área da matemática que lida com funções de variáveis complexas e por descobrir novos exemplos de *incorporações* ou estruturas dentro de outras estruturas matemáticas.

Após começar no departamento de matemática de Stony Brook em 1971, ele se concentrava em variáveis complexas e geometria algébrica, afastando-se das áreas clássicas de análises complexas para desenvolver percepções sobre problemas mais contemporâneos. Ganhou vida na sala de aula e era conhecido entre os alunos, mas era mais tímido na vida pessoal. Os amigos do ensino médio se lembram dele como um introvertido estudioso que tinha sempre consigo uma régua de cálculo. Logo no início de sua carreira em Stony Brook, Laufer disse aos colegas que queria se casar e estava ansioso para estar preparado para encontrar a mulher certa. Uma vez, em uma viagem de esqui com o colega matemático Leonard Charlap, sugeriu que fossem ao bar do hotel "para conhecer algumas garotas".

Charlap olhou para o amigo e apenas riu.

"Henry, você não é esse tipo de cara", disse ele, sabendo que Laufer seria tímido demais para puxar conversa com mulheres em um bar de hotel.

"Ele era um bom garoto judeu", lembra Charlap.

Por fim, conheceu e se casou com Marsha Zlatin, professora de patologia fonoaudiológica em Stony Brook, que tinha a mesma visão política liberal dele. Marsha tinha uma personalidade mais otimista, muitas vezes usando a palavra "genial" para descrever seu humor, não importava o desafio. Após sofrer uma série de abortos espontâneos, Marsha surpreendeu os amigos com sua resiliência, dando à luz filhos saudáveis. Mais tarde, obteve seu doutorado em Patologia Fonoaudiológica.

Sua visão sobre a vida parecia influenciar Laufer. Entre os colegas, ele era conhecido como um colaborador disposto. Percebiam que ele tinha um interesse especial em investir e ficaram decepcionados, mas não chocados, quando voltou a trabalhar com Simons em tempo integral em 1992.

Os acadêmicos que entram no mundo dos trades, em geral, passam a ficar nervosos e irritados, preocupados com cada movimentação do mercado, preocupações essas que perseguiram Baum quando se juntou a Simons. Laufer, com 46 anos na época, teve uma reação diferente — seu salário mais alto aliviou o estresse que sentia pelo custo da educação universitária de suas filhas, dizem amigos, e ele parecia gostar do desafio intelectual de criar fórmulas de trades lucrativos.

Para Simons, a genialidade de Laufer foi um alívio muito bem-vindo depois de anos lidando com as complicadas personalidades de Baum, Ax e

Berlekamp. Simons tornou-se "o cara" da Renaissance, cortejando investidores, atraindo talentos, planejando emergências e mapeando uma estratégia de como sua equipe — com Laufer liderando a pesquisa em um novo escritório em Stony Brook, e Straus operando em Berkeley — poderia aproveitar os recentes retornos sólidos.

Laufer tomou uma decisão inicial que acabou se mostrando extraordinariamente valiosa: o Medallion empregaria um único modelo de trades em vez de manter vários modelos para diferentes investimentos e condições de mercado, estilo esse que a maioria das empresas quantitativas adotaria. Um acervo de modelos de trades seria mais simples e fácil de executar, reconheceu Laufer. Mas, argumentou ele, um único modelo poderia recorrer à vasta e valiosa coleta de dados de preços de Straus, detectando correlações, oportunidades e outros sinais em várias classes de ativos. Os modelos individuais e limitados, por outro lado, poderiam sofrer com a pequena quantidade de dados.

Tão importante quanto isso, Laufer entendia que um modelo único e estável, com base em algumas suposições básicas sobre como os preços e os mercados se comportam, facilitaria a adição de novos investimentos posteriormente. Poderiam até lançar investimentos com relativamente poucos dados de trades na combinação se fossem considerados semelhantes a outros investimentos que o Medallion operava com muitos dados. Sim, reconheceu Laufer, é um desafio combinar vários investimentos, por exemplo, um contrato de futuros de moeda e um contrato de commodities norte-americano. Mas, argumentou, uma vez que descobrissem maneiras de "amenizar" essas complexidades, o modelo único levaria a melhores resultados de trades.

Passou várias horas em sua mesa refinando o modelo. Na hora do almoço, a equipe geralmente empilhava tudo em seu carro que estava ficando antigo, um Lincoln Town Car, e seguia para um barzinho local, onde as deliberações continuavam. Não demorou muito para surgir uma nova maneira de enxergar o mercado.

Straus e outros haviam compilado uma série de arquivos rastreando décadas de preços de incontáveis commodities, títulos e moedas. Para facilitar a compreensão, dividiram a semana de trades em dez segmentos — cinco sessões durante a noite, quando as ações eram negociadas em mercados estrangeiros e cinco sessões durante o dia. Na verdade, eles dividiam o dia pela metade, permitindo à equipe procurar padrões e sequências repetidas nos vários segmentos. Então, começavam a operar pela manhã, ao meio-dia e ao final do dia.

Simons se perguntava se poderia haver uma maneira melhor de analisar seus valiosos dados. Talvez se os dividissem em segmentos mais minuciosos, a equipe poderia dissecar as informações de preços intradiários e descobrir novos padrões não detectados. Laufer começou a dividir o dia pela metade, depois por 1/4, chegando à decisão de que *períodos* de 5 minutos eram a maneira ideal para dividir tudo. Decisivamente, Straus tinha acesso agora a uma potência aprimorada de processamento de computador, facilitando para Laufer comparar pequenas fatias de dados históricos. Teria o 188º período de cinco minutos no mercado de futuros de cacau caído regularmente nos dias em que os investidores ficaram nervosos, enquanto o período 199 se recuperou em geral? Talvez o período 50 no mercado de ouro tenha passado por fortes compras nos dias em que os investidores se preocuparam com a inflação, mas o período 63 sempre mostrou fraqueza?

Os períodos de cinco minutos de Laufer deram à equipe a capacidade de identificar novas tendências, peculiaridades e outros fenômenos, ou, em sua linguagem, *efeitos não aleatórios de trades*. Straus e outros realizaram testes para garantir que não haviam analisado tão profundamente seus dados a ponto de chegar a estratégias enganosas de trades, mas muitos dos novos sinais pareciam se sustentar.

Era como se a equipe do Medallion tivesse colocado óculos pela primeira vez, vendo o mercado de uma forma totalmente nova. Uma descoberta inicial: certos conjuntos de trades da atividade matutina de sexta-feira tinham a capacidade extraordinária de prever conjuntos no final da mesma tarde, mais próximos dos fechamentos das sessões. O trabalho de Laufer também mostrou que, se os mercados subissem mais ao final de um dia, geralmente compensaria comprar contratos de futuros pouco antes do fechamento das operações e os descartar na abertura do mercado no dia seguinte.

A equipe descobriu efeitos preditivos relacionados à volatilidade, bem como uma série de *efeitos de combinação*, como a propensão de pares de investimentos — como ouro e prata ou óleo de aquecimento e petróleo bruto — moverem-se na mesma direção em determinados horários do dia de operação em comparação com outros. O motivo pelo qual alguns dos novos sinais de trades funcionavam não era imediatamente óbvio, mas desde que tivessem *valores-p*, ou valores de probabilidade, abaixo de 0,01 — o que significa que pareciam estatisticamente significativos, com uma baixa probabilidade de serem ilusões estatísticas — seriam adicionados ao sistema.

Não bastava exercer uma variedade de ideias rentáveis de investimento, logo percebeu Simons.

"Como puxamos o gatilho?", perguntou a Laufer e ao restante da equipe.

Ele os desafiava, assim, a resolver outro problema vexatório: dado o leque de possíveis trades que haviam desenvolvido e a quantidade limitada de dinheiro que o Medallion gerenciava, quanto deveriam apostar em cada trade? E quais movimentações deveriam buscar e priorizar? Laufer começou a desenvolver um programa de computador para identificar trades ideais ao longo do dia, algo que Simons passou a chamar de seu *algoritmo de apostas*. Laufer decidiu que o programa seria "dinâmico", adaptando-se por conta própria e baseando-se em análises em tempo real para ajustar a combinação de participações do fundo, dadas as probabilidades das futuras movimentações de mercado — uma forma inicial de aprendizado de máquina.

Indo para Stony Brook de carro com um amigo e investidor do Medallion, Simons mal podia conter seu entusiasmo.

"Nosso sistema tem vida; está sempre se modificando", disse ele. "Realmente somos capazes de fazê-lo crescer."

Com apenas cerca de uma dúzia de funcionários, Simons teria de formar uma equipe completa se quisesse alcançar a D. E. Shaw e enfrentar as potências do setor de trades. Um dia, um estudante de doutorado de Stony Brook chamado Kresimir Penavic foi fazer uma entrevista de emprego lá. Enquanto esperava para falar com Laufer, Simons, vestindo calças rasgadas e mocassins, com um cigarro pendurado entre os dedos, foi dar uma espiada para avaliar seu novo candidato.

"Você está em Stony Brook?", perguntou a Penavic, que confirmou balançando a cabeça. "O que você fez?"

Sem saber quem era aquele homem cheio de perguntas, Penavic, que tinha quase dois metros de altura, começou a descrever seu trabalho de graduação em matemática aplicada.

Simons não ficou impressionado.

"Isso é banal", resmungou. Foi a crítica mais devastadora que um matemático poderia oferecer.

Sem se deixar abater, Penavic contou a ele sobre outro artigo que havia escrito focado em um problema algébrico não resolvido.

"Esse problema *não* é banal", insistiu Penavic.

"Ainda é banal *sim*", retrucou com um aceno de mão, fumaça de cigarro passando pelo rosto do entrevistado.

Enquanto o jovem ardia de raiva, Simons ficou sorridente, como se estivesse pregando uma peça nele.

"Mas eu gosto de você", disse Simons.

Pouco depois, o candidato foi contratado.

Na mesma época, um pesquisador chamado Nick Patterson foi adicionado à equipe — embora não tenha exatamente comemorado sua oferta de emprego. Ele não conseguia deixar de suspeitar que Simons estava executando algum tipo de fraude. Não era só isso, em 1992, o Medallion estava desfrutando de um terceiro ano consecutivo de retornos anuais, superando 33%, na medida em que as táticas de curto prazo de Laufer traziam resultados. Não eram também as enormes taxas que o fundo cobrava dos clientes ou os US$100 milhões que supostamente administrava. Era a *maneira* pela qual Simons estava acumulando os supostos lucros, contando com um modelo computacional que mesmo ele e seus funcionários não entendiam completamente.

Até o próprio escritório não parecia totalmente legítimo para ele. Simons havia transferido a operação de pesquisa da Renaissance para o último andar de uma casa do século XIX na rodovia arborizada de três faixas, North Country Road, em uma área residencial de Stony Brook. Havia nove pessoas amontoadas na casa, todas trabalhando em vários negócios apoiados por Simons, incluindo alguns investimentos de capital de risco, e dois homens no andar de baixo operando ações. Ninguém sabia muito sobre o que os outros estavam fazendo, e Simons nem aparecia todos os dias.

O lugar era tão apertado que Patterson não tinha um lugar adequado para se sentar. Por fim, empurrou uma cadeira e uma mesa para um canto vazio do próprio escritório de Simons, que passava metade da semana em um escritório na cidade de Nova York e havia lhe dito que não se importava em dividir o espaço.

Ele conhecia bem as realizações de Simons na matemática e decodificação, mas pouco fizeram para acalmar suas suspeitas.

"Os matemáticos também podem ser vigaristas", disse ele. "É muito fácil lavar dinheiro com fundos de hedge."

Durante um mês inteiro, Patterson anotava secretamente os preços de fechamento que o Medallion usava para vários investimentos em seu portfólio, verificando-os com muito cuidado nas páginas do *Wall Street Journal*, linha por linha, para ver se combinavam.*

Somente depois de ver que os números de Simons batiam, ficou aliviado e voltou toda a sua atenção para usar suas habilidades matemáticas como ajuda. Ele levou anos para perceber que gostava de matemática de verdade. Anteriormente, a matemática era apenas uma ferramenta para ele usar como proteção. Patterson sofria de displasia facial, um distúrbio congênito raro que distorceu o lado esquerdo de seu rosto e o deixou cego do olho esquerdo.[1] Filho único que cresceu em Bayswater, no centro de Londres, foi enviado para o colégio interno católico e sofreu impiedosamente com bullying. Incapaz de falar com os pais mais de uma vez por semana e determinado a não baixar sua cabeça britânica, ele transformou suas proezas na sala de aula em vantagens.

"Eu virei o cérebro da escola, um estereótipo britânico clichê", lembra ele. "Era considerado esquisito, mas útil, então me deixavam em paz."

Patterson era principalmente atraído pela matemática por ser ultracompetitivo, e foi gratificante descobrir uma área que pudesse dominar. Somente aos 16 anos de idade, percebeu que realmente gostava da matéria. Alguns anos depois, após se formar na Universidade de Cambridge, conseguiu um emprego em que era necessário escrever códigos comerciais. Mostrou que tinha nascido para isso, obtendo uma vantagem sobre os colegas matemáticos, poucos dos quais sabiam programar computadores.

Ótimo jogador de xadrez, passava grande parte de seu tempo livre em um café de Londres que alugava tabuleiros de xadrez e organizava partidas intensas entre os clientes. Ele sempre vencia os jogadores muito mais velhos. Depois de um tempo, descobriu que a loja não passava de uma fachada — havia uma escada secreta que levava a um jogo ilegal de pôquer de altas apostas, administrado

---

* Patterson tinha mais motivos de paranoia do que ele imaginava; na mesma época, outro investidor de Long Island, Bernard Madoff, estava elaborando o maior esquema Ponzi da história.

por um bandido local. Ganhou acesso ao jogo e rapidamente ficou claro que também era especialista em pôquer, embolsando muito dinheiro. O cara durão percebeu as habilidades de Patterson e fez uma oferta a ele que achava impossível de se recusar: se você jogar xadrez valendo dinheiro no andar de baixo para mim, compartilharemos suas vitórias e darei um jeito em suas perdas.

Ele não correria nenhum risco, mas rejeitou a oferta. O homem bruto disse que ele estava cometendo um grande erro.

"Você está louco? Não tem como ganhar dinheiro com *matemática*", zombou.

A experiência o ensinou a desconfiar da maioria das operações lucrativas, mesmo as que pareciam legítimas — uma das razões pelas quais era tão cético em relação a Simons anos depois.

Ao terminar a pós-graduação, prosperou como criptologista do governo britânico, construindo modelos estatísticos para decifrar mensagens interceptadas e criptografar mensagens secretas em uma unidade que ficou famosa durante a Segunda Guerra Mundial, quando Alan Turing decodificou os códigos criptografados da Alemanha. Ele explorou o teorema — simples, mas profundo — da probabilidade de Bayes, o qual argumenta que, atualizando as crenças iniciais com informações novas e objetivas, é possível chegar a um entendimento melhor.

Patterson resolveu um problema de longa data na área, decifrando um padrão nos dados que outros haviam deixado passar, tornando-se tão valioso para o governo que alguns documentos ultrassecretos compartilhados com aliados foram rotulados como "Somente para os olhos dos EUA e para Nick Patterson".

"Era coisa de James Bond", gracejou ele.

Vários anos depois, quando foi instituída uma nova escala salarial que colocava os administradores do grupo acima dos criptologistas, ele ficou furioso.

"Foi pelo insulto, não pelo dinheiro", afirmou, dizendo à esposa que preferiria ser motorista de ônibus do que permanecer no grupo. "Eu tinha de sair de lá."

Patterson foi para o Instituto de Análise de Defesa, o IDA, onde conheceu Simons e Baum, mas ficou nervoso ao se aproximar do seu 50° aniversário.

"Meu pai teve dificuldades em seus 50 e poucos anos e isso me preocupava", lembra ele, que tinha dois filhos se preparando para ir para a faculdade na época. "Não tinha dinheiro suficiente e não queria seguir aquele caminho."

Quando um colega mais experiente recebeu permissão para ir à Rússia participar de uma conferência de rádios amadores, percebeu que a Guerra Fria estava terminando e que precisava agir rápido.

Vou perder meu emprego!

Por sorte, Simons logo telefonou, do nada, parecendo urgente.

"Precisamos conversar", disse. "Quer trabalhar para mim?"

Ir para a Renaissance fazia sentido para ele. O grupo de Simons estava analisando grandes quantidades de dados de preços complicados e confusos para prever preços futuros. Ele considerava que seu ceticismo natural poderia ser valioso para discernir os sinais verdadeiros de flutuações aleatórias do mercado. Também sabia que suas habilidades de programação viriam a calhar. E, ao contrário de muitos dos cerca de 12 funcionários da Renaissance, ele realmente lia a seção de negócios no jornal, pelo menos ocasionalmente, e sabia um pouco de finanças.

"Achava que eu era bastante avançado, porque tinha um fundo de índice", comentou ele.

Patterson viu o mundo "se tornar extremamente matemático" e sabia que o poder dos computadores estava se expandindo exponencialmente. Ele sentiu que Simons tinha a oportunidade de revolucionar os investimentos aplicando matemática e estatística de alto nível.

"Cinquenta anos antes, não poderíamos ter feito nada, mas aquele era o momento perfeito", disse ele.

Depois de arrastar um computador para o canto do escritório de Simons e concluir que a Renaissance provavelmente não era uma fraude, começou a ajudar Laufer com um problema complicado. As ideias lucrativas de trades são apenas metade do jogo; o ato de comprar e vender investimentos pode, por si só, afetar os preços a tal ponto que os ganhos podem ser reduzidos gradualmente. Não faz sentido saber que os preços do cobre subirão de US$3,00 por contrato para US$3,10, por exemplo, se a sua compra aumentar o preço para US$3,05 antes mesmo de você ter a chance de concluir a transação — talvez porque os corretores sobem o preço ou porque os rivais fazem sua própria compra — cortando pela metade os possíveis lucros.

Desde os primeiros dias do fundo, a equipe de Simons estava atenta a esses custos de transação, que chamavam de *slippage*. Sempre comparavam seus trades com um modelo que monitorava quanto a empresa *lucraria* ou *perderia*, se não fosse por esses custos incômodos. O grupo cunhou um nome para a diferença entre os preços que estavam alcançando e os trades teóricos que seu modelo fazia sem esses custos inoportunos: *Diabo*.

Por um tempo, o tamanho real do Diabo era apenas um palpite. Mas, à medida que Straus coletava mais dados e seus computadores se tornavam mais poderosos, Laufer e Patterson começaram a criar um programa de computador para rastrear até que ponto seus trades se desviavam do estado ideal, no qual os custos de operação mal pesavam sobre o desempenho do fundo. Quando Patterson chegou à Renaissance, a empresa já conseguia executar um simulador que subtraía esses custos de operação dos preços recebidos, isolando instantaneamente o quanto estavam perdendo.

Para diminuir essa diferença, Laufer e Patterson passaram a desenvolver abordagens sofisticadas para direcionar as operações para várias bolsas de futuros, a fim de reduzir o impacto de cada trade no mercado. Agora, o Medallion podia determinar melhor quais investimentos buscar, uma enorme vantagem, pois começou a operar novos mercados e investimentos. Acrescentaram títulos alemães, britânicos e italianos, depois contratos de taxa de juros em Londres e, posteriormente, futuros no índice Nikkei Stock Average, títulos do governo japonês e muito mais.

O fundo começou a ser operado com mais frequência. No início, enviavam pedidos para uma equipe de traders 5 vezes por dia, mas passaram a aumentar para 16 vezes por dia, reduzindo o impacto nos preços, concentrando-se nos períodos em que havia maior volume. Os traders do Medallion ainda precisavam recorrer ao telefone para negociar, mas o fundo estava a caminho de trades mais rápidos.

=

Até então, Simons e seus colegas não haviam passado muito tempo se perguntando *por que* seu crescente acervo de algoritmos previa preços de maneira tão presciente. Eles eram cientistas e matemáticos, e não analistas ou economistas. Se certos sinais produziam resultados estatisticamente significativos, isso era o suficiente para incluí-los no modelo de trades.

"Não sei por que os planetas orbitam ao redor do sol", disse Simons a um colega, sugerindo que não é preciso gastar muito tempo tentando descobrir por que os padrões do mercado existiam. "Isso não significa que não posso prevê-los."

Ainda assim, os retornos estavam se acumulando tão rápido que chegava a ser um absurdo. O Medallion subiu mais de 25% apenas em junho de 1994, a caminho de um aumento de 71% naquele ano, resultados que até Simons descreveu como "simplesmente extraordinários". Ainda mais impressionante: os ganhos ocorreram em um ano em que o Federal Reserve surpreendeu os investidores ao aumentar as taxas de juros repetidamente, levando a grandes prejuízos para muitos investidores.

A equipe da Renaissance era curiosa por natureza, assim como muitos de seus investidores, portanto, não conseguiam deixar de imaginar que diabos estava acontecendo. Se o Medallion estava emergindo como um grande vencedor na maioria de seus trades, quem estava do outro lado sofrendo as constantes perdas?

Com o passar do tempo, Simons chegou à conclusão de que os perdedores provavelmente não eram os que operavam com pouca frequência, como investidores individuais que fazem *buy and hold* [compram e seguram] ou mesmo o "tesoureiro de uma multinacional", que ajusta seu portfólio de moedas estrangeiras de vez em quando para atender às necessidades de sua empresa, como Simons dizia a seus investidores.

Em vez disso, parecia que a Renaissance estava explorando as fraquezas e as falhas dos colegas especuladores, tanto grandes e quanto pequenos.

"O gestor de um fundo de hedge global que adivinha frequentemente a direção do mercado de títulos francês pode ser um participante mais explorável", explicou Simons.

Laufer tinha uma explicação um pouco diferente para seus estimulantes retornos. Quando Patterson o procurou, curioso sobre a fonte do dinheiro que estavam acumulando, ele apontou para um conjunto diferente de traders infames por suas operações excessivas e excesso de confiança quando o assunto era prever a direção do mercado.

"São muitos dentistas", disse ele.

Sua explicação parecia superficial, mas sua perspectiva, assim como o ponto de vista de Simons, podiam ser vistos como profundos, até mesmo radicais. Na época, a maioria dos acadêmicos estava convencida de que os mercados eram inerentemente eficientes, sugerindo que não havia maneiras previsíveis de superar o retorno do mercado e que a tomada de decisão financeira das pessoas era amplamente racional. Simons e seus colegas sentiam que os professores estavam errados. Eles acreditavam que os investidores são propensos a vieses cognitivos, os tipos que levam a pânico, bolhas, booms e fracassos.

Simons não percebeu, mas estava surgindo uma nova linha de economia que validaria seus instintos. Na década de 1970, os psicólogos israelenses Amos Tversky e Daniel Kahneman haviam explorado como os indivíduos tomam decisões, demonstrando como eram mais propensos a agir irracionalmente. Mais tarde, o economista Richard Thaler usou percepções psicológicas para explicar anomalias no comportamento dos investidores, estimulando o crescimento da área de *economia comportamental*, que explorava os vieses cognitivos de indivíduos e investidores. Entre os identificados estão: *aversão à perda* ou como os investidores geralmente sentem duas vezes mais a dor da perda do que o prazer do ganho; *ancoragem*, a maneira como o julgamento é distorcido por uma informação ou experiência inicial; e o *efeito da dotação*, como os investidores atribuem valor excessivo ao que já possuem em seus portfólios.

Kahneman e Thaler ganharam prêmios Nobel por seu trabalho. Surgiu um consenso de que os investidores agem mais irracionalmente do que o suposto, cometendo erros semelhantes repetidamente. Os investidores reagem exageradamente ao estresse e tomam decisões pela emoção. De fato, é provável que não seja coincidência que o Medallion tenha obtido seus maiores lucros durante períodos de extrema turbulência no mercado financeiro, um fenômeno que continuou nas décadas seguintes.

Como a maioria dos investidores, Simons também ficou nervoso quando seu fundo passou por tempos difíceis. Em algumas raras circunstâncias, reagiu reduzindo as posições gerais da empresa. Entretanto, no geral, manteve a fé em seu modelo de trades, lembrando como tinha sido difícil para ele investir usando seus instintos. Ele se comprometeu a não substituir o modelo, na esperança de garantir que nem os retornos do Medallion nem as emoções de seus funcionários da Renaissance influenciassem as movimentações do fundo.

"Nosso P&L não é um dado", disse Patterson, usando o jargão dos traders para se referir ao demonstrativo de lucros e perdas [*profit and losses*]. "Somos traders medíocres, mas nosso sistema nunca briga com suas próprias namoradas — esse é o tipo de coisa que causa padrões nos mercados."

Simons não havia adotado uma abordagem baseada em estatística por causa do trabalho de quaisquer economistas ou psicólogos, nem havia se proposto a programar algoritmos para evitar os vieses dos investidores ou tirar proveito deles. Porém, com o passar do tempo, Simons e sua equipe passaram a acreditar que esses erros e reações exageradas eram, pelo menos parcialmente, responsáveis por seus lucros, e que seu sistema em desenvolvimento parecia ser exclusivamente capaz de tirar proveito dos erros comuns de outros traders.

"O que se modela, na verdade, é o comportamento humano", explica Penavic, o pesquisador. "Os humanos são mais previsíveis em momentos de muito estresse — agem instintivamente e entram em pânico. Toda a nossa premissa era que os atores humanos reagiriam como os humanos reagiram no passado... e aprendemos a tirar vantagem disso."

=

Os investidores finalmente começaram a prestar atenção nos ganhos do Medallion. Um ano antes, em 1993, a GAM Holding — uma empresa de investimentos com sede em Londres que administrava dinheiro para clientes afluentes e foi uma das primeiras instituições a investir em fundos de hedge — deu à Renaissance cerca de US$25 milhões. Naquele momento, Simons e sua equipe, por cautela, não compartilhavam muito sobre como o fundo funcionava, para que os rivais não pudessem replicar sua estratégia. Isso colocou os executivos da GAM, acostumados a saber todos os detalhes de como os fundos funcionavam, em uma posição difícil. Eles confirmaram que a Renaissance tinha auditorias adequadas e que o dinheiro de seus investidores estava seguro, mas a GAM não conseguia entender direito como o Medallion estava ganhando tanto dinheiro. O alto escalão da GAM estava animado com os resultados do fundo de Simons, mas, como outros clientes, perpetuamente ansiosos com seus investimentos.

"Vivia com medo, preocupado que alguma coisa desse errado", confessou David McCarthy, encarregado de monitorar o investimento da GAM no Medallion.

Pouco tempo depois, os desafios de Simons se tornaram óbvios.

Simons fez uma reviravolta. No final de 1993, o Medallion administrava US$280 milhões, e Simons temia que os lucros pudessem sofrer se o fundo ficasse grande demais e seus trades começassem a elevar mais os preços, quando comprassem, ou a baixar mais, quando vendessem. Decidiu não aceitar mais clientes para o fundo.

Sua equipe ficou mais reservada, pedindo aos clientes que ligassem para um número de telefone de Manhattan, para obter a gravação com os últimos resultados, e que conversassem com os advogados da Renaissance se precisassem de atualizações detalhadas. Os próximos passos eram impedir que os rivais aprendessem sobre as atividades do fundo.

"Nossos excelentes resultados nos tornaram conhecidos, e esse pode ser o nosso maior desafio", escreveu ele em uma carta aos clientes. "A visibilidade faz convite à concorrência e, com todo o respeito aos princípios da livre iniciativa, quanto menos, melhor."

Ele pressionou seus investidores a não compartilhar nenhum detalhe da operação.

"Nossa única defesa é manter a discrição", disse a eles.

A abordagem reservada prejudicou a empresa algumas vezes. No inverno norte-americano de 1995, um cientista do Colisor Relativístico de Íons Pesados do Laboratório Nacional de Brookhaven, chamado Michael Botlo, recebeu uma ligação de um executivo da Renaissance perguntando se ele estaria interessado em um trabalho.

Lutando contra uma tempestade de neve, Botlo foi com seu Mazda hatch amassado ao novo escritório da Renaissance, localizado em uma incubadora de alta tecnologia próxima a um hospital e a um barzinho local perto do campus de Stony Brook. Entrou no escritório, tirou a neve de sua roupa e ficou imediatamente desapontado com o pequeno escritório brega, bege e verde-azulado. Quando se sentou para conversar com Patterson e outros profissionais da equipe, não compartilharam quase nenhum detalhe de sua abordagem de trades, falando apenas do clima inclemente, frustrando Botlo.

Chega de conversa fiada, pensou ele.

Ficara sabendo que a Renaissance usava uma linguagem de programação de computadores de dez anos chamada Perl, em vez de linguagens, como C++, que as grandes empresas de trades de Wall Street usavam, tornando-o ainda mais cético. (Na realidade, a Renaissance usava a linguagem Perl para fazer a contabilidade e outras operações, não para seus trades, mas ninguém queria compartilhar essas informações com um visitante.)

"Pareciam quatro homens em uma garagem. Não davam a impressão de serem tão habilidosos em ciência da computação, e muito do que estavam fazendo parecia guiado apenas pelo instinto, e não por conhecimento — um grupo de homens que gostavam de computação", relata ele. "Não foi muito convincente."

Dias depois, Botlo escreveu uma nota para Patterson: "Escolhi aprender os negócios adequadamente; por isso, aceitei um emprego na Morgan Stanley."

Ai, essa doeu.

Em 1995, Simons recebeu uma ligação de um representante da PaineWebber, uma grande corretora, manifestando interesse em uma aquisição da Renaissance. Por fim, depois de anos de muito trabalho e grandes ganhos, os garotões de Wall Street haviam notado os métodos pioneiros de Simons. Com certeza, estava por vir um enorme pagamento.

Simons encarregou Patterson de se reunir com alguns executivos da PaineWebber, mas não demorou muito para perceber que a corretora não estava convencida de suas estratégias revolucionárias, nem se interessava por seus aclamados funcionários. Estavam apenas atrás da lista de clientes do fundo de hedge, impressionados com as enormes taxas que estavam pagando para investir com Simons. Depois de colocar as mãos nos clientes da Renaissance, a PaineWebber provavelmente acabaria com a empresa e tentaria vender seus próprios produtos para a clientela endinheirada da Renaissance. As operações não chegaram a lugar nenhum, decepcionando alguns na Renaissance. A tendência predominante ainda era não confiar nos trades por computadores; parecia errado e arriscado.

"Eles presumiam que os algoritmos não faziam sentido nenhum", disse Patterson.

=

O Medallion ainda seguia em uma série de vitórias. Estava conseguindo grandes lucros operando contratos de futuros e administrava US$600 milhões, mas Simons estava convencido de que o fundo de hedge estava em grandes apuros. Os modelos de Laufer, que mediam o impacto do fundo no mercado com uma precisão surpreendente, concluíram que os retornos do Medallion diminuiriam se administrasse muito mais dinheiro. Alguns mercados de commodities, como o de grãos, eram pequenos demais para lidar com outras compras e vendas pelo fundo sem pressionar os preços. Havia também limitações sobre quanto mais o Medallion poderia alcançar em mercados maiores de títulos e moedas.

A notícia de que o Medallion era bom em fazer apostas lucrativas se espalhou, e traders suspeitos estavam se aproveitando. Em uma visita a Chicago, um funcionário flagrou alguém parado logo acima do salão da bolsa, onde se negociavam futuros de eurodólares, observando as operações do Medallion. O espião enviava sinais com as mãos toda vez que o Medallion comprava ou vendia, permitindo que um cúmplice entrasse pouco antes do fundo de Simons fazer qualquer coisa, reduzindo os lucros do Medallion. Outros pareciam ter fichas de índice listando as horas do dia em que o Medallion geralmente operava. Alguns na bolsa até deram um apelido para a equipe de Simons: "os Sheiks", um reflexo de sua importância em alguns mercados de commodities. A Renaissance ajustou suas atividades para torná-las mais secretas e imprevisíveis, mas era mais uma indicação de que a empresa estava ficando muito maior do que vários mercados financeiros.

Simons estava preocupado com que seus sinais estivessem ficando mais fracos à medida que seus rivais adotavam estratégias parecidas.

"O sistema está sempre vazando", reconheceu ele em sua primeira entrevista concedida a um repórter. "Continuamos tendo de mantê-lo à frente do jogo."[2]

Alguns na empresa não entendiam o que estava em jogo. Tudo bem, as restrições de capital significavam que o Medallion nunca poderia se tornar o maior ou melhor fundo de hedge do mundo — e daí? Se mantivessem o fundo em torno de seu tamanho atual, todos se tornariam fabulosamente ricos e bem-sucedidos.

"Por que não o mantemos em US$600 milhões?", perguntou Straus a Simons. Dessa forma, o Medallion poderia acumular cerca de US$200 milhões em lucros anuais, mais que o suficiente para deixar os funcionários felizes.

"Não", respondeu ele. "Podemos fazer melhor."

Simons insistia em encontrar uma maneira de aumentar o fundo, frustrando alguns funcionários.

"Os imperadores querem impérios", reclamou um deles ao colega.

Robert Frey, o antigo *quant* da Morgan Stanley que trabalhava na Kepler, a empreitada separada de trades na bolsa sustentada por Simons, tinha uma interpretação mais gentil do obstinado impulso de Simons para aumentar o Medallion. Simons estava determinado a realizar algo especial, disse Frey, talvez até ser pioneiro em uma nova abordagem de operação.

"O que Jim quer fazer é ser importante", conta Frey. "Ele queria uma vida que significasse alguma coisa... Se fosse criar um fundo, queria que fosse o melhor."

Frey tem outra teoria sobre por que Simons tinha tanto propósito em expandir o fundo.

"Jim viu sua chance de ser bilionário", explica ele.

Fazia muito tempo que Simons era alimentado por duas motivações sempre presentes: provar que conseguia resolver grandes problemas e ganhar muito dinheiro. Os amigos nunca entenderam direito essa sua necessidade de acumular mais riqueza, mas era incessante e sempre presente.

Só havia uma maneira de Simons aumentar o Medallion sem prejudicar seus retornos: expandir para o investimento em ações. Como os mercados de ações são profundos e fáceis de negociar, mesmo enormes quantias não impediriam os lucros. O problema era que ganhar dinheiro nos mercados de ações era confuso para Simons e sua equipe há muito tempo. Frey ainda estava trabalhando em suas estratégias de trades na Kepler, mas os resultados eram fracos, aumentando as pressões de Simons.

Na esperança de manter o desempenho do fundo no azul e melhorar a eficiência da operação, Simons passou a consolidar todas as suas operações em Long Island, desenraizando dez funcionários de longa data do norte da Califórnia, incluindo Sandor Straus, que tinha um filho no ensino médio e protestou contra a mudança. Ele disse que não estava disposto a ir para Long Island e estava infeliz que Simons estava forçando seus colegas da Califórnia a se realocarem. Ele administrava os trades, era o último membro remanescente da empresa original e foi uma das principais razões para o sucesso da empresa. Por ser dono de uma parcela da Renaissance, solicitou uma votação dos colegas acionistas quanto à realocação para o outro lado do país. Não obteve sucesso, ficando ainda mais frustrado.

Em 1996, vendeu suas ações da Renaissance e pediu demissão, um tapa na cara de Simons. Posteriormente, Simons forçou Straus e outros que não eram funcionários a retirar seu dinheiro do Medallion. Straus poderia ter insistido em um tratamento especial que lhe permitisse investir indefinidamente no fundo, mas decidiu apenas investir em fundos com perspectivas semelhantes.

"Pensei que éramos só mais um na multidão", confessou ele. "Se achasse que havia algum ingrediente secreto e especial, teria garantido que o meu investimento continuasse no Medallion."

—

Enquanto Simons e sua equipe lutavam para encontrar uma nova direção e lidar com a partida de Straus, seus antigos amigos da matemática não tinham muita compaixão por ele. Ainda não entendiam por que ele estava dedicando tanto tempo e energia ao mercado financeiro; tudo o que conseguiam ver era um talento de uma geração sendo desperdiçado com frivolidades. Em uma tarde do fim de semana, depois que Simons deixou Stony Brook, Dennis Sullivan, um conhecido topologista de Stony Brook, visitou Simons em casa e ficou observando-o enquanto organizava uma festa de aniversário para seu filho Nathaniel, o terceiro com Barbara. Enquanto Simons distribuía pistolas de água e participava de todas as brincadeiras, Sullivan revirava os olhos.

"Estava me irritando", contou Sullivan. "A matemática é sagrada, e Jim era um matemático sério que poderia resolver os problemas mais difíceis... Fiquei decepcionado com suas escolhas."

Outras vezes, Simons foi visto brincando com Nicholas, seu primeiro filho com Marilyn, que era extrovertido como o pai e tinha seu mesmo senso de humor travesso.

A perspectiva de Sullivan mudou lentamente à medida que se aproximava de Simons, passando momentos na casa dele e testemunhando sua devoção a seus pais idosos, que sempre vinham de Boston para visitá-los. Sullivan passou a dar valor à atenção que Simons dava a seus filhos, especialmente Paul, que continuava em sua luta contra a doença de nascença. Aos 17 anos, Paul sofreu um ataque epilético e, depois disso, passou a tomar medicamentos para prevenir ataques no futuro.

Jim e Barbara viram sinais de autoconfiança surgindo em seu filho. Durante toda a sua vida, Paul procurou fortalecer seu corpo, fazendo uma série de flexões e abdominais quase todos os dias, além de se tornar um ótimo esquiador e ciclista resistente. Com espírito livre, Paul demonstrava pouco interesse na matemática ou nos trades. Quando se tornou adulto, fazia trilhas, esquiava, brincava com o cachorro, Avalon, e desenvolveu um relacionamento próximo com uma jovem local. Gostava principalmente de andar de bicicleta por terrenos tranquilos perto do lago Mill, em Stony Brook, passando horas em sua rota favorita.

Em setembro de 1996, depois de completar 34 anos, vestiu uma camiseta esportiva e shorts, montou em sua bicicleta de última geração e partiu para uma corrida rápida por Old Field Road em Setauket, perto de sua casa de infância. Do nada, uma mulher idosa deu ré em seu carro, saindo da garagem, sem perceber que o jovem estava passando. Ela bateu em Paul, esmagando-o e matando-o instantaneamente, um acidente inesperado e trágico. Vários dias depois, a mulher, traumatizada pela experiência, teve um ataque cardíaco e morreu.

Jim e Barbara ficaram devastados. Nas semanas seguintes, Simons ficou totalmente recluso.

Sua família foi seu apoio, afastando-se do trabalho e de outras atividades. Os colegas não sabiam como ele lidaria com essa dor ou quanto tempo duraria.

"Não se supera esse tipo de dor nunca", disse Barbara. "Apenas se aprende a lidar com ela."

Quando finalmente voltou ao trabalho, seus amigos sentiram que ele precisava de uma distração. Simons se concentrou nos esforços decepcionantes de sua equipe para dominar o trade de ações, sua última chance de transformar sua empresa em uma potência.

Durante um certo período, parecia que Simons estava desperdiçando seu tempo.

CAPÍTULO NOVE

Nunca ninguém tomou uma decisão por causa de um número.
É necessário haver uma história por trás da decisão.

DANIEL KAHNEMAN, ECONOMISTA

Jim Simons parecia ter descoberto a maneira perfeita de operar commodities, moedas e títulos: modelos matemáticos preditivos. No entanto, sabia que, se quisesse que a Renaissance Technologies alcançasse o auge, teria de fazer com que seus computadores ganhassem dinheiro com ações.

Não estava claro por que achava que tinha uma chance de sucesso. O início dos anos 1990 foi uma época de ouro para investidores *fundamentalistas*, aqueles que, em geral, conversam com as empresas e compilam relatórios anuais, registros e declarações financeiras seguindo o modelo de Warren Buffett. Esses investidores recorrem a instinto, astúcia e experiência. O poder era da própria inteligência, e não da computação. Quando se tratava de ações, Simons parecia bem despreparado.

Peter Lynch foi um exemplo da abordagem fundamentalista. De 1977 a 1990, as escolhas prescientes de ações tomadas por Lynch ajudaram o fundo mútuo Magellan da Fidelity Investments a crescer de insignificantes US$100 milhões a uma potência de US$16 bilhões, com média de ganhos anuais de

29%, liderando o mercado em 11 desses anos. Deixando de lado os padrões de preços históricos e ignorados — com os quais Simons estava obcecado —, Lynch disse que os investidores podiam conquistar o mercado simplesmente aderindo às empresas que eles compreendiam melhor. "Conheça o que possui" era seu mantra.

Ao buscar ações com uma boa *história* que ele acreditava em que teriam ganhos crescentes, Lynch fez uma grande aposta de sucesso no Dunkin' Donuts, a amada varejista de donuts do estado natal da Fidelity, Massachusetts, comprando ações em parte porque a empresa "não precisava se preocupar com as importações coreanas de preço baixo". Outra vez, sua esposa, Carolyn, trouxe para casa um par de L'eggs, uma marca de meia-calça que vinha em diferenciados pacotes de plástico em formato de ovo e era vendida nos corredores dos caixas de supermercados e farmácias. Ela adorava L'eggs, assim seu marido também passou a adorar, otimista com o desempenho da marca, disposto a comprar as ações de sua fabricante, Hanes, embora a maioria dos produtos relacionados da época fosse vendida em lojas de departamento e lojas de roupas femininas, e não em farmácias.

"Pesquisei um pouco", Lynch explicou mais tarde. "Descobri que uma mulher comum vai ao supermercado ou farmácia uma vez por semana e costuma ir à loja feminina ou loja de departamentos apenas uma vez a cada seis semanas. E todas as meias-calças boas eram vendidas em lojas de departamento. Estavam vendendo produtos sem qualidade nos supermercados."

Quando uma marca de meia-calça concorrente foi introduzida, Lynch comprou 48 unidades e pediu às funcionárias para testá-las, chegando à conclusão de que não poderiam corresponder à qualidade de suas L'eggs. Com o passar do tempo, Lynch levou a Hanes a um ganho de dez vezes o investimento inicial de seu fundo.

A ferramenta mais importante de Lynch era o telefone, e não o computador. Fazia ligações com regularidade ou, às vezes, visitava uma rede de executivos bem posicionados, solicitando atualizações sobre seus negócios, concorrentes, fornecedores, clientes e outras coisas. Essas eram táticas permitidas na época, mesmo que os pequenos investidores não pudessem ter acesso às mesmas informações.

"O computador não informa se [uma tendência de negócios] durará um mês ou um ano", disse ele.[1]

Em 1990, 1 em cada 100 norte-americanos investia no Magellan, e o livro de Lynch, *O Jeito Peter Lynch de Investir*, vendeu mais de um milhão de cópias, inspirando investidores a procurar ações "do supermercado ao local de trabalho". Quando a Fidelity passou a dominar os fundos mútuos, começou a enviar jovens analistas para convidar centenas de empresas todos os anos. Os sucessores de Lynch, incluindo Jeffrey Vinik, usavam as viagens para obter suas próprias vantagens informativas, inteiramente dentro da lei, sobre os concorrentes.

"Vinik nos pedia para conversar com taxistas em nosso caminho de ida e volta do aeroporto para ter uma noção da economia local ou da empresa em particular que estávamos visitando", lembra J. Dennis Jean-Jacques, analista da Fidelity na época. "Também fazíamos as refeições no restaurante da empresa... ou em outro próximo dali, para que pudéssemos fazer perguntas ao garçom sobre a empresa que ficava do outro lado da rua."

Enquanto Lynch e Vinik acumulavam grandes ganhos em Boston, Bill Gross estava do outro lado do país, em Newport Beach, litoral da Califórnia, construindo um império de títulos em uma empresa chamada Pacific Investment Management Company, ou PIMCO. Gross, que pagou seu curso de administração ganhando no blackjack depois de ler o livro sobre jogos de azar de Ed Thorp, tinha uma especial habilidade de prever a direção das taxas de juros globais. Ele se tornou conhecido no mundo financeiro por suas observações de mercado bem pensadas e brilhantes, além de sua aparência única. Todo dia, usava uma camisa social feita sob medida, com colarinho aberto, com uma gravata pendurada frouxamente no pescoço, estilo adotado após muitos exercícios e sessões de ioga o deixarem com muito calor e sem vontade de dar um nó na gravata quando estava no escritório.

Assim como Simons, ele usava uma abordagem matemática para dissecar seus investimentos, embora colocasse em suas fórmulas uma grande dose de intuição e inteligência. Ele despontou como um verdadeiro sábio do mercado em 1995, depois de uma grande aposta em taxas de juros em queda gerar ganhos de 20% para seu fundo mútuo de *bonds* [títulos de dívidas], que se tornou o maior de todos os tempos de sua categoria. Os investidores o coroaram "o Rei dos Bonds", um nome que permaneceu enquanto iniciava um reinado prolongado no topo dos mercados de dívida.

Na mesma época, os chamados macroinvestidores estavam em todas as manchetes e incutiam medo nos líderes políticos globais com seu próprio estilo distinto. Em vez de fazer milhares de apostas, como Simons, esses traders obtinham a maior parte de seus lucros com um número limitado de movimentações ousadas, com o objetivo de antecipar as mudanças políticas e econômicas globais.

Stanley Druckenmiller era um dos traders em ascensão. Natural de Pittsburgh, tinha cabelos desalinhados e abandonara um programa de doutorado em Economia, era um dos melhores gestores de fundos mútuos antes de assumir o fundo de hedge bilionário de George Soros, o Fundo Quantum. Na época, aos 35 anos, chegava a suas decisões de investimento depois de analisar minuciosamente as notícias e estudar estatísticas econômicas e outras informações, com o objetivo de colocar suas operações bem à frente de grandes acontecimentos internacionais.

Levou apenas seis meses para Soros se arrepender de o ter contratado. Enquanto Druckenmiller ia de avião para Pittsburgh, Soros abandonou as posições de títulos dele sem nenhum aviso sequer, preocupado que fossem perdedoras. Quando ficou sabendo da movimentação após pousar, Druckenmiller encontrou um telefone público nas proximidades e pediu demissão.[2]

Pouco tempo depois, de volta ao escritório, mais calmo e feito o pedido de desculpas, Soros disse que estava saindo para uma viagem de seis meses à Europa, um período de separação para ver se a série de derrotas iniciais de Druckenmiller tinha ocorrido por "haver muitos cozinheiros na cozinha ou por ser simplesmente inepto".

Meses depois, o Muro de Berlim, que dividia a Alemanha Ocidental e a Alemanha Oriental, foi aberto e, por fim, derrubado. O mundo aplaudiu, mas os investidores estavam preocupados com a possibilidade da economia da Alemanha Ocidental e sua moeda, o marco alemão, serem prejudicadas por uma fusão com a Alemanha Oriental, que era muito mais pobre. Essa visão não fazia muito sentido para Druckenmiller; parecia provável que um influxo de mão de obra barata reforçasse a economia alemã, e não a prejudicasse, e o banco central alemão poderia reforçar sua moeda para manter a inflação sob controle.

"Eu tinha uma forte crença de que os alemães estavam obcecados com a inflação", lembra ele, observando que o aumento da inflação após a Primeira Guerra Mundial abriu o caminho para a ascensão de Adolf Hitler. "Não havia como eles deixarem a moeda cair."

Com Soros fora do caminho, Druckenmiller fez uma grande aposta nos marcos alemães, resultando em um ganho de quase 30% para o Fundo Quantum em 1990. Dois anos depois, com Soros de volta a Nova York e melhores relações entre os dois, Druckenmiller entrou no amplo escritório de Soros no centro da cidade para contar sobre sua próxima grande jogada: expandir lentamente uma aposta existente contra a libra esterlina. Disse a Soros que as autoridades do país estavam fadadas a se separarem do Mecanismo Europeu de Taxas de Câmbio, o MTC, permitindo que a libra caísse de valor, ajudando a Grã-Bretanha a sair da recessão. Seu ponto de vista não era bem visto, reconheceu ele, mas tinha certeza de que o cenário se desdobraria.

Soros ficou em silêncio total. Então veio uma expressão de perplexidade. Soltou um olhar "deixando a entender que eu era um idiota", lembra ele.

"Isso não faz sentido", disse Soros.

Antes mesmo que tivesse a chance de defender sua tese, foi interrompido.

"Trades como esse acontecem apenas a cada vinte anos ou mais", disse Soros.

Ele estava implorando a Druckenmiller que expandisse sua aposta.

O Fundo Quantum vendeu a descoberto cerca de US$10 bilhões da moeda britânica. Os concorrentes, ao descobrir o que estava acontecendo ou ao chegar a conclusões parecidas, logo estavam fazendo o mesmo, fazendo a libra cair enquanto exerciam pressão sobre as autoridades britânicas. No dia 16 de setembro de 1992, o governo abandonou seus esforços para sustentar a libra, desvalorizando a moeda em 20%, o que fez Druckenmiller e Soros ganharem mais de US$1 bilhão em apenas 24 horas. O fundo ganhou mais de 60% em 1993 e logo controlava mais de US$8 bilhões em dinheiro de investidores, superando qualquer coisa que Simons tenha um dia sonhado em administrar. Por mais de uma década, a operação foi considerada a melhor de todos os tempos, um testemunho do quanto pode ser feito com grandes doses de inteligência e destemor.

Era evidente que a maneira mais segura de obter grandes somas no mercado era desenterrando informações corporativas e analisando tendências econômicas. A ideia de que alguém poderia usar computadores para derrotar esses profissionais experientes parecia improvável.

Jim Simons, ainda se esforçando para ganhar dinheiro negociando ações, não precisava de nenhum lembrete. A Kepler Financial, empresa lançada pelo especialista em matemática e informática que trabalhou na Morgan Stanley,

Robert Frey, sustentada por Simons, estava avançando vagarosamente. A empresa estava aprimorando as estratégias de arbitragem estatística que Frey e outros haviam empregado na Morgan Stanley, identificando um pequeno conjunto de fatores de mercado que melhor explicavam as movimentações das ações. A trajetória das ações da United Airlines, por exemplo, é determinada pela sensibilidade das ações aos retornos do mercado geral, alterações no preço do petróleo, movimentação das taxas de juros e outros fatores. A direção de outra ação, como do Walmart, é influenciada pelos mesmos fatores explicativos, embora o gigante do varejo tenha uma sensibilidade muito diferente para cada um deles.

A sacada da Kepler era aplicar essa abordagem à arbitragem estatística, comprar ações que não aumentariam tanto quanto o esperado, com base nos retornos históricos desses diversos fatores subjacentes, e, ao mesmo tempo, vender a descoberto ou apostar contra as ações com desempenho abaixo do esperado. Se as ações da Apple Computer e da Starbucks ultrapassassem 10% em uma recuperação do mercado, mas a Apple historicamente tivesse se saído muito melhor do que a Starbucks durante períodos de otimismo, a Kepler poderia comprar da Apple e a descoberto da Starbucks. Usando uma análise de séries temporais e outras técnicas estatísticas, Frey e um colega buscavam *erros de trading*, comportamento não totalmente explicado pelos dados históricos que monitoravam os principais fatores, partindo do princípio de que esses desvios desapareceriam com o tempo.

Apostar em relacionamentos e diferenças relativas entre grupos de ações, em vez de em um aumento ou queda instantânea de ações, significava que Frey não precisava prever para aonde as ações estavam indo, tarefa difícil para qualquer pessoa. Ele e seus colegas também não se importavam para aonde o mercado geral estava indo. Como resultado, o portfólio da Kepler era *neutro em relação ao mercado* ou razoavelmente imune às movimentações do mercado de ações. Em geral, os modelos de Frey apenas davam foco se as relações entre os grupos de ações retornavam a suas normas históricas — estratégia de reversão à média. A construção de um portfólio desses investimentos diminui a volatilidade do fundo, proporcionando um alto índice de Sharpe. Nomeado em homenagem ao economista William F. Sharpe, o índice Sharpe é uma medida de retornos muito usada que incorpora o risco de um portfólio. Um índice de Sharpe alto sugere um desempenho histórico forte e estável.

O fundo de hedge da Kepler, que acabou sendo renomeado como Nova, gerava resultados medianos, o que frustrava os clientes, levando à saída de alguns deles. O fundo foi incluído no Medallion enquanto Frey continuava seus esforços, geralmente sem grande sucesso.

O problema não era que o sistema dele não conseguia descobrir estratégias lucrativas. Era extraordinariamente bom em identificar trades lucrativos e prever a movimentação de grupos de ações. O problema era que, com muita frequência, os lucros da equipe eram inferiores em comparação aos previstos pelo modelo. Frey era como um chef com uma receita deliciosa que fazia uma série de refeições memoráveis, mas deixava a maioria cair no chão no caminho para a mesa de jantar.

Observando a incontrolável agitação de Frey e seus colegas, alguns funcionários da Renaissance começaram a perder a paciência. Laufer, Patterson e os outros haviam desenvolvido um sistema sofisticado para comprar e vender várias commodities e outros investimentos, apresentando um algoritmo de apostas que ajustava suas participações, devido à variedade de probabilidades de movimentações futuras do mercado. A equipe de Frey não tinha nada disso para ações. Os funcionários se queixavam que seu modelo de trades parecia sensível demais às mínimas flutuações do mercado. Às vezes, comprava ações e as vendia antes que elas tivessem a chance de subir, assustado com uma súbita mudança de preço. Havia muito ruído no mercado para o sistema de Frey conseguir ouvir qualquer um de seus sinais.

Foi necessário chamar dois esquisitões para ajudar a resolver o problema para Simons. Um mal falava. O outro mal conseguia ficar parado no lugar.

=

Enquanto Nick Patterson trabalhava com Henry Laufer no início dos anos 1990 para melhorar os modelos preditivos do Medallion, começou um trabalho paralelo do qual parecia gostar tanto quanto descobrir tendências de preços ignoradas: recrutar talentos para o crescente quadro de funcionários da Renaissance. Para atualizar os sistemas computacionais da empresa, por exemplo, Patterson ajudou a contratar Jacqueline Rosinsky como a primeira administradora de sistemas. Rosinsky, cujo marido abandonara a carreira contábil para se tornar capitão do Corpo de Bombeiros de Nova York, acabou chefiando a área de tecnologia da informação e outras (mais tarde, as mulheres passaram a administrar departamentos jurídicos e outros, mas levou um tempo antes de desempenharem papéis significativos nas áreas de pesquisa, dados ou trades da operação*). Patterson tinha algumas exigências para suas contratações. Precisavam ser superinteligentes, é claro, com conquistas identificáveis, como artigos ou prêmios acadêmicos, idealmente em áreas relacionadas ao trabalho que a Renaissance estava fazendo. Ele evitava os tipos de Wall Street. Não tinha nada contra eles em si, estava apenas convencido de que poderia encontrar talentos mais impressionantes em outros lugares.

"Podemos ensinar uma pessoa sobre dinheiro", explica Patterson. "Não podemos ensinar uma pessoa a ter inteligência."

Além disso, Patterson argumentava com um colega, se alguém deixasse um banco ou um fundo de hedge para ingressar na Renaissance, estaria mais inclinado a aceitar um concorrente em algum momento, se a oportunidade surgisse, do que alguém sem familiaridade com a comunidade de investimentos. Isso era fundamental, porque Simons insistia em que todos na empresa compartilhassem ativamente seu trabalho uns com os outros. Ele precisava confiar no fato de que seus funcionários não pegariam essas informações e sair correndo para um concorrente.

Uma última coisa deixava Patterson muito empolgado: se um candidato em potencial estivesse infeliz em seu emprego atual.

"Gostava de pessoas inteligentes que provavelmente estavam infelizes", conta ele.

Um dia, depois de ler no jornal da manhã que a IBM estava cortando custos, ficou intrigado. Estava ciente das realizações do grupo de reconhecimento de fala da gigante dos computadores e achou que esse trabalho tinha alguma semelhança com o que a Renaissance estava fazendo. No início de 1993, enviou cartas separadas a Peter Brown e Robert Mercer, representantes do grupo, convidando-os a visitar os escritórios da Renaissance para discutir possíveis cargos.

Brown e Mercer reagiram exatamente da mesma maneira — jogando aquela carta na primeira lata de lixo que encontraram. Reconsideraram depois de so-

---

* Não é que a empresa não gostava de contratar mulheres. Como em outras empresas de trades, a Renaissance não recebia muitos currículos de profissionais do sexo feminino da área de ciências ou matemática. Também é fato que Simons e os outros não se esforçavam para recrutar mulheres ou minorias.

frer uma reviravolta familiar, preparando o caminho para mudanças drásticas na empresa de Jim Simons e no mundo como um todo.

=

A paixão da vida de Robert Mercer (Bob) foi despertada por seu pai.

Thomas Mercer, cientista brilhante e com um sarcasmo seco, nasceu em Victoria, Colúmbia Britânica, Canadá, e depois se tornou especialista mundial em aerossóis, as minúsculas partículas suspensas na atmosfera que contribuem para a poluição do ar e esfriam a Terra bloqueando o sol. Passou mais de uma década como professor de biologia e biofísica de radiação na Universidade de Rochester antes de se tornar chefe de departamento de uma fundação dedicada à cura de doenças respiratórias em Albuquerque, Novo México, EUA. Foi lá que Robert, o mais velho dos três filhos de Thomas, nasceu em 1946.

Sua mãe, Virginia Mercer, era apaixonada por teatro e artes, mas Robert era fascinado por computadores. Tudo começou logo que Thomas mostrou a Robert o tambor magnético e os cartões perfurados de um IBM 650, um dos primeiros computadores produzidos em massa. Depois que explicou o funcionamento interno dos computadores para seu filho, o garoto de 10 anos começou a criar seus próprios programas, enchendo um caderno gigantesco. Bob o carregou por anos antes de ter acesso a um computador de verdade.

Na Sandia High School e na Universidade do Novo México, Mercer, que usava óculos, era esguio e discreto, era membro dos clubes de xadrez, de automóveis e de russo da escola. No entanto, o que realmente o empolgou foi a matemática, fazendo-o abrir um sorriso orgulhoso e bonito em uma foto publicada no *Albuquerque Journal* depois que ele e dois colegas de classe ganharam as principais honras em um concurso nacional de matemática em 1964.[3]

Após a formatura do ensino médio, Mercer passou três semanas no acampamento de ciências *National Youth Science Camp*, nas montanhas da Virgínia Ocidental. Lá, Mercer descobriu um único computador, um IBM 1620 doado, que podia fazer 50 multiplicações de 10 dígitos por segundo, mas era ignorado pela maioria dos campistas. Aparentemente, ficar dentro de casa o dia inteiro no verão não era tão interessante para eles quanto era para Mercer, então ele ficava mexendo no computador o quanto quisesse, aprendendo a programar em Fortran, uma linguagem desenvolvida principalmente para cientistas. Naquele verão, Neil Armstrong fez uma visita ao acampamento, cinco anos antes de se tornar o primeiro homem a pisar na lua. Ele disse aos campistas que os astronautas estavam usando as mais recentes tecnologias de computador, algumas das quais eram do tamanho de um fósforo. Mercer ficou sentado ouvindo, boquiaberto.

"Eu não conseguia entender como aquilo era possível", recordou mais tarde.

Enquanto estudava física, química e matemática na Universidade do Novo México, conseguiu um emprego em um laboratório de armas na Base da Força Aérea de Kirtland a 13km de distância, para ajudar a programar o supercomputador da base. Assim como os jogadores de beisebol apreciam o cheiro da grama recém-cortada ou a base bem-feita de um arremessador, ele ficou encantado com as vistas e os cheiros do laboratório de informática de Kirtland.

"Adorava tudo sobre computadores", explicou mais tarde. "Adorava a solidão do laboratório de informática tarde da noite. Adorava o cheiro do ar-condicionado do lugar. Adorava o som dos discos zunindo e as impressoras estalando."

Pode parecer um pouco incomum, até estranho, para um jovem ser tão fascinado por um laboratório de informática, mas, em meados da década de 1960, essas máquinas passaram a representar terrenos inexplorados e novas possibilidades. Uma subcultura desenvolvida por jovens especialistas, acadêmicos e entusiastas em computação que ficavam acordados até tarde da noite, *codificando* ou escrevendo instruções, para que os computadores pudessem resolver problemas ou executar tarefas automatizadas e especificadas. As instruções eram dadas usando algoritmos, que envolviam uma série de procedimentos lógicos passo a passo.

Jovens brilhantes, entre eles homens e mulheres, os programadores eram rebeldes da contracultura, explorando ousadamente o futuro, mesmo enquanto seus colegas perseguiam os prazeres fugazes do dia, desenvolvendo um espírito e uma energia que mudariam o mundo nas próximas décadas.

"Sofríamos socialmente e psicologicamente por estarmos certos", disse Aaron Brown, membro da emergente equipe de codificadores que se tornou executivo sênior do mundo de trades quantitativos.

Recrutado à seita, Mercer passou o verão no computador mainframe do laboratório, reescrevendo um programa que calculava campos eletromagnéticos gerados por bombas de fusão nuclear. Oportunamente, encontrou maneiras de tornar o programa 100 vezes mais rápido, uma conquista inesperada. Ele estava animado e entusiasmado, mas seus chefes não pareciam se importar com sua conquista. Em vez de executar os cálculos antigos na nova velocidade, mais rápida, instruíram-no a executar os cálculos que fossem cem vezes maiores. Parecia que a velocidade revolucionária de Mercer fazia pouca diferença para eles, atitude que ajudou a moldar a visão de mundo do jovem.

"Entendi esse fato como uma indicação de que um dos objetivos mais importantes da pesquisa financiada pelo governo não é bem obter respostas, mas, sim, consumir o orçamento de computadores", afirmou posteriormente.

Ele se tornou cético, considerando o governo arrogante e ineficiente. Anos mais tarde, adotou a visão de que os indivíduos precisam ser autossuficientes e evitar os auxílios estatais.

A experiência do verão "me deixou, desde então, com uma visão preconceituosa das pesquisas financiadas pelo governo", explicou ele.[4]

Depois de obter seu doutorado em Ciência da Computação na Universidade de Illinois, Mercer entrou para a IBM em 1972, apesar de desprezar a qualidade dos computadores da empresa. Era uma parte diferente da empresa que o impressionara. Concordou em visitar o Centro de Pesquisas Thomas J. Watson, no subúrbio de Yorktown Heights, em Nova York, e ficou impressionado com os ambiciosos funcionários da IBM que se esforçavam para descobrir inovações que poderiam impulsionar o futuro da empresa.

Mercer se juntou à equipe e começou a trabalhar no recém-formado grupo de reconhecimento de fala da empresa. Por fim, trabalhou junto a um matemático jovem e extrovertido com pressa de realizar algo significativo.

=

Na adolescência, Peter Brown viu seu pai enfrentar uma série de desafios de negócios assustadores. Em 1972, quando tinha 17 anos, seu pai, Henry Brown, e um sócio tiveram a ideia de juntar investimentos de investidores individuais para comprar dívidas relativamente seguras e de maior rendimento, introduzindo o primeiro fundo mútuo do mercado do mundo. O fundo de Henry oferecia taxas mais altas do que as disponíveis nas contas de poupança dos bancos, mas os investidores sequer se interessavam. Peter ajudava seu pai a fechar envelopes e enviar cartas a centenas de clientes em potencial, na esperança de despertar interesse no novo fundo. Henry trabalhou todos os dias naquele ano, exceto no

Natal, recorrendo a sanduíches de manteiga de amendoim como alimento e fazendo uma segunda hipoteca para financiar seus negócios, enquanto sua esposa Betsey trabalhava como terapeuta familiar.

"Uma combinação de muita fome e pura ganância nos guiava", explicou Henry ao *Wall Street Journal*.[5]

Sua grande oportunidade surgiu no ano seguinte, na forma de um artigo do *New York Times* sobre o fundo incipiente. Os clientes começaram a telefonar e, logo, Henry e seu sócio estavam administrando US$100 milhões em seu fundo Reserve Primary. O fundo cresceu, chegando a bilhões de dólares, mas Henry pediu demissão em 1985, para se mudar com Betsy para a fazenda da família Brown, em um povoado na Virgínia, onde ele passou a criar gado em cerca de 200 hectares. Henry também competia em trabuco, uma espécie de catapulta mecânica, vencendo competições com uma engenhoca que lançou uma abóbora de 4kg a mais de 300 metros de distância. Em seu novo bairro, Betsey tornou-se ativista cívica e política do partido Democrata local.

Os negócios de Henry ainda dominavam seus pensamentos. Por mais de uma década, discutia com seu ex-sócio, Bruce Bent, a quem acusava de voltar atrás em um acordo para comprar a metade de sua participação na empresa. Acabou entrando com uma ação, alegando que Bent estava se recompensando excessivamente enquanto administrava o fundo, antes que, finalmente, chegassem a um acordo para Brown vender sua metade para Brent em 1999. (Em 2008, o fundo perdeu tanto dinheiro com a dívida do banco de investimentos Lehman Brothers, entre outras coisas, que seus problemas semearam medo em todo o sistema financeiro.)

Embora sua família possuísse riquezas, os amigos diziam que, às vezes, Peter mostrava ansiedade com relação a suas finanças, talvez devido aos primeiros desafios de seu pai ou a sua extensa batalha com o sócio. Peter reservou suas próprias ambições para ciências e matemática. Depois de se formar na Universidade de Harvard com um diploma de graduação em Matemática, entrou em uma unidade da Exxon que estava desenvolvendo maneiras de traduzir a linguagem falada em texto de computador, uma das primeiras formas da tecnologia de reconhecimento de fala. Mais tarde, obteve um doutorado em Ciência da Computação, pela Universidade Carnegie Mellon, em Pittsburgh.

Em 1984, aos 29 anos, entrou para o grupo de fala da IBM, em que Mercer e outros estavam trabalhando para desenvolver softwares de transcrição de textos falados. A sabedoria convencional da área há décadas era que somente linguistas e fonéticos, que ensinavam regras de sintaxe e gramática aos computadores, tinham a chance de fazer com que os computadores reconhecessem a linguagem.

Brown, Mercer e seus colegas matemáticos e cientistas, incluindo o exigente e ambicioso líder do grupo, Fred Jelinek, viam a linguagem de maneira muito diferente dos tradicionalistas. Para eles, a linguagem poderia ser modelada como um jogo de azar. Em qualquer parte de uma frase, existe uma certa probabilidade do que pode vir a seguir, o que pode ser estimado com base no uso comum e passado. É mais provável que a palavra "azul" siga a palavra "mar" em uma frase do que palavras como "ele" ou "a", por exemplo. Existem também probabilidades semelhantes para pronúncia, argumentava a equipe da IBM.

O objetivo era alimentar seus computadores com dados suficientes de fala gravada e texto escrito para desenvolver um modelo estatístico probabilístico capaz de prever prováveis sequências de palavras com base em sequências de sons. O código do computador deles não *entenderia* necessariamente o que estava transcrevendo, mas, mesmo assim, aprenderia a transcrever a linguagem.

Em termos matemáticos, Brown, Mercer e toda a equipe de Jelinek viam os sons como o resultado de uma sequência na qual cada passo ao longo do caminho é aleatório, mas dependente do passo anterior — um modelo oculto de Markov. O trabalho de um sistema de reconhecimento de fala era capturar um conjunto de sons observados, compreender as probabilidades e dar o melhor palpite possível sobre as sequências "ocultas" de palavras que poderiam ter gerado esses sons. Para fazer isso, os pesquisadores da IBM empregaram o algoritmo de Baum-Welch — desenvolvido com a ajuda de Lenny Baum, sócio de trades de Jim Simons — para se concentrar nas várias probabilidades de linguagem. Em vez de programar manualmente com conhecimento estático sobre como a linguagem funcionava, criaram um programa que *aprendia* com os dados.

Brown, Mercer e os demais se baseavam na matemática bayesiana, que havia surgido da regra estatística proposta pelo reverendo Thomas Bayes no século XVIII. Os bayesianos atribuem um grau de probabilidade a cada palpite e atualizam suas melhores estimativas à medida que recebem novas informações. A habilidade da estatística bayesiana é que ela reduz continuamente uma gama de possibilidades. Pense, por exemplo, em um filtro de spam, que não sabe com certeza se um e-mail é malicioso, mas pode ser eficaz atribuindo probabilidades a cada um recebido, aprendendo constantemente com e-mails previamente classificados como "lixo". (Essa abordagem não era tão estranha o quanto parece. De acordo com os linguistas, as pessoas adivinham inconscientemente as próximas palavras que serão ditas em uma conversa, atualizando suas expectativas ao longo do caminho.)

A equipe da IBM tinha uma personalidade tão singular quanto o método, especialmente Mercer. Alto e sarado, Mercer pulava corda para ficar em forma. Quando jovem, era meio parecido com o ator Ryan Reynolds, mas isso era tudo o que tinha em comum com a estrela de Hollywood. Desenvolveu um estilo lacônico e eficiente de interação, desperdiçando poucas palavras e evitando falar, a menos que considerasse necessário, uma peculiaridade que alguns colegas cientistas apreciavam. Às vezes, soltava um "consegui!" quando resolvia um cálculo difícil, mas geralmente se contentava em cantarolar ou assobiar para si mesmo o dia todo, geralmente música clássica. Não bebia café, chá nem álcool; gostava mais de Coca-Cola. Nas raras ocasiões em que se sentia frustrado, gritava "bestagarela", que os colegas entendiam ser um amálgama de "besteira" e "tagarela", ou papo furado.

Tinha braços tão compridos que sua esposa costurava suas camisas sociais com mangas mais compridas, todas em cores e estampas estranhas. Um ano, em uma festa de Halloween, Jelinek, que tinha um lado maldoso, veio vestido de Mercer, com uma camisa de mangas longuíssimas. Mercer riu junto com seus colegas.

Chegava ao escritório às 6h da manhã e se encontrava com Brown e outros colegas para o almoço às 11h15. Consumia sempre a mesma coisa quase todos os dias: um sanduíche de manteiga de amendoim e geleia ou de atum, embalado em um pote reutilizável da Tupperware ou em um saco de papel dobrado usado, que seus colegas pesquisadores interpretavam como um sinal de frugalidade. Depois do sanduíche, abria um saco de batatas chips, colocava-as em cima da mesa por tamanho, comia primeiro as quebradas e depois o restante, da menor para a maior.

Nas tardes de sexta-feira, a equipe se reunia para tomar refrigerante, chá, biscoitos e comer bolo. Enquanto conversavam, às vezes, os pesquisadores reclamavam dos salários abaixo do padrão da IBM. Outras vezes, Mercer compartilhava seções de um dicionário etimológico que considerava um ótimo entretenimento. De vez em quando, fazia declarações que pareciam feitas para irritar seus colegas de almoço, como a vez que disse que achava que viveria para sempre.

Brown era mais animado, acessível e energético, com cabelos castanhos grossos e encaracolados e um charme contagiante. Ao contrário de Mercer, fez amizades dentro do grupo, que, em sua maioria, apreciava seu senso de humor sorrateiro.

Enquanto o grupo se esforçava para progredir no processamento da linguagem natural, ele, no entanto, demonstrava impaciência, dirigindo uma ira especial a um estagiário chamado Phil Resnik. Estudante de pós-graduação da Universidade da Pensilvânia, formado em ciências da computação pela Universidade de Harvard e que mais tarde se tornou um respeitado acadêmico, Resnik esperava combinar táticas matemáticas com princípios linguísticos. Brown tinha pouca paciência com a abordagem dele, zombando de seu colega mais jovem e apontando seus erros.

Um dia, enquanto uma dúzia de funcionários da IBM observava Resnik resolver um problema no quadro branco do escritório, Brown foi até ele, pegou o marcador de sua mão e zombou: "Isso é ciência da computação do jardim de infância!"

Resnik sentou-se, todo envergonhado.

Outra vez, chamou-o de "inútil" e "um completo idiota".

Ele dava apelidos ofensivos a muitos de seus colegas mais novos, lembram os membros do grupo. Chamava Meredith Goldsmith, a única mulher do grupo, de "Merry Death", por exemplo, ou se referia a ela como "Jennifer", o nome de uma profissional que havia feito parte do grupo. Frequentemente, chamava-a de "pequena Miss Meredith", nome que a recém-formada na Universidade de Yale considerava particularmente depreciativo.

Mercer e Brown a ajudavam como seus mentores, o que ela dava valor. Mas Mercer também compartilhava sua opinião com Goldsmith de que lugar de mulher é em casa, cuidando dos filhos, não do mundo profissional.

Brown, cuja esposa fora nomeada chefe de saúde pública da cidade de Nova York, considerava-se um progressista. Valorizava as contribuições de Goldsmith e disse a ela que a considerava como filha. No entanto, isso não impedia que fossem feitas piadas inapropriadas no vestiário do grupo.

"Eles contavam piadas sujas o tempo todo; era uma diversão para eles", lembra ela.

Acabou saindo do emprego, em parte devido ao desconforto por estar no grupo.

"De certa forma, eles eram ao mesmo tempo gentis e machistas comigo", conta ela. "Definitivamente me sentia como um objeto e que não era levada a sério."

Os insultos de Brown não eram nada pessoal ou, pelo menos, é o que o grupo dizia. E ele não era o único que gostava de repreender ou zombar dos outros. Existia uma cultura feroz e implacável dentro do grupo, inspirada na personalidade ranzinza de Jelinek. Os pesquisadores davam ideias e os colegas faziam de tudo para destrinchá-las, dando socos pessoais pelo caminho. Lutavam até chegar a um consenso sobre o mérito da sugestão. Os irmãos gêmeos do grupo, Stephen e Vincent Della Pietra, cada um deles com graduação em Física por Princeton e doutorado em Física por Harvard, fizeram alguns dos ataques mais cruéis, correndo para o quadro branco para provar como os argumentos dos outros haviam sido tolos. Era um combate intelectual sem nenhuma restrição. Fora do laboratório de pesquisa, esse comportamento poderia ser considerado rude e ofensivo, mas muitos dos funcionários de Jelinek geralmente não o levavam para o lado pessoal.

"Acabávamos uns com os outros", lembra David Magerman, estagiário da equipe de fala da IBM. "E depois jogávamos tênis todos juntos."

Além do talento para apelidos cruéis e brilhantes, Brown se destacava por seus instintos comerciais incomuns, talvez resultado da influência de seu pai. Ele pedia à IBM que usasse os avanços da equipe para vender novos produtos aos clientes, como um serviço de avaliação de crédito, e até tentou conseguir que a gerência permitisse que eles gerenciassem alguns bilhões de dólares em fundos de pensão da IBM com sua abordagem estatística, mas não conseguiu obter muito apoio.

"Que tipo de experiência em investimentos você tem?", foi a pergunta que um colega lembra-se de ter escutado de um executivo da IBM.

"Nenhuma", respondeu.

A certa altura, Brown soube de uma equipe de cientistas da computação, liderada por um ex-colega de Carnegie Mellon, que estava programando um computador para jogar xadrez. Decidiu convencer a IBM a contratar a equipe. Durante um dia de inverno, enquanto estava no banheiro masculino da IBM, começou a conversar com Abe Peled, um executivo sênior de pesquisa da IBM, sobre o valor exorbitante dos comerciais de televisão do Super Bowl, a final do campeonato de futebol americano. Ele disse que tinha uma maneira de obter a exposição da empresa a um custo muito menor — contratando a equipe de Carnegie Mellon e colhendo os resultados da publicidade quando a máquina dessa equipe vencesse um campeão mundial de xadrez. Os membros da equipe também podem auxiliar na pesquisa da IBM, argumentou ele.

O pessoal da IBM amou a ideia e contratou a equipe, que trouxe seu programa Deep Thought para a empresa. À medida que a máquina vencia as partidas e atraía a atenção, surgiram queixas. O problema é que o nome da máquina de xadrez fazia as pessoas pensarem em outra coisa — no famoso filme pornográfico de 1972, *Garganta Profunda,* ou *Deep Throat* em inglês, filme esse que estava na vanguarda do que é conhecido como a Era Dourada da Pornografia (detalhes em meu próximo livro). A IBM soube que enfrentava um problema de verdade no dia em que a esposa de um membro da equipe de xadrez, que lecionava em uma faculdade católica, conversou com a presidente da faculdade, uma freira idosa, e a irmã continuava se referindo ao incrível programa "Deep Throat" da IBM.

A empresa, então, lançou um concurso para renomear a máquina de xadrez, escolhendo a própria sugestão de Brown, Deep Blue, uma alusão ao apelido de longa data da IBM, Big Blue. Alguns anos depois, em 1997, milhões de pessoas assistiram na televisão à Deep Blue derrotando Garry Kasparov, o campeão mundial de xadrez, um sinal de que a era da computação havia realmente chegado.[6]

Brown, Mercer e o resto da equipe alcançaram progressos habilitando computadores para transcrever a fala. Mais tarde, Brown percebeu que modelos matemáticos probabilísticos também poderiam ser empregados na tradução. Usando dados que incluíam milhares de páginas de processos parlamentares canadenses, apresentando passagens pareadas em francês e inglês, a equipe da IBM avançou na tradução de textos entre os idiomas. Seus avanços lançaram parcialmente as bases para uma revolução na linguística computacional e no processamento de fala, desempenhando um papel nos futuros avanços do reconhecimento de fala, como Alexa da Amazon, Siri da Apple, Google Translate, sintetizadores de conversão de texto em fala e muito mais.

Apesar desse progresso, os pesquisadores estavam frustrados com a falta de um plano claro por parte da IBM para permitir que o grupo comercializasse seus avanços. Semanas depois de jogar a carta de Patterson no lixo, Brown e Mercer foram forçados a rever a direção de suas vidas.

Em um dia de final de inverno no sudeste da Pensilvânia, em 1993, a mãe de Mercer foi morta e sua irmã ferida quando outro motorista derrapou no gelo e bateu no carro dela. Naquela Páscoa, vinte dias depois, o pai de Mercer faleceu de uma doença progressiva. Alguns meses depois, quando Patterson ligou para perguntar por que não havia recebido uma resposta a sua carta anterior, Mercer começou a considerar uma jogada. Sua terceira filha havia começado a faculdade e sua família morava em uma casa modesta de dois andares, perto de desagradáveis fios de energia elétrica. Comer em sacos de papel começou a perder seu charme.

"Venha aqui para conversar comigo", disse Patterson. "O que você tem a perder?"

Mercer disse a um colega que estava cético de que os fundos de hedge acrescentassem algo à sociedade. Outro funcionário da IBM disse que qualquer esforço para lucrar com os trades seria "impossível", porque os mercados são muito eficientes. Mas ele voltou da visita impressionado. Os escritórios da Renaissance, em uma incubadora de alta tecnologia no campus de Stony Brook, eram bastante sem graça. Mas haviam sido projetados originalmente como um laboratório de química, com pequenas janelas no alto das paredes, uma disposição que sugeria ciência, e não finanças, era o foco da empresa de Simons, algo que o agradava.

Quanto a Brown, ele ouvira falar de Simons, mas suas realizações pouco significavam para ele. Afinal, Simons era um geômetra, de uma área muito diferente. Mas, quando descobriu que seu parceiro original era Lenny Baum, um dos inventores do algoritmo de Baum-Welch, com o qual a equipe de fala da IBM contava, ficou mais entusiasmado. Até então, sua esposa, Margaret, havia dado à luz a primeira filha, e ele enfrentava suas próprias dificuldades financeiras.

"Olhei para nossa filha recém-nascida e pensei em Bob lutando para pagar as contas da faculdade, e comecei a pensar que poderia fazer algum sentido trabalhar na área de investimento por alguns anos", disse Brown posteriormente a um grupo de cientistas.

Simons ofereceu dobrar o salário dos dois e eles acabaram aceitando em 1993 — exatamente quando a tensão estava aumentando sobre a incapacidade contínua de a empresa dominar o trade de ações. Alguns pesquisadores e outros pediram que Simons encerrasse o trabalho. Frey e sua equipe tinham passado tempo suficiente e ainda não tinham muito a mostrar por si mesmos, disseram esses críticos.

"Estamos perdendo nosso tempo", dirigiu-se um deles a Frey um dia no refeitório da Renaissance. "Nós realmente precisamos fazer isso?"

"Estamos progredindo", insistiu Frey.

Alguns profissionais da equipe de futuros disseram que Frey deveria desistir de sua pesquisa de ações e trabalhar em projetos com eles. De maneira pública e privada, Simons saiu em defesa de Frey, dizendo ter certeza de que a equipe descobriria maneiras de obter grandes lucros com o trade de ações, assim como Laufer, Patterson e outros tiveram em seus prósperos negócios paralelos de operações de futuros.

"Vamos esperar mais um pouco", disse ele a um cético.

Outras vezes, tentava reforçar a confiança de Frey.

"É um bom trabalho", afirmou a Frey. "Não desista nunca."

Brown e Mercer assistiram às dificuldades da equipe de ações com um interesse particular. Logo após chegarem da IBM, foram separados. Mercer foi enviado para trabalhar no grupo de futuros, enquanto Brown ajudava Frey com as escolhas de ações. Simons esperava integrá-los melhor à empresa, como as crianças são separadas em uma sala de aula por medo de não interagirem com as outras. No tempo livre, Brown e Mercer se encontravam, procurando maneiras de resolver o dilema de Simons. Eles pensavam que poderiam ter uma solução. Entretanto, para uma verdadeira inovação acontecer, precisariam da ajuda de outro funcionário incomum da IBM.

CAPÍTULO DEZ

David Magerman fechou a porta de seu apartamento em Boston bem antes do amanhecer em uma manhã fria do outono norte-americano de 1994. Entrou em um Toyota Corolla prata, ajustou as janelas manuais do carro e seguiu para o sul. O jovem de 26 anos de idade dirigiu mais de 3 horas na rodovia interestadual 95 antes de pegar uma balsa até a ponta de Long Island, para ir a uma entrevista de emprego no escritório da Renaissance Technologies em Stony Brook antes das dez da manhã.

Parecia a pessoa certa para aquele cargo. Jim Simons, Henry Laufer, Nick Patterson e outros funcionários eram matemáticos e teóricos aclamados, mas a Renaissance estava começando a desenvolver modelos de trades por computador mais complexos e poucos funcionários sabiam programar muito bem. Essa era a especialidade dele. Ele concluíra um período produtivo na IBM, conhecendo Peter Brown e Bob Mercer, e foi Brown quem o convidou para aquela visita matinal, dando a ele motivos para esperar que as coisas dariam certo.

Mas não deram. Magerman chegou exausto da viagem naquela manhã, lamentando sua decisão de não ter pego um voo de Boston, só para economizar dinheiro. Quase imediatamente, os funcionários da Renaissance caíram em cima dele, trazendo uma sequência de perguntas complexas e tarefas para testar sua competência em matemática e outras áreas. Simons foi discreto naquela breve sessão, mas um de seus pesquisadores o interrogou sobre um artigo acadêmico desconhecido, fazendo-o resolver um problema vexatório em um quadro branco alto. Não parecia justo; o artigo era a tese de doutorado ignorada do próprio funcionário, e ele esperava que Magerman demonstrasse de alguma forma um domínio do tópico.

Magerman levou os desafios para o lado pessoal, sem saber por que teria de se provar, e, para compensar o excesso de nervosismo, agia de maneira ainda mais arrogante do que era. Ao final do dia, a equipe de Simons decidiu que ele era imaturo demais para o trabalho. Sua aparência ajudava a parecer mais novo. De cabelo loiro escuro e robusto, rosto de bebê e bochechas rosadas, parecia muito mais um garoto crescido.

Brown o defendeu, atestando suas habilidades de programação, enquanto Mercer também dava seu apoio. Ambos viram o código de computador do Medallion crescer em tamanho e complexidade e concluíram que o fundo de hedge precisava desesperadamente de um poder a mais.

"Tem certeza sobre ele?", alguém perguntou a Brown. "Tem certeza de que ele é bom?"

"Confie em nós", assegurou ele.

Mais tarde, quando Magerman manifestou seu interesse pelo trabalho, Brown brincou com ele, fingindo que a Renaissance havia perdido o interesse agora, uma brincadeira que o deixou ansioso por dias. Por fim, Brown fez uma oferta formal. Ele entrou para a empresa no verão norte-americano de 1995, determinado a fazer todo o possível para conquistar quem dele duvidava. Até então, passara a maior parte de sua vida tentando agradar autoridades, geralmente com resultados conflitantes.

Ao crescer, teve um relacionamento tenso com seu pai, Melvin, um taxista do Brooklyn atormentado por uma terrível sorte. Incapaz de pagar pela licença de táxi em Nova York, mudou-se com a família para Kendall, Flórida, 24km a sudoeste de Miami, ignorando os protestos acalorados de David. (Na véspera de sua partida, o menino de 8 anos fugiu de casa em um acesso de raiva, chegando até a casa de um vizinho do outro lado da rua, onde passou a tarde até seus pais irem buscá-lo.)

Durante muitos anos, Melvin dirigiu seu táxi, colocando todo o dinheiro em latas de café da Maxwell House escondidas pela casa enquanto ele e seu cunhado, com a ajuda de um rico patrocinador, elaboravam um plano para comprar uma empresa de táxi local. Na véspera do negócio, o patrocinador sofreu um ataque cardíaco fatal, acabando com seus grandes planos. Atormentado pela depressão ao longo de sua vida, seu humor tornou-se ainda mais sombrio e não conseguia dirigir um táxi. Melvin passou a receber aluguel no parque de trailers de seu cunhado enquanto sua saúde mental se deteriorava ainda mais. Ficou distante de David e sua irmã, os quais mantinham um relacionamento próximo com a mãe, Sheila, gerente de escritório de uma empresa de contabilidade.

A família Magerman morava em um bairro de classe média baixa, povoado por uma mistura de famílias jovens, criminosos e pessoas esquisitas — incluindo traficantes do outro lado da rua que entretinham visitantes a qualquer hora do dia e um viciado em armas que gostava de atirar em pássaros, que acabavam caindo com certa regularidade no quintal da família.

Durante a maior parte de sua juventude, David contornou sérios problemas. Para ter dinheiro, vendia flores no acostamento de uma estrada e doces na escola. Comprava barras de chocolate e outras mercadorias com o pai em uma farmácia local e, carregando em uma bolsa de lona, vendia-as para os colegas a preços ligeiramente mais altos. Os negócios não sancionados prosperavam até que o moço dos doces concorrente da escola, um garoto russo musculoso, foi pego e dedurou David como o líder de suas operações. O diretor da escola, que já havia rotulado David como causador de problemas, suspendeu-o. Enquanto cumpria a pena na biblioteca com outros meliantes, como no *Clube dos Cinco*, uma atraente colega de classe pediu a David para se juntar a ela em uma operação de entrega de cocaína em Miami (não ficou claro se ela percebeu que David havia sido preso por distribuir barras de chocolate, experiência que não ajudaria muito na venda de cocaína). David recusou educadamente, observando que ele tinha apenas uma bicicleta para transporte.

Colocou a maior parte de seu foco em seus estudos, apreciando os elogios inequívocos que recebia de professores, pais e outras pessoas, especialmente depois de ganhar troféus em competições acadêmicas. Participou de um programa local para alunos talentosos, aprendeu a programar computadores em uma faculdade comunitária e ganhou uma bolsa de estudos após a sétima série para frequentar uma escola particular do ensino médio a 45 minutos de ônibus. Lá, aprendeu latim e pulou dois anos de matemática.

Fora da sala de aula, David sentia-se excluído. Estava inseguro com a posição econômica de sua família, especialmente em comparação com a de seus novos colegas de escola, e prometeu desfrutar de sua própria riqueza um dia. Acabava passando grande parte do dia no laboratório de informática da escola.

"É lá que nós, nerds, escondemo-nos dos jogadores de futebol", explica ele.

Em casa, Melvin, um gênio da matemática que nunca teve a oportunidade de empregar seus talentos plenamente, descontava suas frustrações no filho. Depois que Melvin criticou David por estar acima do peso, o jovem tornou-se um corredor de longa distância, passando fome durante um verão até mostrar sinais de anorexia, esperando receber algum tipo de elogio de seu pai. Mais tarde, David começou a participar de corridas de longa distância, imitando seu treinador de atletismo, embora seu corpo geralmente desabasse no vigésimo quilômetro das sessões de treinamento.

"Era facilmente motivado pelos treinadores", lembra ele.

Continuou a buscar a aprovação de quem tinha posição de poder, assim como novas figuras paternas, mesmo quando desenvolveu uma necessidade misteriosa de brigar, até quando não era preciso.

"Eu precisava corrigir os erros e lutar pela justiça, mesmo que estivesse fazendo tempestade em copo d'água", reconhece. "Claramente eu tinha um complexo de messias."

Certo ano no ensino médio, quando soube que um encontro de corrida estava agendado para a segunda noite da Páscoa judaica, convocou os rabinos locais para que o encontro fosse cancelado por sua causa. Seus colegas de equipe decepcionados não entenderam por que ele se importava tanto; nem ele sabia direito.

"Eu era um corredor medíocre e nem era religioso. Acho que nem tivemos um segundo *sêder*", lembra ele. "Foi uma coisa muito idiota de se fazer."

Durante o último ano, ele e alguns amigos anunciaram que estavam saindo para passar o segundo semestre estudando em uma escola em Israel, em parte porque o diretor da escola o havia advertido contra a ideia. Magerman parecia estar procurando uma estrutura em sua vida. Em Jerusalém, o jovem começou a memorizar livros religiosos, estudar história e adotar práticas religiosas, recebendo os elogios de professores e do diretor da escola.

Antes de partir para Israel, deixou suas redações e inscrições da faculdade com sua mãe na Flórida, para que pudesse enviá-las para várias instituições. Naquela primavera norte-americana, foi aceito pela Universidade da Pensilvânia, mas foi rejeitado por todas as outras faculdades da Ivy League, ficando surpreso e decepcionado. Anos depois, enquanto organizava a casa de sua mãe, encontrou uma cópia de sua inscrição na Universidade de Harvard. Descobriu que ela havia reescrito suas redações, como havia feito para quase todas as outras faculdades, removendo todas as referências a Israel e ao judaísmo, preocupada que o antissemitismo pudesse fazer com que as faculdades não o aceitassem. Seja qual tenha sido o motivo, ela achava que a Universidade da Pensilvânia era uma universidade judaica, portanto não mexeu naquela inscrição.

Magerman ia muito bem na universidade, em parte porque adotara uma nova causa — provar que as outras faculdades haviam cometido um erro em recusá-lo. Ele se destacou em seus cursos de ciências da computação e matemática. Escolhido para ser assistente de ensino em um curso de linguística computacional, absorvia a atenção e o respeito consequentes de seus colegas, especialmente das alunas. Sua tese do último ano também ganhou reconhecimento. Magerman, um adorável, talvez inseguro, ursinho de pelúcia de criança, finalmente estava fazendo o que amava.

Na Universidade de Stanford, sua tese de doutorado abordava o exato assunto que Brown, Mercer e outros pesquisadores da IBM estavam enfrentando: como os computadores podiam analisar e traduzir o idioma usando estatística e probabilidade. Em 1992, a IBM ofereceu um estágio a Magerman. Até então, ele havia adotado um exterior um pouco mais rígido e prosperou na cultura durona do grupo. Acabou recebendo um cargo de tempo integral na IBM, embora visse menos sucesso em outras áreas de sua vida. Depois de avistar uma jovem chamada Jennifer em seu grupo, flertou com ela, mas foi rejeitado quase imediatamente.

"Ela não queria nada comigo", concluiu ele.

Provavelmente foi o melhor que poderia ter acontecido — Jennifer, mais conhecida como Jenji, era a filha mais velha de Bob Mercer.

Quando entrou para a Renaissance em 1995, a empresa de Simons não parecia estar perto de se tornar uma potência dos investimentos. Sua sede havia sido construída para abrigar uma startup de ponta, mas o espaço sombrio, perto de um hospital, parecia mais apropriado para uma seguradora em decadência. Os 30 funcionários de Simons ficavam em cubículos pardos e em escritórios desinteressantes. As paredes eram brancas, descascadas e feias, e os móveis pareciam restos de outros aluguéis. Nos dias quentes, Simons andava de bermuda e sandálias abertas, passando a sensação de que o fundo de hedge não estava pronto para o horário nobre.

No entanto, havia algo vagamente intimidador no local, pelo menos para Magerman. Como, por exemplo, a estatura de seus novos colegas — de maneira figurada e física. Quase todo mundo tinha mais de 1,80m de altura, parecendo torres altas ao lado dele, que tinha apenas 1,65m, trazendo novas inseguranças ao rapaz solteiro. Ele também não tinha nenhum amigo ou parente na área. Ficou emocionado quando a esposa de Mercer, Diana, convidou-o para ir ao cinema com a família, fechando a noite com uma sobremesa no restaurante Friendly's. Muito agradecido, juntou-se aos Mercers nas noites seguintes, facilitando sua transição.

Não demorou muito para perceber que a Renaissance tinha um sério problema. O sistema de trades de ações de Frey provou ser um fracasso, perdendo quase 5% do dinheiro da empresa em 1994. Havia uma certa habilidade no modelo de Frey — suas operações de arbitragem estatística pareciam ótimas na teoria e *deveriam* ter ganhado muito dinheiro. Mas nunca o fizeram, pelo menos não tanto quanto as simulações do modelo sugeriram. Era como detectar sinais óbvios de ouro enterrados nas profundezas de uma montanha sem ter uma maneira confiável de tirá-lo de lá.

Nas reuniões, Simons às vezes balançava a cabeça, parecendo estar decepcionado com o sistema, que chamavam de "Nova", levando o nome da empresa de Frey, que havia sido incluída na Renaissance.

"Esse modelo está se arrastando", comentou Simons um dia.

Mercer, que continuou trabalhando com Brown, aprimorando sua própria versão de um modelo de trades de ações, diagnosticou o principal problema. Com uma expressão de satisfação em seu rosto, percorreu os corredores citando um provérbio: "Entre a boca e a mão, vai um bocado ao chão."

Usando essas poucas palavras, estava reconhecendo que o sistema de trades de Frey produzia ideias brilhantes. Mas algo estava dando errado quando tentava implementá-las, impedindo o sistema de ganhar muito mais dinheiro. Por fim, Simons e Frey decidiram que era melhor para Frey mudar para outro projeto da empresa.

"Eu não era a melhor pessoa para deixar tudo em ordem", reconhece ele.

Na mesma época, Mercer recebeu a aprovação de Simons para trazer Brown para a área de pesquisa de ações. Era a última chance para Simons criar algo especial e fazer sua empresa crescer.

"Pessoal, vamos ganhar dinheiro", disse ele em uma reunião semanal, parecendo estar perdendo a paciência.

A união de Brown e Mercer representava um novo capítulo de uma parceria incomum entre dois cientistas com personalidades distintas que trabalhavam notavelmente bem juntos. Brown era franco, argumentativo, persistente, barulhento e cheio de energia. Mercer guardava suas palavras e raramente traía suas emoções, como se estivesse jogando pôquer sem ter hora para acabar. No entanto, a dupla funcionava, como yin e yang.

Anos antes, quando Brown estava concluindo sua tese de doutorado, esclareceu sobre como podia contar com seu colega enigmático.

"Vez após outra, eu tinha alguma ideia e depois percebia que não passava de alguma coisa que Bob já havia me pedido para tentar meses atrás", escreveu Brown em sua introdução. "Era como se, passo a passo, eu estivesse desvendando um plano mestre."

Em conferências do setor durante seu cargo na IBM, Brown e Mercer às vezes sentavam-se juntos, a fileiras de distância do palco, consumidos por suas intensas partidas de xadrez, ignorando as palestras em andamento até a hora de sua própria apresentação. Desenvolveram um certo estilo de trabalho — Brown escrevia rapidamente os rascunhos de suas pesquisas e os passava para Mercer, um escritor muito melhor, que começava a reescrever lenta e deliberadamente.

Brown e Mercer se entregaram à nova tarefa de reformular o modelo de Frey. Trabalhavam até tarde da noite e até iam para casa juntos; durante a semana, compartilhavam um espaço no sótão da casa de uma idosa da região, retornando para suas famílias nos fins de semana. Com o passar do tempo, Brown e Mercer descobriram métodos para melhorar o sistema de trades de ações de Simons. A questão era que o modelo de Frey dava sugestões impraticáveis ou até impossíveis. Por exemplo, o fundo Nova enfrentava limites impostos pela corretora à quantidade de *alavancagem* — ou dinheiro emprestado — que pudesse usar. Assim, quando a alavancagem do Nova ultrapassasse um certo limite, Frey e os funcionários reduziam manualmente o portfólio para permanecer dentro dos limites necessários, substituindo as recomendações do modelo.

Outras vezes, o modelo de Frey selecionava os trades que pareciam atrativos, mas que, na verdade, não podiam ser concluídos. Por exemplo, dizia ao Nova para vender certas ações a descoberto, ou apostar contra, mas que não estavam realmente disponíveis para venda, então Frey tinha de ignorar as recomendações.

A inconclusão dos trades desejados resultava em mais do que apenas um desempenho ruim. O sistema de *factor trading* gerava uma série de operações complicadas e interligadas, cada uma necessária para obter lucros e, ao mesmo tempo, manter o risco em níveis razoáveis. Por outro lado, as operações de futuros eram simples; se uma não acontecia, havia poucas consequências. Com o sistema de trades de ações de Frey, não conseguir realizar apenas algumas movimentações ameaçava tornar todo o portfólio mais sensível às mudanças do mercado, comprometendo seu estado geral. E os trades perdidos, às vezes, transformavam-se em problemas sistêmicos maiores que comprometiam a precisão do modelo inteiro. Errar, mesmo que de leve, causava grandes problemas que Frey e sua equipe, usando a tecnologia da década de 1990 e suas próprias habilidades abaixo da média em engenharia de software, não conseguiam resolver.

"Era como encontrar uma solução comum para centenas de equações simultaneamente", afirmou Frey.

Brown e Mercer adotaram uma abordagem diferente. Decidiram programar as limitações e qualificações necessárias em um único sistema de trades que poderia lidar automaticamente com todas as possíveis complicações. Como os dois eram cientistas da computação, e haviam passado anos desenvolvendo projetos de software em grande escala na IBM e em outros lugares, tinham o talento com códigos para criar um sistema único automatizado de trades de ações. Por outro lado, a codificação do sistema anterior de Frey havia sido feita aos poucos, dificultando a unificação de todo o portfólio de uma maneira que permitisse atender a todos os requisitos dos trades.

"As pessoas na Renaissance... realmente não sabiam como criar grandes sistemas", explicou Mercer posteriormente.[1]

Brown e Mercer tratavam esse desafio como um problema de matemática, assim como fizeram com o reconhecimento de linguagem na IBM. Suas contribuições foram os custos de operação do fundo, suas diversas alavancagens e os parâmetros de risco, e organizaram várias outras limitações e requisitos. Diante de todos esses fatores, criaram o sistema para resolver e construir um portfólio perfeito, tomando decisões ideais, o dia todo, para obter os melhores retornos possíveis.

A beleza da abordagem era que, ao combinar todos os sinais de trades e requisitos do portfólio em um único modelo monolítico, a Renaissance poderia facilmente testar e adicionar novos sinais, instantaneamente sabendo se os ganhos de uma possível nova estratégia provavelmente cobririam seus custos. Também tornaram o sistema *adaptativo,* ou seja, capaz de aprender e se ajustar por conta própria, muito parecido com o sistema de trades para futuros de Henry Laufer. Se as operações recomendadas pelo modelo não fossem executadas, por qualquer que fosse o motivo, ele se autocorrigiria, buscando automaticamente pedidos de compra ou venda para empurrar o portfólio de volta para onde precisava estar, uma maneira de resolver o problema que havia prejudicado o modelo de Frey. O sistema se repetia várias vezes por hora, conduzindo um processo de otimização que pesava milhares de trades em potencial antes de emitir instruções eletrônicas de operação. Os concorrentes não tinham modelos de autoaperfeiçoamento; agora, a Renaissance tinha uma arma secreta, fundamental para o sucesso do fundo no futuro.

Posteriormente, Brown e Mercer desenvolveram um elaborado sistema de trades de ações com meio milhão de linhas de código, em comparação com dezenas de milhares de linhas no antigo sistema de Frey. O novo sistema incorporava todas as restrições e requisitos necessários; sob muitos aspectos, era exatamente o tipo de sistema automatizado de trades com que Simons havia sonhado anos antes. Como as operações de ações do fundo Nova agora eram menos sensíveis às flutuações do mercado, ele começou a segurar as ações um pouco mais, aproximadamente por dois dias, em média.

Decisivamente, os dois mantiveram o modelo de previsão que Frey havia desenvolvido baseado em sua experiência na Morgan Stanley. O modelo continuou a identificar trades vencedores suficientes para ganhar muito dinheiro, geralmente apostando em reversões depois que as ações não tivessem mais uso. Ao longo dos anos, a Renaissance adicionou toques especiais a essa estratégia de base, mas, por mais de uma década, esses foram apenas complementos de *segunda ordem* aos principais sinais preditivos de reversão à média da empresa.

Um funcionário fez um resumo sucinto: "Ganhamos dinheiro com as reações que as pessoas têm às movimentações de preços."

O novo e aprimorado sistema de trades de Brown e Mercer foi implementado em 1995, um alívio bem-vindo para Simons e outros. Logo, Simons tornou Brown e Mercer sócios da Renaissance, e eles foram elevados a gerentes, recebendo *pontos,* ou uma porcentagem dos lucros da empresa, como outros membros de nível sênior da equipe.

No final das contas, Simons agiu rápido demais. Logo ficou claro que o novo sistema de trades de ações não aguentaria lidar com muito dinheiro, comprometendo o objetivo original de Simons de investir em ações. A Renaissance colocou insignificantes US$35 milhões em ações; quando mais dinheiro foi usado nos trades, os ganhos se dissiparam, assim como ocorrera com o sistema de Frey alguns anos antes. E, ainda pior, Brown e Mercer não conseguiam entender por que o sistema estava se deparando com tantos problemas.

À procura de ajuda, começaram a reformular sua equipe da IBM, recrutando novos talentos, incluindo os gêmeos Della Pietra e depois Magerman, que esperava ser a pessoa destinada a salvar o sistema.

=

Assim que entrou para a Renaissance, Magerman se concentrava em resolver problemas e ser valorizado por seus novos colegas. Em dado momento, convenceu os funcionários de que precisavam aprender C++, uma linguagem de computador de uso geral que ele insistia ser muito melhor do que C e outras linguagens usadas pelo fundo de hedge.

"C é *tão* anos 1980", comentou ele com um colega.

Era verdade que o C++ era uma linguagem melhor, embora a mudança não fosse tão necessária quanto sugeria, principalmente naquele momento. Especialista em C++, Magerman tinha um motivo oculto — queria se tornar indispensável para seus colegas de escritório. Seu estratagema funcionou. A empresa se converteu à C++ e, em pouco tempo, os matemáticos e outros estavam implorando ajuda a ele, dia e noite.

"Virei o bichinho de estimação deles", lembra.

Passava todo o seu tempo livre aprendendo as táticas de trades de ações da empresa, devorando cada pedacinho de informação. Brown, que tinha uma capacidade natural de entender as necessidades dos subordinados, ficou impressionado, sentindo que poderia motivar Magerman a trabalhar ainda mais se o elogiasse mais.

"Cheguei a achar que você levaria mais tempo para desenvolver um conhecimento tão profundo do sistema de trades de ações", disse a ele um dia, enquanto Magerman sorria de volta todo orgulhoso.

Ele sabia que Brown o estava manipulando, mas se esbaldava com os elogios, ansioso por encontrar outras maneiras de ajudar. De volta à IBM, ele havia desenvolvido um *script*, ou uma pequena lista de instruções, para monitorar a memória e os recursos dos computadores da empresa, para que ele e outros pudessem confiscar as máquinas poderosas e subutilizadas dos principais líderes da empresa para participar de competições externas de codificação e de outras atividades não autorizadas. Magerman, que havia encontrado uma maneira engenhosa de apagar vestígios de suas atividades, chamou seu programa de Joshua, em homenagem ao computador presenteado com inteligência artificial do filme de hacker, de 1983, *Jogos de Guerra*.

Acabou sendo pego por um executivo furioso da IBM que disse que sua máquina tinha sido comprada sob um contrato secreto do governo e que poderia conter conteúdos confidenciais. Ameaçou denunciá-lo por cometer um crime federal.

"Como eu poderia saber?", respondeu ele, referindo-se ao relacionamento secreto da empresa com o governo.

Suas atividades como hacker continuavam, é claro, mas ele e seus colegas evitavam o computador do executivo irritado e acessavam as máquinas de outros quando precisavam de poder computacional extra.

Na Renaissance, reescreveu a mesma ferramenta de monitoramento. É verdade que não havia nenhum computador subutilizado no fundo de hedge, como havia na IBM, mas ele achava que seu programa poderia ser útil, pelo menos mais para frente. Na maioria das vezes, ele simplesmente não conseguia se conter.

"Eu queria ser a pessoa mais indispensável da empresa", explica ele.

Magerman enganou o administrador de sistemas da Renaissance e criou um acesso ilegal para lançar seu sistema de monitoramento. Então, recostou-se na cadeira, todo orgulhoso, esperando os elogios chegarem. Sua felicidade foi bem passageira. De repente, ouviu gritos de colegas em choque. Enquanto ele olhava para a tela do computador, ficou boquiaberto — seu programa de monitoramento não autorizado havia desencadeado um vírus de computador que estava infectando todos os computadores da Renaissance, bem no meio do dia das operações, comprometendo todo tipo de pesquisa. À medida que os funcionários corriam para lidar com essa crise, Magerman, envergonhado, admitia que era o culpado pelo caos.

Os funcionários ficaram furiosos — a equipe de ações não estava ganhando dinheiro e, agora, o grupo idiota estava destruindo a rede!

Brown, vermelho de raiva, correu em direção a Magerman e o confrontou.

"Aqui não é a IBM!", gritou ele. "Estamos fazendo trades com dinheiro de verdade aqui! Se você for ficar atrapalhando com suas jogadas imbecis, vai estragar as coisas para nós!"

Semanas depois de ter entrado na empresa, Magerman passou a ser rejeitado de repente. Ele se preocupava com seu trabalho e se perguntava se tinha futuro na Renaissance.

"Foi uma grande mancada, socialmente", admitiu ele.

A gafe não poderia ter acontecido em um momento pior. O novo sistema de trades enfrentava uma série de perdas dolorosas e inexplicáveis. Havia algo errado e ninguém conseguia descobrir o que era. Os membros da equipe de futuros, que continuavam acumulando lucros, sussurravam que os problemas surgiram com as novas contratações, que eram "apenas a turminha dos computadores". Mesmo na Renaissance, isso era considerado um insulto.

Em público, Simons professava confiança, incentivando sua equipe a não desistir.

"Temos de continuar tentando", concluiu ele em uma reunião do grupo no verão norte-americano de 1995, ainda demonstrando ser uma presença intimidadora, apesar de seus shorts e sandálias.

Entretanto, privadamente, Simons se perguntava se estava desperdiçando seu tempo. Talvez a equipe nunca obtivesse sucesso com ações, e a Renaissance estava destinada a continuar sendo uma empresa de operação de futuros relativamente pequena. Essa era uma conclusão a que Laufer, Patterson e outros do grupo de futuros já haviam chegado.

"Achávamos que duraria apenas mais alguns anos", refletiu Patterson. "Se eu estivesse no controle, teria muito bem encerrado tudo."

Simons continuava sendo um otimista persistente. Mas até ele decidiu que bastava. Deu um ultimato a Brown e Mercer: faça esse sistema funcionar nos próximos seis meses ou está tudo encerrado. Brown passou noites acordado procurando uma solução, dormindo em uma cama retrátil embutida em seu escritório. Mercer não trabalhava tantas horas, mas eram igualmente intensas. Ainda não conseguiam encontrar o problema. O sistema de trades obtinha ganhos consideráveis quando administrava pequenas quantias de dinheiro, mas, quando Simons o alimentava e os trades aumentavam, os lucros evaporavam. As simulações de Brown e Mercer continuavam dizendo que eles deveriam ganhar dinheiro com quantias mais altas, mas as movimentações reais do sistema eram perdedoras, não muito diferente das operações de Frey anos antes.

Mercer parecia calmo e imperturbável, mas os nervos de Brown estavam à flor da pele, enquanto os outros ficavam ansiosos a seu redor.

"Cada série de perdas de dois ou três dias parecia o começo do fim", comentou um membro da equipe.

Magerman observava as frustrações crescentes e estava ansioso para ajudar naquele trabalho. Se pudesse salvar a pátria, talvez conquistasse seus chefes de novo, apesar de seu erro anterior e caro. Ele sabia bem, naquele momento, que não podia oferecer ajuda ainda. Por conta própria, porém, debruçou-se sobre o código, dia e noite. Na época, morava em um apartamento absolutamente bagunçado — o fogão não funcionava e, geralmente, não havia quase nada na geladeira —, então passou a morar, de fato, no escritório, procurando uma forma de ajudar.

No início de uma noite, com os olhos embaçados de tanto olhar para a tela do computador por horas a fio, percebeu algo estranho: uma linha de código de simulação usada para o novo sistema de trades mostrava o índice Standard & Poor's 500 a um nível excepcionalmente baixo. Esse código de teste parecia usar um número de 1991 que era aproximadamente metade do número atual. Mercer o havia escrito como um número estático, e não como uma variável que se atualizava a cada movimentação do mercado.

Quando conseguiu corrigir o erro e atualizar o número, surgiu um segundo problema — um erro algébrico — em outra parte do código. Ele passou a maior parte da noite nesse erro, mas achava que o havia resolvido também. Agora, os algoritmos do simulador poderiam finalmente recomendar um portfólio ideal para o sistema Nova executar, incluindo quanto dinheiro emprestado deveria ser empregado para expandir suas participações acionárias. O portfólio resultante parecia gerar grandes lucros, pelo menos de acordo com os cálculos de Magerman.

Tomado pela emoção, foi correndo contar para Brown o que havia descoberto. Brown lançou um olhar de profundo ceticismo a seu colega, mas concordou em ouvi-lo. Depois de ouvir, ainda demonstrava pouco entusiasmo. Afinal, Mercer havia codificado o sistema. Todos sabiam que Mercer raramente cometia erros, principalmente de matemática. Cabisbaixo, Magerman se afastou. Sua confusão inicial o fez ser taxado de estorvo, e não um possível salvador da pátria.

Sem muito a perder, mostrou seu trabalho para Mercer, que também concordou em dar uma olhada. Sentado a sua mesa, curvado sobre o computador, examinou pacientemente o código antigo, linha por linha, comparando-o ao novo código. Lentamente, um sorriso se abriu em seu rosto. Pegou um papel e um lápis de sua mesa e começou a escrever uma fórmula. Ele estava verificando o trabalho de Magerman. Após cerca de 15 minutos rabiscando, largou o lápis e olhou para cima.

"Você está certo", concordou com ele.

Mais tarde, convenceu Brown de que Magerman tinha descoberto alguma coisa. Mas, quando Brown e Mercer contaram aos outros funcionários sobre o problema que havia sido descoberto, bem como sobre a solução, foram recebidos com incredulidades e até risadas. Um programador júnior resolveu o problema? O mesmo cara que havia acabado com o sistema algumas semanas depois de ser contratado?

Ambos ignoraram as dúvidas e reiniciaram o sistema, com o apoio de Simons, incorporando as melhorias e correções. Os resultados se mostraram em ganhos instantâneos, desafiando os céticos. A longa série de derrotas acabara. Magerman finalmente recebeu o reconhecimento que almejava, levando até um tapinha afetuoso de Brown nas costas.

"Isso é ótimo", berrou Simons em uma reunião semanal. "Vamos continuar com isso."

Uma nova era para Magerman e a empresa parecia estar a seu alcance.

CAPÍTULO ONZE

Jim Simons andava pelos corredores, todo nervoso.

Era verão norte-americano de 1997 e sentiu que poderia estar perto de algo especial. Seu fundo de hedge Medallion agora administrava mais de US$900 milhões, principalmente em contratos de futuros acompanhando commodities, moedas, títulos e índices de ações. O grupo de Henry Laufer, que operava todos esses investimentos, estava indo bem. Suas principais estratégias — incluindo a compra nos dias mais propícios da semana, bem como nos momentos ideais do dia — permaneciam vencedoras. A equipe de Simons também havia aperfeiçoado a habilidade de mapear as trajetórias de dois dias de vários investimentos.

Agora ele estava ficando convencido de que a equipe de dez pessoas de Peter Brown e Bob Mercer havia começado a melhorar com sua estratégia de arbitragem estatística, proporcionando a ele uma bela distração enquanto lidava com o sofrimento duradouro da morte do filho um ano antes. Embora os lucros com os trades de ações fossem de insignificantes milhões de dólares por mês, eram suficientes para estimular Simons a fazer a fusão do fundo Nova com o Medallion, criando um único fundo de hedge para negociar quase todos os investimentos.

Entretanto, Simons e sua equipe ainda não haviam decifrado o mercado. O Medallion ganhou 21% em 1997, um pouco abaixo dos resultados de 32% do ano anterior, do ganho de mais de 38%, em 1995, e do salto de 71%, em 1994. Seu sistema de trades ainda enfrentava sérios problemas. Um dia, um erro de inserção de dados levou o fundo a comprar cinco vezes mais contratos de futuros de trigo do que pretendia, elevando os preços. Ao adquirir o *Wall Street Journal* do dia seguinte, os funcionários encabulados leram que os analistas atribuíam o aumento de preços a temores de uma colheita de trigo fraca, e não ao erro da Renaissance.

Um pouco mais tarde, Patterson ajudou a lançar um novo modelo para o trade de opções de ações, mas gerou apenas lucros modestos, frustrando Simons.

"Nick, seu sistema de opções precisa de ajuda", afirmou ele em uma reunião. "Precisa ser melhor."

Simons apontava para os enormes e constantes ganhos que outro investidor estava tendo com opções de ações em sua empresa que ainda estava em fase de crescimento, a Bernard L. Madoff Investment Securities.

"Veja o que a Madoff está fazendo", alertou ele a Patterson.

As críticas irritaram Patterson, que o respondeu em um tom ácido: "Por que você não contrata Bernie, então?" (Alguns anos depois, Simons desconfiou dos resultados extraordinários da Madoff e sacou o dinheiro que investira no fundo dessa empresa. Em 2008, a Madoff reconheceu que havia executado o maior esquema Ponzi da história.)

Nervoso com a queda dos retornos, propôs uma nova ideia. Todo ano, dezenas de milhares de trabalhos de pesquisa revisados por pares eram publicados em áreas como economia, finanças e psicologia. Muitos se aprofundavam no funcionamento interno do mercado financeiro e demonstravam métodos para obter retornos exorbitantes, mas ainda são deixados de lado na história. Simons decidiu que toda semana, Brown, Mercer e outros executivos de nível sênior receberiam três artigos para ler, interpretar e apresentar — uma espécie de clube do livro para investidores quantitativos, apaixonados por dinheiro, em vez de sexo ou assassinato.

Depois de ler várias centenas de artigos, Simons e seus colegas desistiram. As táticas pareciam tentadoras, mas, quando os pesquisadores do Medallion testaram a eficácia das estratégias propostas pelos acadêmicos, as recomendações de trades geralmente não davam certo. Ler todos aqueles artigos decepcionantes reforçava um certo ceticismo dentro da empresa sobre a capacidade de prever as movimentações financeiras.

"Toda vez que ouvir os especialistas financeiros falando sobre como o mercado subiu por causa de tal coisa — lembre-se de que não faz o menor sentido", disse Brown mais tarde.

=

Enquanto liderava as reuniões semanais, conversava com os funcionários e se reunia com Laufer, Brown e Mercer em seus escritórios apertados na incubadora de tecnologia de Stony Brook, Simons enfatizava vários princípios de longa data, muitos dos quais havia desenvolvido no início de sua carreira decodificando no IDA e em seus anos trabalhando com talentosos matemáticos na Universidade de Stony Brook. Agora estava tendo a chance de aplicá-los na Renaissance.

Um dos princípios centrais: matemáticos e cientistas precisam interagir, discutir e compartilhar ideias para gerar resultados ideais. O preceito de Simons pode parecer óbvio, mas, de certa forma, era radical. Muitos dos funcionários mais inteligentes da Renaissance desfrutaram de conquistas e reconhecimento no início de suas carreiras, trabalhando em pesquisas individuais, em vez de se unirem a outras pessoas para trabalharem em equipe. De fato, investidores quantitativos talentosos podem estar entre os que menos ficam confortáveis em trabalhar com outras pessoas (uma piada clássica da área: os matemáticos extrovertidos são os que olham para os *seus* sapatos durante uma conversa, não para os deles).

As empresas de trades concorrentes costumavam lidar com o problema permitindo que pesquisadores e outros trabalhassem em silos, às vezes, até competindo entre si. Simons insistia em uma abordagem diferente — o Medallion teria um sistema único e monolítico de trades. Todos os funcionários teriam acesso total a cada linha do código-fonte subjacente a seus algoritmos que geravam dinheiro, tudo legível em texto não criptografado na rede interna da empresa. O código não teria partes acessíveis apenas aos principais executivos; qualquer um poderia fazer modificações experimentais para melhorar o sistema de trades. Simons esperava que seus pesquisadores trocassem ideias, em vez de abraçar projetos particulares. (Por um tempo, até as secretárias da empresa tinham acesso ao código-fonte, embora isso tenha se revelado difícil de controlar.)

Simons criou uma cultura de abertura incomum. Os funcionários entravam nos escritórios dos colegas oferecendo sugestões e iniciando parcerias. Quando se deparavam com frustrações, os cientistas tendiam a compartilhar seu trabalho e pedir ajuda, em vez de avançar para novos projetos, garantindo que as ideias promissoras não fossem "desperdiçadas", como dizia Simons. Os grupos se reuniam regularmente, discutindo detalhes íntimos de seu progresso e respondendo perguntas exploratórias de Simons. A maioria dos funcionários almoçava junto, pedindo comida em restaurantes locais e depois se espremendo em um pequeno refeitório. Uma vez por ano, Simons pagava para levar os funcionários e seus cônjuges para férias exóticas, fortalecendo a camaradagem.

A pressão dos colegas tornou-se uma ferramenta motivacional fundamental. Pesquisadores, programadores e outros passavam grande parte do tempo trabalhando nas apresentações. Faziam de tudo para impressionar uns aos outros — ou, pelo menos, não se envergonhar na frente dos colegas — estimulando-os a não se afastar dos problemas desafiadores e a desenvolver abordagens engenhosas.

"Se não tivesse progredido muito, sentiria a pressão", comentou Frey. "Era assim que sua autoestima era determinada."

Simons usava a remuneração para fazer os funcionários darem foco no sucesso geral da empresa. A cada seis meses, eles recebiam um bônus, mas apenas se o Medallion ultrapassasse um determinado nível de lucro. A empresa pagava parte do dinheiro ao longo de vários anos, ajudando a manter os talentos por perto. Não importava se os funcionários descobrissem novos sinais, limpassem os dados ou fizessem outras tarefas mais simples; se eles se diferenciassem e o Medallion prosperasse, eram recompensados com pontos de bônus, cada um dos quais representava uma porcentagem do lucro da Renaissance e era baseado em fórmulas claras e fáceis de compreender.

"Você conhece sua fórmula desde o início do ano. É a mesma para todos os outros com apenas alguns coeficientes diferentes, dependendo de seu cargo", explicou Glen Whitney, um dos principais gerentes de infraestrutura da Renaissance. "Quer um bônus maior? Ajude o fundo a obter retornos mais altos da maneira que puder: descubra uma fonte preditiva, corrija um erro, faça o código rodar mais rápido, pegue um café para a mulher ao lado que tem uma ótima ideia, não importa como for… os bônus dependem do desempenho do fundo, e não se seu chefe gostou de sua gravata."

Simons começou a compartilhar ações, entregando uma participação de 10% da empresa a Laufer e, posteriormente, dando fatias consideráveis a Brown, Mercer e Mark Silber, que agora era o diretor financeiro da empresa, e para outros, medida que reduziu a participação de Simons para pouco mais de 50%. Outros funcionários de melhor desempenho poderiam comprar ações, o que representava participação na empresa. Os funcionários também poderiam investir no Medallion, talvez o maior benefício de todos.

Simons estava abraçando um risco imenso. Pesquisadores talentosos e outros estavam sujeitos a ficarem frustrados trabalhando em uma organização horizontal que espalhava sua generosidade e dificultava o destaque. O acesso total ao código do sistema permitia que os funcionários saíssem pela porta, fossem a um concorrente e desvendassem os segredos da Renaissance. Mas, como muitos deles eram doutores do mundo acadêmico pouco familiarizados com Wall Street, Simons acreditava que a chance de deserção era relativamente pequena. Os acordos de confidencialidade invulgarmente onerosos para a vida toda, bem como os acordos de não concorrência, também reduziam o perigo. (Mais tarde, vieram a descobrir que os acordos não poderiam eliminar o risco de os funcionários desertarem com a propriedade intelectual da empresa.)

Além de alguns traders da velha guarda que concluíam transações, muitos na Renaissance não pareciam priorizar o dinheiro. Quando o célebre cientista da computação Peter Weinberger fez uma entrevista de emprego em 1996, ficou parado no estacionamento, avaliando os pesquisadores que estava prestes a conhecer. Não conseguiu conter os risos.

"Só tinha carro velho e ruim", lembra ele. "Saturns, Corollas e Camrys."

Alguns funcionários não sabiam se o fundo estava ganhando ou perdendo dinheiro a cada dia; alguns não tinham sequer ideia de como localizar números de desempenho mensal no site da Renaissance. Durante as poucas sequências de perdas que o Medallion encontrou no período, esses funcionários insensíveis andavam despreocupados com o futuro, irritando os profissionais mais conscientes dos problemas.

Alguns funcionários pareciam envergonhados por sua riqueza que só aumentava. Enquanto um grupo de pesquisadores conversava no refeitório em 1997, um deles perguntou se alguém ali voava de primeira classe. A mesa ficou em silêncio. Parecia que nenhum deles fazia isso. Por fim, um matemático envergonhado respondeu:

"Eu", admitiu ele, sentindo a necessidade de se explicar. "Minha esposa insiste em voar de primeira classe."

Apesar dos ganhos impressionantes do fundo Medallion, a contratação podia representar um desafio. Poucos candidatos tinham ouvido falar da Renaissance, e entrar para a empresa significava sacrificar o reconhecimento individual para trabalhar em projetos que nunca receberiam publicidade ou elogios, um conceito estranho para a maioria dos acadêmicos. Para atrair talentos, Simons, Nick Patterson e outros enfatizavam os aspectos positivos de seu trabalho. Por exemplo, muitos cientistas e matemáticos nascem para solucionar enigmas; por isso, os executivos da Renaissance falavam das recompensas que vinham com a solução dos complexos problemas das operações. Outros eram atraídos pela camaradagem e pelo ritmo acelerado de um fundo de hedge. Os acadêmicos podem se arrastar por anos em artigos científicos; por outro lado, Simons os pressionava por resultados em semanas, se não dias, uma urgência que atraía a atenção. A atmosfera era informal e acadêmica, mas intensa; um visitante a comparou a uma "semana perpétua de provas".[1]

Na IBM, Mercer ficou frustrado com o mundo do reconhecimento de fala, em que os cientistas podiam fingir progresso, contando com o que ele chamava de "truques de salão". Na Renaissance, ele e seus colegas não podiam enganar ninguém.

"Você tem ou não tem dinheiro no banco, no final das contas", disse ele à escritora científica Sharon McGrayne. "Não precisa ficar se perguntando se alcançou o sucesso... é uma coisa muito satisfatória."[2]

O processo de entrevista era um tanto *ad hoc*: fale sobre suas realizações, resolva alguns problemas desafiadores que envolvem a teoria da probabilidade e outras áreas e veja se pode haver um lugar para você na empresa. Os candidatos geralmente eram interrogados por meia dúzia de funcionários por 45 minutos cada e, em seguida, tinham de apresentar suas pesquisas científicas para toda a empresa. Simons e Patterson costumavam se concentrar na contratação de acadêmicos experientes que ostentavam uma série de realizações ou de novos doutores com dissertações que consideravam sólidas. Até os candidatos de renome tinham de passar por um teste de codificação, um requisito que transparecia a mensagem de que todos deveriam programar computadores e realizar tarefas consideradas subalternas em outras empresas. Também tinham de se dar bem uns com os outros.

"A química é importante", comentou um executivo atual. "É como entrar para a família."

=

Em 1997, os funcionários do Medallion haviam estabelecido um processo de três etapas para descobrir estratégias estatisticamente significativas de ganhar dinheiro, ou o que chamavam de *sinais* de trades. Identificar padrões anômalos nos dados históricos dos preços; verificar se as anomalias eram estatisticamente significativas, consistentes ao longo do tempo e não aleatórias; e ver se o comportamento identificado dos preços podia ser explicado de maneira razoável.

Por um tempo, os padrões em que apostavam eram principalmente aqueles que os pesquisadores da Renaissance conseguiam entender. A maioria era resultado de relações entre preço, volume e outros dados de mercado e era baseada no comportamento histórico dos investidores ou outros fatores. Uma estratégia com sucesso duradouro: apostar em retrações. Cerca de 60% dos investimentos que passavam por grandes aumentos ou quedas repentinas de preços se recuperariam, pelo menos parcialmente. Os lucros dessas retrações ajudavam o Medallion a se sair especialmente bem em mercados voláteis quando os preços guinavam, antes de retraírem.

Porém, em 1997, mais da metade dos sinais de trades que a equipe de Simons estava descobrindo eram *não intuitivos*, ou seja, não conseguiam entendê-los por completo. A maioria das empresas quantitativas ignora os sinais se não pode desenvolver uma hipótese razoável para explicá-los, mas Simons e seus colegas nunca gostaram de passar muito tempo procurando as causas dos fenômenos de mercado. Caso seus sinais encontrassem várias medidas de força estatística, ficavam confortáveis em apostar neles. Apenas evitavam as ideias mais absurdas.

"O volume dividido pela mudança de preço de três dias antes? Sim, incluiríamos", disse um executivo da Renaissance. "Mas não uma coisa sem sentido, como o desempenho superior dos *tickers* de ações que começavam com a letra *A*."

Não é que eles *quisessem* trades que não faziam nenhum sentido, mas, sim, que essas eram as estratégias estatisticamente válidas que estavam encontrando. Os padrões recorrentes sem lógica aparente de explicação tinham um bônus adicional: eram menos prováveis de serem descobertos e adotados pelos concorrentes, a maioria dos quais não tocaria nesse tipo de operação.

"Se houvesse sinais que fizessem muito sentido de serem muito fortes, teriam sido negociados há muito tempo", explicou Brown. "Existem sinais que não se pode entender, mas eles estão lá e podem ser relativamente fortes."[3]

O perigo óbvio de adotar estratégias que não fazem sentido: os padrões por trás delas poderiam ser o resultado de coincidências sem sentido. Se alguém passar bastante tempo classificando os dados, não será difícil identificar os trades que parecem gerar retornos estelares, mas que são produzidas por acaso. Os investidores quantitativos chamam essa abordagem falha de *sobreajuste de dados*. Para destacar a loucura de depender de sinais baseados em pouca lógica, o investidor quantitativo David Leinweber determinou mais tarde que os retornos das ações dos EUA podem ser previstos com precisão de 99%, combinando os dados da produção anual de manteiga em Bangladesh, a produção de queijo dos EUA e a população de ovelhas em Bangladesh e nos EUA.[4]

Com frequência, a solução dos pesquisadores da Renaissance era colocar esses sinais duvidosos em seu sistema de trades, mas limitando o dinheiro alocado a eles, pelo menos no início, enquanto procuravam desenvolver uma compreensão do motivo de as anomalias aparecerem. Com o tempo, acabaram descobrindo explicações razoáveis, dando ao Medallion uma vantagem sobre as empresas que haviam descartado o fenômeno. Por fim, tomaram como base uma combinação de sinais sensatos, trades surpreendentes com fortes resultados estatísticos e alguns sinais bizarros tão confiáveis que não poderiam ser ignorados.

"Perguntamos: 'Isso corresponde a algum aspecto do comportamento que parece razoável?'", explicou Simons alguns anos depois.[5]

Assim como os astrônomos criaram máquinas poderosas para monitorar a galáxia continuamente em busca de fenômenos incomuns, os cientistas da Renaissance programaram seus computadores para monitorar o mercado financeiro, indo a fundo até descobrirem padrões e anomalias ignorados. Uma vez que eram determinados como válidos e a empresa estabelecia quanto dinheiro colocar em cada trade, os sinais eram colocados no sistema e deixados para fazer seu trabalho, sem nenhuma interferência. Nessa altura, o Medallion estava contando cada vez mais com estratégias que seu sistema ensinava a si próprio, uma forma de aprendizado de máquina. Os computadores, alimentados com dados suficientes, eram treinados para dar suas próprias respostas. Um vencedor consistente, por exemplo, poderia receber automaticamente mais dinheiro, sem que ninguém aprovasse a movimentação ou sequer estivesse ciente dela.

=

Simons ficou mais entusiasmado com as perspectivas de sua equipe de arbitragem estatística, apesar de ainda administrar uma pequena quantia de dinheiro. Sua confiança crescente no futuro da Renaissance o fez transferir a empresa para um complexo de madeira e vidro de um andar, próximo dali, onde cada escritório desfrutava de uma vista bucólica e relaxante dos bosques ao redor. A sede contava com uma academia, quadras de tênis iluminadas, uma biblioteca com lareira e um grande auditório com vigas expostas, onde Simons realizava seminários quinzenais para acadêmicos visitantes, geralmente não muito relacionados a finanças. A sala de operações, com cerca de vinte pessoas, não era maior que uma sala de conferências, mas o refeitório e as áreas comuns eram amplos, permitindo que os funcionários se encontrassem, discutissem e debatessem, preenchendo quadros brancos com fórmulas e diagramas.

À medida que os resultados das operações de ações da equipe de arbitragem estatística melhoraram, Brown e Mercer exibiam uma nova assertividade em todo o escritório e começaram a atrair ex-colegas da IBM para a equipe. "O que você acharia de se vender e se juntar a nossa empresa de trades usando análise técnica?", escreveu Brown em um e-mail para um funcionário da IBM.

Logo, meia dúzia de egressos da IBM estava contribuindo para a empresa, incluindo os gêmeos Della Pietra. Os irmãos — conhecidos por sua enorme coleção de soldados miniatura e pela insistência de Stephen de que os colegas colocassem seu nome antes do nome do irmão nos e-mails do grupo — conseguiram acelerar partes de um sistema de trades de ações que contava com vários programas, uma rede de computadores e centenas de milhares de linhas de código.

Intenso e enérgico, Brown corria de reunião em reunião, andando de monociclo pelos corredores e quase atropelando os colegas. Trabalhava a maior parte da noite em um computador perto da cama retrátil de seu escritório, tirando uma soneca quando se cansava. Certa vez, enquanto trabalhava em um projeto complicado no final da noite, cheio de energia maníaca, apesar da hora, pegou o telefone para ligar para um associado júnior em casa com uma pergunta urgente. Um colega o interrompeu antes que pudesse discar.

"Peter, você não pode ligar para ele", alertou. "São *duas da madrugada*."

Brown parecia confuso, forçando o colega a se explicar.

"Ele não recebe o suficiente para responder perguntas às duas da madrugada."

"Tudo bem, vamos dar um aumento para ele, então", respondeu. "Mas *temos* de ligar para ele!"

Sua esposa, Margaret Hamburg, havia passado seis anos como diretora de saúde da cidade de Nova York, instituindo um programa de troca de seringas para combater a transmissão do vírus HIV, entre outras iniciativas. Em 1997, ela e seus filhos se mudaram para Washington, DC, onde conseguiu um emprego de nível sênior no Departamento de Saúde e Serviços Humanos dos EUA e depois se tornou diretora da FDA, Administração de Medicamentos e Alimentos dos Estados Unidos. Brown ia de avião para Washington para ficar com sua família nos fins de semana, mas agora parecia passar ainda mais tempo no trabalho, gerando pressão nos outros membros do seu grupo para que tivessem o mesmo foco.

"Quando estou longe de minha família, gosto apenas de trabalhar", explicou ele a um amigo, depois de semanas negando um jantar com ele.

Analítico e impassível, Mercer era um sedativo natural para seu parceiro nervoso. Trabalhava muito, mas gostava de ir para casa por volta das 18h. Acabou se envolvendo com mais drama fora do escritório. Vários anos antes, sua filha caçula, Heather Sue, havia convencido seu pai a acompanhá-la a um campo de futebol americano perto de sua casa e a segurar uma bola de futebol de brinquedo no chão, para que ela pudesse praticar chutes de bola parada.

"Achava que ela conseguiria tirar esse negócio de chute da cabeça", contou ele a um repórter.[6]

Heather Sue chutou a bola entre as traves verticais, surpreendendo seu pai. Ela se tornou a chutadora inicial de sua escola de ensino médio e depois se matriculou na Universidade Duke, ganhando uma vaga no time de futebol americano da universidade, a primeira mulher em uma lista de jogadores da primeira divisão de futebol americano. No ano seguinte, foi afastada do time por seu treinador, que mais tarde admitiu sentir-se envergonhado pelos treinadores rivais ficarem zombando dele por ter uma chutadora do sexo feminino.

Depois de se formar em 1998, processou a universidade por discriminação, sendo indenizada em US$2 milhões a título de danos punitivos.

De volta ao escritório, Mercer começou a mostrar um novo lado de sua personalidade. Quando os funcionários almoçavam juntos, evitavam assuntos controversos. Menos Mercer. Ele mal falava durante as reuniões de trabalho, mas ficava estranhamente loquaz durante essas refeições. Alguns de seus comentários — como o apoio ao padrão-ouro e a afeição por *Mais Armas Menos Crimes?*, livro de John R. Lott Jr. que argumenta que o crime cai quando a posse de armas aumenta — refletia crenças conservadoras. Outros eram mais iconoclásticos.

"Os preços da gasolina estão subindo... devíamos consertar isso", comentou ele um dia.

Mercer gostava de provocar seus colegas, muitos dos quais eram liberais ou libertários, surpreendendo-os com visões que estavam se tornando cada vez mais radicais.

"Clinton deveria estar na cadeia", disse ele durante o almoço um dia, referindo-se ao presidente Bill Clinton, acusado de perjúrio e obstrução da justiça em 1998, devido a seu relacionamento com a estagiária da Casa Branca, Monica Lewinsky. Chamou Clinton de "estuprador" e "assassino", repetindo uma teoria da conspiração de que o presidente estava envolvido em um esquema secreto de tráfico de drogas com a CIA.

A maioria de seus colegas se afastou por não estarem dispostos a entrar em um debate acalorado. Outros, como Patterson, viciado em política, permaneciam à mesa do almoço discutindo com Mercer. Ele ficou surpreso que um cientista inteligente pudesse ter opiniões tão pouco convincentes.

Com o passar do tempo, seus colegas teriam mais motivos para ficarem surpresos.

=

Em meados dos anos 1990, a era da internet estava em pleno andamento e as atividades estavam esquentando no Vale do Silício. Em Wall Street, os bancos de investimento e as empresas de trades contratavam seus próprios profissionais de informática, cientistas com alto QI e doutores em matemática, finalmente convencidos de que as estratégias quantitativas poderiam ajudá-los a obter ganhos. Porém, Simons e sua equipe viraram meros pontinhos no radar da indústria. Isso foi parcialmente intencional: Simons instruiu suas tropas a manterem suas táticas para si mesmas, preocupado com que os concorrentes adotassem seus métodos mais bem-sucedidos.

"Na Agência de Segurança Nacional, a pena por vazamento é de 25 anos de prisão", Simons gostava de dizer aos funcionários, de maneira um tanto ameaçadora. "Infelizmente, tudo o que podemos fazer é demitir você."

Brown tornou-se praticamente maníaco por silenciar funcionários e investidores. Certa vez, quando um representante de uma grande seguradora japonesa fez uma visita, o visitante colocou um gravador em uma mesa da sala de conferências, para que pudesse reproduzir a conversa mais tarde e ter certeza de que nada havia sido perdido na tradução. Entrando na sala, Brown viu o dispositivo e quase teve um colapso nervoso.

"Tem um gravador em cima da mesa!", exclamou ele, surpreendendo o convidado e o representante de um cliente da Renaissance.

Quase em convulsão, ele puxou seu colega para fora da sala.

"Não quero que ninguém grave nossas conversas!", gritou ele, parecendo um pouco assustado.

O representante envergonhado teve de pedir gentilmente ao visitante que desligasse o equipamento.

Estavam exagerando um pouco. Naquele momento, ninguém se importava com o que Simons e sua equipe estavam fazendo. Suas duas maiores concorrentes, a Long-Term Capital Management e a D. E. Shaw, estavam conquistando toda a atenção dos investidores.

Fundada por John Meriwether — ex-professor de matemática — a Long-Term Capital Management também ocupava seus cargos com professores, incluindo Eric Rosenfeld, um devoto de informática e doutor em Finanças treinado pelo MIT, e Robert C. Merton e Myron Scholes, de Harvard, que se tornariam ganhadores do Nobel. A equipe — em sua maioria de introvertidos, sendo todos intelectuais — fez o download de preços históricos de títulos, condensou relacionamentos ignorados e construiu modelos computacionais prevendo o comportamento futuro.

Como a Renaissance, o grupo de Meriwether não se importava para aonde o mercado geral ou mesmo os investimentos individuais estavam indo. Os modelos da LTCM identificavam anomalias de preços, geralmente entre investimentos semelhantes; então o fundo de hedge Greenwich, de Connecticut, apostava que as irregularidades convergiriam e se dissipariam. Algumas das operações favoritas da LTCM envolviam comprar bonds [títulos de dívida] que haviam caído abaixo dos níveis históricos, ao mesmo tempo em que vendiam títulos semelhantes a descoberto (ou seja, apostavam contra) que pareciam estar superprecificados. A LTCM esperava, então, uma convergência dos preços dos títulos, lucrando assim que ocorresse. A empresa aumentou suas posições com muita alavancagem, ou dinheiro emprestado, para aumentar os ganhos. Os bancos eram credores ansiosos, em parte porque o fundo de hedge evitava grandes operações arriscadas, fazendo cerca de mil pequenas apostas aparentemente seguras.

Impressionados pela estrelada equipe de intelectuais da LTCM, os investidores despejavam dinheiro no fundo. Após o lançamento em 1994, a LTCM ganhou uma média de quase 50% em seus primeiros três anos, administrando quase US$7 bilhões no verão norte-americano de 1997, fazendo com que o fundo Medallion de Simons parecesse insignificante. Depois que os rivais expandiram suas próprias operações de arbitragem, a equipe de Meriwether mudou para estratégias mais novas, mesmo aquelas com as quais a equipe tinha pouca experiência, como trades de ações de fusão e financiamentos imobiliários dinamarqueses.

Após uma partida anual de golfe no verão de 1997, os sócios da LTCM anunciaram que os investidores teriam de retirar cerca de metade de seu dinheiro como resultado do que os executivos viam como oportunidades cada vez menores no mercado. Os clientes enlouqueceram, pedindo a Meriwether e seus colegas — por favor, fiquem com nosso dinheiro!

Entretanto, os modelos da LTCM não estavam preparados para vários acontecimentos chocantes no verão de 1998, incluindo a inadimplência efetiva da Rússia em sua dívida e um pânico consequente nos mercados globais. À medida que os investidores fugiam dos investimentos com riscos a eles associados, os preços de todos os tipos de ativos reagiam de maneiras inesperadas. A LTCM havia calculado que seria improvável perder mais de US$35 milhões em um dia, mas de alguma forma caiu US$553 milhões em *uma* sexta-feira no mês de agosto daquele ano. Bilhões evaporaram em questão de semanas.

Meriwether e seus colegas telefonaram para os investidores, tentando levantar dinheiro, confiantes de que os preços voltariam às normas históricas, como previam seus modelos. A realidade bateu quando Meriwether visitou um amigo, Vinny Mattone, trader veterano que preferia camisas de seda pretas, pesava cerca de 130kg e usava uma corrente de ouro no pescoço e um anel no dedo mindinho.

"Onde vocês estão?", Mattone perguntou, sem rodeios.

"Estamos pela metade", informou Meriwether.

"Vocês estão acabados", respondeu ele, chocando Meriwether.

"Quando se cai pela metade, as pessoas pensam que pode cair tudo", explicou Mattone. "Elas vão empurrar o mercado contra você... Você está *acabado*."[7]

E foi o que aconteceu. Como o patrimônio da LTCM caiu abaixo de US$1 bilhão e sua alavancagem disparou, o Federal Reserve entrou em cena, com medo de que o colapso do fundo levasse o sistema financeiro junto com ele. Estimulado pelo Fed, um consórcio de bancos assumiu o controle do fundo. Em questão de meses, Meriwether e seus colegas haviam perdido quase US$2 bilhões em riqueza pessoal, marcas que nunca se apagariam de suas carreiras.

O fiasco deixou os investidores irritados com toda a ideia de usar modelos computacionais para fazer trades de maneira sistemática.

"A reputação do próprio investimento quantitativo sofreu danos em longo prazo", julgou a revista *Business Week* um mês depois. "Mesmo se esses investidores quantitativos refizessem suas jogadas para este outono, seria impossível para muitos deles afirmarem que poderiam produzir lucros com baixa volatilidade de maneira confiável."[8]

A D. E. Shaw não parecia sentir muito impacto com esses problemas. Em 1998, o fundo de hedge iniciado pelo ex-professor de ciências da computação da Universidade Columbia, David Shaw, com o apoio do investidor Donald Sussman, havia crescido, possuindo várias centenas de funcionários. Com base nas estratégias de ações de arbitragem estatística que Shaw havia desenvolvido na Morgan Stanley, sua empresa obtinha retornos anuais de 18% em média desde o lançamento. Em alguns dias, foi responsável por cerca de 5% de todos os trades na Bolsa de Nova York. O portfólio do fundo era neutro em relação ao mercado, imune aos altos e baixos do mercado de ações em geral.

A empresa adotava um estilo de contratação diferente da Renaissance. Além de fazer perguntas técnicas e específicas sobre a área de especialização de um candidato, ela desafiava os candidatos com quebra-cabeças, desafios matemáticos situacionais e quebra-cabeças de probabilidade, incluindo o famoso problema de Monty Hall, um quebra-cabeças baseado no antigo programa de televisão norte-americano *Let's Make a Deal*. Os funcionários, muitos dos quais eram fãs do programa de televisão britânico de ficção científica *Doctor Who*, vestiam-se informalmente, quebrando a rigidez de Wall Street.

Uma reportagem de capa da revista *Fortune* de 1996 declarou a D. E. Shaw como "a força mais intrigante e misteriosa de Wall Street... o melhor negócio de investimentos quantitativos, um ninho de matemáticos, cientistas da computação e outros devotos da análise quantitativa". À medida que Shaw e outras empresas quantitativas se expandiam, a Bolsa de Nova York era forçada a se automatizar, uma bolsa de valores eletrônica evoluía e, por fim, as ações eram negociadas em acréscimos de centavos, reduzindo os custos das ordens para todos os investidores.

Shaw começou a passar tempo fora do escritório, aconselhando o vice-presidente Al Gore e o presidente Bill Clinton sobre a política de tecnologia. Sua empresa também adotou novos empreendimentos: o lançamento do Juno, o primeiro serviço de e-mail gratuito e a formação de uma joint venture com o BankAmerica Corporation para pegar US$1,4 bilhão emprestado. O fundo de hedge da D. E. Shaw alavancou parte desse dinheiro em uma carteira de títulos no valor de US$20 bilhões, enquanto ainda investia em mais novos negócios, como em um banco online.[9] Cheio de dinheiro, Shaw contratou mais de 600 funcionários, alojando-os em escritórios de última geração em Nova York, Tóquio, Londres, São Francisco, Boston e um local em Hyderabad, na Índia, com um átrio cheio de esculturas.

Foi então que veio a turbulência do mercado no outono norte-americano de 1998. Em poucos meses, a D. E. Shaw sofreu mais de US$200 milhões em perdas em seu portfólio de títulos, forçando-a a demitir 25% de seus funcionários e a reduzir suas operações. A empresa se recuperou e ressurgiu como uma potência nos trades, mas seus problemas, juntamente com as enormes perdas da LTCM, forneceram lições duradouras para Simons e para a Renaissance.

=

Patterson e outros dissecavam os repentinos reveses de seus concorrentes. O Medallion ganhou 42%, em 1998, e o fundo foi beneficiado enquanto outros investidores entravam em pânico no outono, mas ele teve de garantir que sua empresa não cometesse os mesmos erros que a LTCM cometera. Ele sabia que a Renaissance não emprestava tanto dinheiro como a empresa de Meriwether, e as operações da LTCM precisavam funcionar dentro de um certo período de tempo, ao contrário das favorecidas por Simons. A Renaissance contratava matemáticos e cientistas da computação, e não economistas, outro fator que a diferenciava da LTCM.

Ainda assim, havia semelhanças suficientes para justificar uma busca por lições mais profundas. Para Patterson e seus colegas, o colapso da LTCM reforçou um mantra existente na Renaissance: nunca confie demais nos modelos de trades. Sim, o sistema da empresa parecia funcionar, mas todas as fórmulas são falíveis. Essa conclusão reforçava a abordagem do fundo para gerenciar riscos. Se uma estratégia não estivesse funcionando ou a volatilidade do mercado aumentasse, o sistema da Renaissance tenderia a reduzir automaticamente as posições e os riscos. Por exemplo, o Medallion cortou suas operações de futuros em 25% no outono de 1998. Por outro lado, quando as estratégias da LTCM fracassaram, a empresa geralmente aumentava seu tamanho, em vez de recuar.

"O erro básico da LTCM foi acreditar que seus modelos eram verdadeiros", concluiu Patterson. "Nunca acreditamos que nossos modelos refletissem a realidade — apenas alguns aspectos dela."

A D. E. Shaw e a LTCM também haviam entrado em mercados dos quais elas não entendiam direito ou tinham pouca experiência — financiamentos imobiliários dinamarqueses! Bancos online! Foi um lembrete para a equipe de Simons da necessidade de aprimorar sua abordagem, e não de entrar em novos negócios.

=

Mesmo com todo o trabalho que Brown, Mercer e outros haviam colocado em seu sistema, o trade de ações ainda contribuía apenas com cerca de 10% dos lucros da empresa em 1998. Foram as operações de futuros de Henry Laufer que impulsionaram a Renaissance, mesmo quando Simons pressionou a equipe de ações para melhorar seu desempenho. Como sempre, David Magerman queria ser o herói que mudaria tudo isso.

Foi ele quem conseguiu localizar e corrigir o erro do computador que impedia o lucro do sistema de trades de ações de Brown e Mercer. Posteriormente, recebeu mais responsabilidades, surgindo como o arquiteto do software Medallion usado para sua *produção* ou para seus reais trades de ações. Agora, ele era o vigia de todas as mudanças no sistema, uma figura crucial em todas as suas melhorias e o chefe de uma dúzia de doutores.

Magerman estava bem posicionado na empresa. Tinha um ótimo salário. Melhor ainda, seu trabalho recebia elogios de Brown, Mercer e Simons. Usava seu alto salário para melhorar seu guarda-roupa e até começou a usar suspensórios, tentando se parecer com Mercer. Obter a aprovação de figuras masculinas dominantes há muito tempo o motivava, e o reconhecimento que estava recebendo o emocionava.

Apesar de seu crescente sucesso, detectou um certo gelo da família de Mercer, especialmente de sua filha do meio, Rebekah (Bekah), que havia entrado para a Renaissance e trabalhava para ele. Não havia mais saídas para restaurantes ou convites para ir à casa deles, o que o deixava perplexo. A certa altura, escreveu uma carta de cinco páginas, esperando renovar a amizade, mas não obteve resposta. Ele não conseguia entender o que tinha acontecido. Examinou todas as possibilidades. Talvez tenha sido a vez em que repreendeu Rebekah publicamente — lembrando, a filha do chefe — pelo trabalho dela no grupo de trades, envergonhando-a na frente de seus novos colegas.

"Achei que foi bem merecido", disse ele.

O rompimento também poderia ser resultado do passeio de verão da empresa, quando levou Heather Sue para um passeio romântico de canoa, uma atitude que, com certeza, deixara Bekah com ciúmes. Por qualquer que tenha sido o motivo, as filhas de Mercer e sua esposa Diana não falavam mais com ele.

"Eu era *persona non grata* na casa deles e em eventos organizados pela família", contou.

Para ainda ter o afeto de Robert Mercer, decidiu se concentrar em seu trabalho. Em 1999, desenvolveu uma maneira de ajustar o código do computador que regia os trades de ações da empresa, tornando-os mais eficientes. Quase imediatamente, no entanto, as operações com futuros do Medallion passaram de vencedoras a perdedoras. Os funcionários se apressaram em entender o que havia acontecido, mas Magerman já sabia — ele havia cometido um erro descuidado e desencadeado um poderoso vírus que estava infectando a empresa, mais uma vez.

Eu causei isso!

Durante semanas, Magerman ficou se martirizando, imaginando como poderia ter cometido um erro tão idiota. É verdade que seu grupo de trades de ações não compartilhava muito os códigos de computador com os funcionários de futuros de Henry Laufer, mas ele tinha certeza de que de alguma forma ele era o culpado. Não querendo reconhecer seu erro dessa vez, trabalhou a noite toda, mas não conseguiu encontrar o vírus.

À medida que o trimestre se encerrava, o Medallion dizia aos clientes que havia sofrido uma perda leve, mas, surpreendentemente, era sua primeira queda trimestral em uma década. Atormentado pela preocupação e esperando ser demitido, Magerman mal conseguia dormir.

"Eu estava enlouquecendo", admitiu ele.

Magerman foi a um terapeuta que o diagnosticou com transtorno de ansiedade generalizada, começando um tratamento de sessões semanais para acalmar seus nervos. Lentamente, os retornos do Medallion se recuperaram e ele se permitiu relaxar, concluindo que provavelmente não tinha sido ele o responsável pelas perdas, afinal.

Em janeiro de 2000, o Medallion subiu 10,5%, o melhor retorno de um mês do fundo de hedge em anos. No início de março, o fundo contava com mais de US$700 milhões em lucros, à medida que o índice Nasdaq Composite atingia um recorde em meio a uma onda de entusiasmo por ações de tecnologia, principalmente de empresas relacionadas à internet.

Foi então que surgiu um problema de verdade para Magerman e seus colegas. A bolha da tecnologia explodiu no dia 10 de março, fazendo as ações despencarem, com poucas notícias para explicar a mudança de atitude. Um mês depois, a Nasdaq caiu 25%, a caminho de uma queda total de 78% em relação ao seu auge. O Medallion enfrentava perdas inexplicáveis. Perdeu cerca de US$90 milhões em um único dia em março; no dia seguinte, foram mais US$80 milhões. Os nervos começaram a se desgastar — até então, o Medallion nunca havia perdido mais de US$5 milhões em um dia.

Não eram apenas as perdas acumuladas que preocupavam a todos — era a incerteza sobre *por que* as coisas estavam tão ruins. O portfólio do Medallion possuía commodities, moedas e futuros de títulos, e seu portfólio de ações era amplamente composto por posições de compensação destinadas a evitar grandes movimentações do mercado. As perdas *não deveriam estar acontecendo*. Mas, como muitos dos sinais de trades do sistema se desenvolveram por meio de uma forma de aprendizado de máquina, era difícil identificar a causa exata dos problemas ou quando eles poderiam diminuir; as máquinas pareciam estar fora de controle.

Em meio à liquidação, um candidato foi ao escritório de Long Island para uma entrevista com Patterson e vários colegas. Quando eles se encontraram para discutir sobre a contratação na manhã seguinte, nem uma única pessoa havia se lembrado de ir ao encontro do candidato. As perdas haviam deixado os pesquisadores totalmente atordoados.

Mercer permanecia estoico, interagindo com os colegas como se nada de diferente estivesse acontecendo. Mas Brown não estava assim. Ele nunca havia passado por perdas profundas e repentinas, e dava para perceber. Tenso e emotivo, não conseguia esconder seus medos cada vez maiores. Sem conseguir dormir, passava a noite verificando seu computador para obter atualizações sobre os problemas. No escritório, estava pálido, mostrando sua privação de sono, o que chocava os colegas. Amigos diziam que ele se sentia responsável pelas perdas, visto que tinham surgido de seu sistema de trades de ações.

No terceiro dia do fracasso, Magerman foi ao trabalho, verificou o nível dos futuros de ações em seu computador e recebeu uma nova sacudida — mais um dia absolutamente terrível estava por vir. Ficou até um pouco enjoado. Brown e Mercer já estavam em uma reunião de emergência com Simons e outros executivos de alto escalão, mas Magerman sentiu a necessidade de alertá-los para os problemas se intensificando. Abriu lentamente uma porta pesada que dava para uma pequena sala de conferências lotada com uma dúzia de executivos, uma tela de videoconferência mostrando os rostos de outras pessoas ao redor do mundo. Na cabeceira de uma mesa comprida estava Simons, sombrio e concentrado. Magerman se curvou, sussurrando no ouvido de Brown: "Perdemos mais US$90 milhões."

Brown congelou. As perdas do Medallion chegavam agora a US$300 milhões. Ficou perturbado, até com medo. Olhou para Simons, desesperado por ajuda.

"Jim, o que devemos fazer?"

Ele tentou tranquilizar Brown e os outros executivos, transmitindo a confiança de que suas fortunas melhorariam.

"Confie no modelo", assegurou ele. "Temos de deixá-lo trabalhar; não podemos entrar em pânico."

Mais tarde, Simons lembrou aos funcionários que seu sistema de trades estava preparado para tempos difíceis. Além disso, havia pouco que pudessem fazer; o Medallion negociava cerca de oito mil ações. Não havia como repaginar rapidamente o portfólio.

Depois de várias noites inteiras acordados, alguns pesquisadores desenvolveram uma teoria sobre o que estava causando os problemas: uma estratégia, outrora confiável, estava perdendo muito dinheiro. Era uma estratégia bastante simples — se certas ações subissem nas semanas anteriores, o sistema do Medallion aprenderia a comprar mais dessas ações, sob a suposição de que aquele aumento continuaria. Por vários anos, esse sinal de tendência funcionou, pois o fundo comprava automaticamente as ações da Nasdaq que estavam subindo ainda mais. Agora, os algoritmos do sistema estavam instruindo o Medallion a comprar *mais* ações, mesmo se um mercado pessimista cruel tivesse começado.

Simons costumava enfatizar a importância de não substituir seu sistema de trades, mas, em uma crise de mercado, ele tendia a recuar quanto à dependência de certos sinais, para desgosto dos pesquisadores que não acreditavam em ajustar seus programas de computador. Agora, até mesmo esses funcionários aceitavam descartar seu sinal defeituoso, especialmente porque seu sistema fazia um trabalho melhor na previsão de movimentações de curto prazo, e não de longo prazo nas quais o sinal defeituoso se concentrava. Rapidamente abandonaram a estratégia do impulso, cortando as perdas. Logo, os ganhos estavam se acumulando novamente.

No entanto, Brown continuou abalado. Sugeriu pedir demissão, sentindo-se responsável pela grande aflição. Simons rejeitou a ideia, dizendo a Brown que ele era ainda mais valioso agora que havia aprendido "a nunca colocar toda a sua fé em um modelo".[10]

=

No outono norte-americano de 2000, a notícia do sucesso do Medallion estava começando a vazar. Naquele ano, o Medallion subiu 99%, mesmo depois de cobrar dos clientes 20% de seus ganhos e 5% do dinheiro investido com Simons. A empresa agora gerenciava quase US$4 bilhões. Na década anterior, o Medallion e seus 140 funcionários tiveram um desempenho melhor do que os fundos administrados por George Soros, Julian Robertson, Paul Tudor Jones e outros gigantes investidores. Igualmente impressionante, o Medallion registrou um índice de Sharpe de 2,5 em seu período mais recente de cinco anos, sugerindo que os ganhos do fundo vieram com baixa volatilidade e risco em comparação com os de muitos concorrentes.

Abaixando a guarda, Simons consentiu dar uma entrevista a Hal Lux, escritor da revista *Institutional Investor*. Enquanto tomava café em seu escritório em Nova York e, mais tarde, enquanto tomava gim e tônica na sede da Renaissance em Long Island, Simons mostrou que estava confiante de que seus ganhos continuariam.

"As coisas que estamos fazendo não vão desaparecer", disse ele a Lux. "Podemos ter anos ruins, às vezes, um ano terrível, mas os princípios que descobrimos são válidos."

Brown, Mercer e Laufer estavam tão confiantes de que uma oportunidade rara, até histórica, estava em mãos. Procuraram contratar novos funcionários para aproveitar.

"Os mercados estão cheios de ineficiências", comentou um funcionário sênior com um colega. "Não estamos ganhando tanto dinheiro quanto poderíamos."

Os novos contratados transformariam a empresa de maneiras que Simons e seus colegas nunca poderiam ter previsto.

PARTE DOIS

O Dinheiro Muda Tudo

CAPÍTULO DOZE

Algo incomum estava acontecendo no fundo de hedge de Jim Simons em 2001. Os lucros estavam acumulando enquanto a Renaissance começava a digerir novos tipos de informações. A equipe coletava todas as ordens de compra e venda, incluindo aquelas que não haviam sido concluídas, juntamente com relatórios de resultados anuais e trimestrais, registros de trades de ações feitas por executivos, relatórios governamentais e previsões e artigos econômicos.

Mas Simons queria mais. "Podemos fazer alguma coisa com as últimas notícias?", perguntou em uma reunião em grupo.

Logo, os pesquisadores estavam atrás de notícias de jornais e revistas, publicações na internet e dados mais obscuros — como pedidos de indenizações de seguros no exterior — correndo para agarrar praticamente qualquer informação que pudesse ser quantificada e examinada por seu valor preditivo. O fundo Medallion se tornou uma espécie de esponja de dados, absorvendo um terabyte, ou um trilhão de bytes, de informações anualmente, utilizando unidades e processadores de disco caríssimos para digerir, armazenar e analisar tudo, procurando padrões confiáveis.

"O melhor dado são mais dados", comentou Mercer com um colega, expressão que se tornou o mantra piegas da empresa.

O objetivo da Renaissance era prever o preço de uma ação ou outro investimento "a qualquer momento no futuro", explicou Mercer posteriormente. "Queremos saber em três segundos, três dias, três semanas e três meses."

Se houvesse um artigo de jornal sobre a escassez de pão na Sérvia, por exemplo, os computadores da Renaissance analisariam exemplos anteriores de escassez de pão e aumento dos preços do trigo para ver como os diversos investimentos reagiram, disse Mercer.[1]

Algumas das novas informações, como relatórios de resultados trimestrais, não forneciam muita vantagem. Mas os dados sobre as previsões dos resultados dos analistas de ações e suas novas visões sobre as empresas às vezes ajudavam. Observar padrões de como as ações eram negociadas após divulgação dos resultados e monitorar fluxos de caixa corporativos, gastos com pesquisa e desenvolvimento, emissão de ações e outros fatores também provavam ser atividades úteis. A equipe aprimorou seus algoritmos preditivos, desenvolvendo uma medida bastante simples de quantas vezes uma empresa era mencionada em um feed de notícias — independentemente de as menções serem positivas, negativas ou até mesmo um puro boato.

Ficou claro para Mercer e outros que as ações negociadas tinham semelhanças com o reconhecimento de fala, parte do motivo de a Renaissance continuar a desfazer a equipe de linguística computacional da IBM. Nos dois empreendimentos, a meta era criar um modelo capaz de compreender amontoados incertos de informações e gerar suposições confiáveis sobre o que poderia vir a seguir — ignorando os tradicionalistas, que empregavam análises nem de longe tão orientadas por dados assim.

À medida que mais trades se tornaram eletrônicos, com formadores de mercado e intermediários humanos sendo colocados para fora das operações, o Medallion espalhou suas movimentações por um número crescente de redes eletrônicas, tornando mais fácil e eficiente comprar e vender. Por fim, Simons estava perto de seu objetivo original de construir um sistema totalmente automatizado com pouca interface humana.

Os funcionários ficaram entusiasmados com o desenvolvimento de sinais de prazo supercurto para negociar em questão de segundos, ou até menos, método esse que se tornaria conhecido como *high frequency trading [negociação de alta frequência]*. Entretanto, os computadores da Renaissance provaram-se lentos demais para superar outros do mercado. O Medallion fazia entre 150 mil e 300 mil trades por dia, mas grande parte dessas atividades envolvia a compra ou venda em pequenas parcelas para evitar o impacto nos preços do mercado, em vez de lucrar passando à frente de outros investidores. O que Simons e sua equipe estavam fazendo não era bem investir, mas também não eram *Flash Boys*, ou seja, não estavam indo contra o mercado.

Não importa como os chamem, os resultados eram extraordinários. Depois de subir 98,5% em 2000, o fundo Medallion subiu 33% em 2001. Em comparação, o S&P 500, o índice comumente usado no mercado de ações norte-americano, conseguiu um miserável ganho médio de 0,2% nesses 2 anos, enquanto os fundos de hedge concorrentes ganhavam 7,3%.

A equipe de Simons ainda estava no radar da maioria dos investidores. Como o artigo do *Institutional Investor* do ano 2000 dizia: "Provavelmente, você nunca ouviu falar de Jim Simons, o que, por ele, não tem problema. E você não é o único."[2]

Ainda assim, o sistema de Brown e Mercer funcionava tão bem que os pesquisadores podiam testar e desenvolver novos algoritmos e inseri-los em seu sistema proprietário de trades existente. Novos funcionários começaram a identificar sinais preditivos em mercados no Canadá, Japão, Reino Unido, França, Alemanha e Hong Kong, bem como em locais menores, como Finlândia, Holanda e Suíça. Os mercados estrangeiros geralmente seguem os EUA, mas não se movimentam em perfeita sincronia. Ao combinar os sinais desses novos mercados com os algoritmos preditivos existentes do Medallion em um sistema principal de trades, parecia ter acontecido algo extraordinário. As correlações das operações do Medallion com o mercado geral caíram, suavizando os retornos e tornando-os menos conectados aos principais mercados financeiros.

Os profissionais de investimentos geralmente julgam o risco de um portfólio pelo índice de Sharpe, que mede os retornos em relação à volatilidade; quanto maior o índice de Sharpe de uma empresa, melhor. Na maior parte da década de 1990, o Medallion teve um forte índice de Sharpe de cerca de 2,0, o dobro do nível do S&P 500. Mas a adição de algoritmos do mercado estrangeiro e o aprimoramento das técnicas de trades do Medallion elevaram seu índice Sharpe para cerca de 6,0 no início de 2003, cerca do dobro do índice das maiores empresas de investimentos quantitativos e um número sugerindo que quase não havia risco de perder dinheiro ao longo de um ano inteiro.

A equipe de Simons parecia ter descoberto algo como um Santo Graal dos investimentos: retornos enormes de um portfólio diversificado, gerando relativamente pouca volatilidade e correlação com o mercado em geral. No passado, alguns outros haviam desenvolvido veículos de investimentos com características parecidas. Mas, em geral, tinham portfólios insignificantes. Ninguém havia alcançado o que Simons e sua equipe alcançaram — um grande portfólio de US$5 bilhões, oferecendo esse tipo de desempenho surpreendente.

Essa conquista abriu as portas para novas possibilidades.

=

Peter Brown andava de um lado para o outro em seu escritório, determinado a encontrar uma maneira de expandir as apostas em ações do fundo de hedge. Entretanto, continuava assombrado pelas terríveis perdas do início de 2000 e como ele ficou desconcertado sobre como reagir. Ele queria uma maneira de proteger a empresa caso ocorresse uma catástrofe ainda maior no mercado.

Ele estava com sorte — os bancos estavam entusiasmados com a Renaissance, sentindo uma oportunidade. De várias maneiras, a empresa de Simons era um mutuário dos sonhos, com retornos enormes, constantes e sem correlação com o mercado geral. Simons havia aceitado o plano de Brown de usar mais alavancagem para aumentar seus lucros, tornando a Renaissance um mutuário ávido. (Assim como as pessoas pegam financiamentos imobiliários para comprar casas mais caras do que podem pagar com o dinheiro que têm no banco, os fundos de hedge, como o Medallion, também o fazem, como forma de aumentar os lucros, pegando dinheiro emprestado para acumular portfólios de investimentos maiores do que seu capital permitiria.)

Os bancos estavam afrouxando o controle do dinheiro e os padrões de empréstimos. As taxas de juros globais estavam caindo, o mercado imobiliário estava acelerando e os credores estavam oferecendo uma série de empréstimos agressivos, mesmo para mutuários com um histórico de crédito defasado ou mesmo nenhum histórico. Em comparação, a Renaissance parecia uma aposta segura, ainda mais porque geralmente mantinha um número igual de operações *long & short* [compradas e vendidas], reduzindo o risco em uma queda no mercado. É por essas e outras que o Deutsche Bank e o Barclays Bank começaram a vender ao fundo de hedge um novo produto, chamado *basket options* [cesta de opções], que parecia uma solução perfeita para os problemas de Brown.

As basket options são instrumentos financeiros cujos valores estão atrelados ao desempenho de uma cesta específica de ações. Enquanto a maioria das opções é avaliada com base em uma ação individual ou em um instrumento financeiro, as *basket options* estão vinculadas a um grupo de ações. Se essas ações subjacentes subirem, o valor da opção aumentará — é como possuir as ações sem as ter adquirido. De fato, os bancos eram proprietários legais das ações na cesta, mas, para todos os efeitos, eram propriedade do Medallion. Os computadores do fundo informavam aos bancos quais ações colocar na cesta e como elas deveriam ser negociadas. O próprio Brown ajudou a criar o código para fazer tudo acontecer. Durante o dia todo, os computadores do Medallion enviavam instruções automatizadas aos bancos, às vezes, um pedido por minuto ou até segundo. Depois de mais ou menos um ano, o Medallion usava suas opções, reivindicando quaisquer retornos gerados pelas ações, menos alguns custos relacionados.[3]

As *basket options* eram uma maneira engenhosa de superalimentar os retornos do Medallion. A corretagem e outras restrições impõem limites a quanto um fundo de hedge pode pegar emprestado por meio de empréstimos mais tradicionais, mas as opções davam ao Medallion a capacidade de fazer empréstimos significativamente maiores do que seria permitido. Em geral, os concorrentes tinham cerca de US$7 em instrumentos financeiros para cada dólar em dinheiro. Por outro lado, a estratégia de opções do Medallion permitia que ele tivesse US$12,50 em instrumentos financeiros para cada dólar em dinheiro, facilitando ganhar dos rivais, supondo que ele continuasse encontrando trades lucrativos. Quando o Medallion notava oportunidades particularmente lucrativas, como durante uma desaceleração do mercado em 2002, o fundo poderia aumentar sua alavancagem, mantendo perto de US$20 em ativos para cada dólar em dinheiro, efetivamente turbinando o portfólio. Em 2002, o Medallion administrava mais de US$5 bilhões, mas controlava mais de US$60 bilhões em posições de investimento, em parte, graças às opções que ajudavam o fundo a obter um ganho de 25,8%, apesar de um ano difícil para o mercado geral (o S&P 500 perdeu 22,1% em 2002, um ano marcado pelas falências das empresas online e reverberações do colapso da empresa de trades e energia Enron e da gigante das telecomunicações WorldCom).

As opções também eram uma maneira de transferir o enorme risco da Renaissance para os bancos. Como os credores possuíam tecnicamente os títulos subjacentes nas transações de *basket options*, o máximo que o Medallion poderia perder no caso de um colapso repentino era o prêmio pago pelas opções e as garantias detidas pelos bancos. Isso totalizava várias centenas de milhões de dólares. Por outro lado, os bancos enfrentariam bilhões de dólares de possíveis perdas se o Medallion passasse por grandes problemas. Nas palavras de um banqueiro envolvido no acordo de empréstimo, as opções permitiam ao Medallion "delimitar" seus portfólios de ações, protegendo outras partes da empresa, incluindo a operação de futuros ainda próspera de Laufer e garantindo a sobrevivência da Renaissance no caso de algum imprevisto. Um funcionário ficou tão chocado com os termos do financiamento que transferiu a maior parte de todas as suas economias para o Medallion, percebendo que o máximo que poderia perder era cerca de 20% de seu dinheiro.

Os bancos assumiram os graves riscos, apesar de terem mil motivos para serem mais cautelosos. Por um lado, eles não tinham ideia por que as estratégias do Medallion funcionavam. E o fundo só tinha uma década de retornos impressionantes. Além disso, a Long-Term Capital Management havia implodido apenas alguns anos antes, fornecendo uma dura lição sobre os perigos de confiar em modelos obscuros.

Brown percebeu que havia outro grande benefício nas *basket options*: elas permitiam que os trades do Medallion se tornassem elegíveis para os impostos mais favoráveis sobre ganhos de capital em longo prazo, apesar de muitos deles durarem apenas dias ou até horas. Isso ocorria porque as opções eram usadas após um ano, permitindo que a Renaissance argumentasse que eram de longo prazo por natureza. (Nos EUA, os ganhos de curto prazo são tributados a uma taxa de 39,5%, enquanto os ganhos de longo prazo têm um imposto de 20%.)

Alguns funcionários ficaram desconfortáveis com o estratagema, chamando-o de "permitido, mas errado", mas Brown e outros se baseavam nas aprovações que recebiam de consultores jurídicos. Vários anos depois, o IRS — a Receita Federal dos EUA — determinou que o Medallion havia reivindicado indevidamente lucros das *basket options* como ganhos de longo prazo. Simons, que havia aprovado as transações, juntamente com os outros executivos da Renaissance, pagou um total assustador de US$6,8 bilhões a *menos* em impostos que deveriam ter sido pagos, informou o IRS. Em 2014, um subcomitê do Senado afirmou que a Renaissance havia "abusado" das estruturas complexas "para reivindicar bilhões de dólares em economias tributárias injustificadas". A Renaissance contestou a descoberta do IRS e a disputa ainda estava em andamento no meio do ano de 2019.

Outros fundos de hedge criavam suas próprias maneiras de reduzir impostos, alguns usando versões dos acordos de *basket options*. No entanto, ninguém os usava tanto quanto a Renaissance. No início dos anos 2000, as opções surgiram como a arma secreta da empresa, sendo tão importantes que a Renaissance tinha vários programadores de computador e cerca de 50 funcionários dedicados para garantir uma coordenação perfeita com os bancos.

=

O dinheiro é sedutor, mesmo para cientistas e matemáticos. Lentamente, os funcionários da Renaissance, mesmo quem antes tinha vergonha de ganhar tanto dinheiro, começaram a desfrutar de seus ganhos. Um funcionário desenvolveu um widget para que pudessem ver uma contagem contínua de seus lucros (e, de vez em quando, perdas) no canto da tela de seus computadores. O humor mudava quando os números variavam.

"Era uma correria", contou um funcionário. "Mas também era uma distração."

Seus gastos aumentavam juntamente com os retornos. Muitos cientistas compraram mansões em uma área próxima chamada Old Field que ficou conhecida como Riviera da Renaissance. Simons tinha sua propriedade de quase seis hectares em East Setauket, de frente para Long Island Sound, e suas janelas panorâmicas forneciam uma vista espetacular das garças na baía Conscious. Henry Laufer pagou quase US$2 milhões por uma propriedade de estilo mediterrâneo de 5 quartos, 6 banheiros e 1 lavabo distribuídos em 4 hectares, com mais de 120 metros de sua própria fachada em Long Island Sound. Gastou outros US$800 mil para comprar um terreno adjacente de 1 hectare, transformando-os em uma megapropriedade. Na mesma área, o primo de Simons, Robert Lourie, que havia deixado o mundo acadêmico por um cargo sênior no fundo de hedge, construiu uma arena equestre para sua filha, com arcos tão grandes que uma ponte da cidade de Nova York precisou ser interditada para facilitar seu transporte até Long Island.[4]

A mansão de Mercer ficava ao final de uma longa estrada de terra com areia por todos os lados, com vista para o porto de Stony Brook. Ele e Diana decoraram sua sala de estar com retratos de tamanho real de suas filhas, Heather Sue, Rebekah e Jenji.[5] Quando a família organizou o maravilhoso casamento de Heather Sue, os convidados ficaram boquiabertos com a colossal fonte de água e o lindo jardim de rosas, enquanto passavam por milhares de insetos exterminados na véspera do evento para o conforto de todos (havia tantas fotos e vídeos de Bob e Heather Sue que alguns convidados brincaram que não sabiam quem era o noivo).

Porsches, Mercedes e outros carros luxuosos ocupavam cada vez mais o estacionamento da Renaissance, embora tivesse ainda muitos Taurus e Camrys. Alguns executivos até iam de helicóptero para jantar em Nova York.[6] No refeitório, alguém colocou um número em uma geladeira — a porcentagem de seu mais recente ganho anual de sua remuneração. Quando esse ganho caísse, disse aos amigos que se demitiria.

Um dia, enquanto alguns pesquisadores estavam reclamando de todos os impostos que tinham de pagar, Simons estava passando, formando um franzido em sua testa.

"Se vocês não ganhassem tanto dinheiro, não teriam de pagar tantos impostos", concluiu ele, antes de se afastar.

Eles estavam ficando tão ricos — pesquisadores e outros recebiam milhões ou mesmo dezenas de milhões de dólares a cada ano e estavam ganhando o mesmo com seus investimentos no Medallion — que alguns sentiam a necessidade de justificar os ganhos. Afinal, a equipe da Renaissance era composta em grande parte por ex-acadêmicos e alguns deles não se continham em questionar toda aquela remuneração exagerada.

Será que eu mereço todo esse dinheiro?

A maioria dos funcionários chegou à conclusão de que fazer muitos trades estava aumentando a *liquidez* do mercado ou a capacidade de os investidores entrarem e saírem de posições facilmente, ajudando o sistema financeiro, embora esse argumento fosse um pouco exagerado, pois não estava claro quanto impacto geral a Renaissance realmente tinha. Outros se comprometeram a doar seu dinheiro depois que tivessem um pé de meia suficiente, enquanto tentavam não se concentrar em como seus lucros em expansão significavam necessariamente que dentistas e outros investidores estavam perdendo com suas operações.

"Houve uma luta interna", comentou Glen Whitney, executivo sênior que ajudou a facilitar a pesquisa da empresa.

Brown estava confuso sobre suas próprias riquezas acumuladas. Há muito vinha lutando contra as ansiedades em relação ao dinheiro, disseram os colegas, e torrou grande parte dele. Mas ele tentava proteger seus filhos da magnitude de sua riqueza, dirigindo um Prius e, muitas vezes, usando roupas furadas. Sua esposa, que havia aceitado um trabalho como cientista em uma fundação dedicada a reduzir a ameaça de armas nucleares, raramente gastava dinheiro consigo mesma. Ainda assim, ficava difícil mascarar o dinheiro. Os colegas contaram uma história que uma vez, quando a família Brown visitou a mansão de Mercer, o filho de Brown, na época cursando o ensino fundamental, deu uma olhada no tamanho daquela casa, virou-se para o pai, com um olhar confuso no rosto.

"Pai, você e Bob não têm o mesmo emprego?"

=

À medida que seus trades de ações prosperavam, Brown e Mercer assumiam maior influência na empresa, enquanto o poder de Laufer decaía. Os dois grupos pareciam funcionar em níveis de urgência completamente diferentes, assim como seus líderes. Laufer continuava calmo e comedido, não importava o mercado. Os membros de sua equipe entravam, bebiam uma ou duas xícaras de café, examinavam o *Financial Times* e começavam a trabalhar. Seu software era um pouco desajeitado, às vezes, incapaz de testar e implementar as ideias de trades ou descobrir novas relações e padrões rapidamente, mas os retornos permaneciam sólidos, mesmo se estivessem estagnados. A turma de Laufer nunca entendeu direito por que Simons precisava fazer o fundo crescer. Todos já estavam ganhando milhões de dólares todo ano, então qual era o "x" da questão?

Os funcionários de Brown e Mercer costumavam passar a noite programando seus computadores, competindo para ver quem conseguia ficar no escritório por mais tempo e depois voltavam correndo de manhã para ver se suas mudanças tinham sido eficazes. Se Brown ia se esforçar o dia inteiro e dormir ao lado do teclado do computador à noite, seus subordinados viam a necessidade de fazer o mesmo. Brown menosprezava seus pesquisadores, dando apelidos humilhantes para cada um do grupo (menos para Mercer) e incentivava-os a se esforçarem ainda mais. Mas isso passou a ter um efeito positivo no ego deles, por saberem que conseguiam lidar com esses insultos, considerando-os como ferramentas motivacionais. O próprio Brown muitas vezes parecia magoado, como se carregasse todo o peso do mundo em seus ombros, sugerindo que se importava com trabalho tanto quanto todos. Ele também sabia ser exuberante e divertido. Grande fã de *Cândido*, gostava de fazer referências à sátira francesa em suas apresentações, fazendo os funcionários rirem.

Silenciosamente, a equipe trabalhou em um modelo otimizado de trades, capaz de substituir o que a equipe de futuros usava. Quando o apresentaram para Simons, ele não gostou de terem construído esse modelo em segredo, mas concordou que deveria substituir o que a equipe de Laufer estava usando.

Em 2003, os lucros do grupo de trades de ações de Brown e Mercer eram o dobro dos lucros da equipe de futuros de Laufer, uma mudança extraordinária em apenas alguns anos. Para recompensar suas estrelas em ascensão, Simons anunciou que Brown e Mercer se tornariam vice-presidentes executivos de toda a empresa, ajudando a gerenciar todas as atividades de trades, pesquisa e parte técnica da Renaissance. Antes, Laufer parecia ser o herdeiro mais óbvio de Simons. Agora, recebia o título de cientista-chefe e a tarefa de lidar com as áreas problemáticas da empresa, entre outras coisas. Brown e Mercer passaram a ser o futuro da empresa. Enquanto Laufer virou seu passado.

Durante um almoço em que saboreavam cheeseburgers no Billie's 1890, um salão com painéis de madeira nas proximidades, em Port Jefferson, Simons contou a Brown e Mercer que estava pensando em se aposentar.

"Vocês dois assumirão a empresa", disse ele, afirmando que queria que os dois se tornassem coCEOs.[7]

Quando a notícia vazou, alguns funcionários começaram a entrar em pânico. A equipe de Brown sabia como lidar com seu destempero, mas os outros não o suportavam. Uma vez, ao telefone com um funcionário do escritório de Nova York, onde a Renaissance cuidava de seus deveres contábeis e de relações com investidores, Brown descontou nele todo irritado.

"Você é um burro!"

Quanto a Mercer, enquanto continuava tendo suas conversas regulares com Brown, ele raramente dizia alguma coisa em frente aos grupos. Quando dizia, era para causar. Ele sempre gostou de ter boas discussões com seus subordinados. Agora parecia apenas provocá-los, geralmente no refeitório da Renaissance. Muitas vezes, ele se concentrava nos colegas de esquerda, principalmente em Nick Patterson, um hábito que passou a ser chamado pelos funcionários de "provocando Nick".

Na maioria das vezes, Patterson gostava das discussões, mas às vezes achava-as um pouco exageradas. Um dia, Mercer insistiu com ele que as preocupações com as mudanças climáticas eram muito exageradas, mostrando um artigo de pesquisa escrito por um bioquímico chamado Arthur Robinson e outros. Patterson levou o artigo para casa e o estudou; descobriu então que Robinson também era criador de ovelhas que ajudou a fundar um projeto para armazenar e analisar milhares de frascos de urina, "para melhorar nossa saúde, nossa felicidade, prosperidade e até mesmo o desempenho acadêmico de nossos filhos na escola".[8] Depois da leitura, enviou uma mensagem para Mercer dizendo que o artigo "provavelmente era falso e, com certeza, analfabeto do ponto de vista político". Mercer nunca respondeu àquela mensagem.

Mercer gostava muito de quantificar as coisas, como se a única maneira de medir realizações, custos e outras coisas na sociedade fosse através de números, em geral, através de dólares e centavos.

"Por que precisamos mais do que multas para punir as pessoas?", perguntou ele a Whitney, executivo sênior de computadores, a quem Mercer também gostava de provocar.

"Do que você está falando?", respondeu ele.

Alguns dos comentários de Mercer eram absolutamente repugnantes. Certa vez, lembra Magerman, ele tentou quantificar quanto dinheiro o governo gastava com afro-americanos em processos criminais, educação, pagamentos de assistência social entre outros, e se, em vez disso, o dinheiro poderia ser usado para incentivar o retorno deles à África (depois negou ter feito esse comentário).

Curiosamente, ele era um cientista que exigia argumentos sólidos e provas definitivas no escritório, mas se baseava em dados pouco convincentes quando se tratava de suas opiniões pessoais. Um dia, ele levou uma pesquisa que pretendia mostrar que a exposição à radiação prolongara a vida de quem viveu fora de Hiroshima e Nagasaki nos anos após os EUA lançarem bombas atômicas nessas cidades, e sugeriu que a guerra nuclear não era tão preocupante como todos achavam. O artigo foi visto pelos pesquisadores como uma pseudociência não convincente.

Mercer era a pessoa de cargo mais alto do refeitório, por isso alguns funcionários mordiam a língua, para não confrontar o chefe. Certa vez, ele disse a um jovem pesquisador declarado ateu que não acreditava na evolução, entregando-lhe um livro que defendia o criacionismo, apesar de ele próprio não acreditar no divino.

"Não há tempo suficiente para julgar a precisão da evolução", afirmou ao funcionário.

Para a maioria dos funcionários, mesmo para seus alvos, Mercer era o típico provocador. Algumas vezes divertido, muitas vezes irritante, mas em geral inofensivo. No entanto, depois, a perspectiva deles mudou.

=

Simons não estava pronto para passar o bastão para Brown e Mercer, mas passou a lhes atribuir mais responsabilidades, às vezes, tirando os dois das operações do dia a dia. Um novo grupo de funcionários começou a se impor, mudando a empresa de maneira fundamental.

Ansiosa para se expandir no final dos anos 1990 e início dos anos 2000, a Renaissance às vezes se desviava de sua prática habitual, contratando funcionários de concorrentes, muitos dos quais eram cientistas vindos da Rússia e da Europa Oriental. Entre eles, estava Alexander Belopolsky, que havia passado um tempo em uma unidade da D. E. Shaw, o fundo de hedge quantitativo. Foi uma decisão de contratação a qual Nick Patterson foi contra. Não só porque Belopolsky havia trabalhado em Wall Street, mas também porque respondeu a perguntas difíceis em sua entrevista na Renaissance de forma bastante desenrolada, achava Patterson, como se tivesse sido treinado.

Outros cientistas estrangeiros também demonstravam uma capacidade excepcional de se sair muito bem respondendo aos tipos de perguntas mais desafiadores que geralmente deixavam os entrevistados perdidos. Depois que Whitney passou seu problema favorito para um candidato, começou a receber a mesma resposta: uma pausa dramática, uma confusão aparente e, de repente, um golpe de brilhantismo e uma solução absolutamente bela.

"Ah, entendi!"

Mais tarde, ele percebeu que alguém estava dando as respostas aos candidatos estrangeiros.

"Eles eram grandes atores", comentou Whitney. "Eu me senti um bobo."

Os funcionários do Medallion fizeram grande fortuna, mas, como o tamanho do fundo era de cerca de US$5 bilhões em 2003, às vezes achavam difícil aumentar sua remuneração, levando a momentos de tensão. Em Wall Street, os traders costumam se sentir mais infelizes depois de anos formidáveis, e não lamentáveis, à medida que surgem ressentimentos — sim, ganhei muito dinheiro, mas alguém que não merecia conseguiu *mais*!

Na Renaissance, alguns dos novatos lançavam boatos difamando os colegas bem pagos, como Peter Weinberger, lendário cientista da computação. Em 1996, Simons contratou Weinberger para trabalhar com Laufer nas operações de futuros. Ex-chefe de pesquisa em ciência da computação do Bell Labs, ele era famoso por ajudar a desenvolver a linguagem de programação chamada AWK (o W representava seu sobrenome). Por trás, os novatos levantavam dúvidas a seu respeito, dizendo que sua técnica era antiquada e que ele não estava contribuindo.

"Tudo bem que ele é famoso, mas o que ele *faz*?", resmungou um deles. (Weinberger deixou a empresa em 2003.)

Alguns veteranos simpatizavam com os novos funcionários, apesar da desigualdade. Muitos haviam passado anos de formação vivendo sob o regime comunista, por isso era compreensível que fossem menos abertos e confiantes, argumentavam os defensores. Às vezes, os cientistas estrangeiros compartilhavam histórias sobre as dificuldades sem fim de sua juventude. E não era como se *todos* os membros da nova geração estivessem desrespeitando seus colegas mais velhos.

No entanto, a essência da empresa estava mudando, e o nervosismo só crescia.

=

David Magerman estava infeliz, mais uma vez. Nunca foi de guardar suas opiniões para si, e não seria agora que começaria.

Primeiro, a questão de Simons fumar. Isso mesmo, Simons foi o pioneiro dos investimentos quantitativos, era bilionário e fundador e sócio majoritário de sua empresa. Mas, *por favor*, dá para parar de fumar?! Magerman sentia que estava piorando sua asma, por passar a tossir sempre após as reuniões. Ele estava determinado a fazer alguma coisa sobre isso.

Isso é demais!

"Jim, liguei para os Recursos Humanos para registrar uma queixa de segurança e saúde ocupacional", disse ele a Simons um dia, referindo-se ao órgão federal que rege as violações no ambiente de trabalho. "Isso é *ilegal*."

Disse ainda que não participaria mais das reuniões se ele continuasse fumando. Simons entendeu a mensagem e comprou uma máquina que aspirava a fumaça do cigarro, o que seria o suficiente para fazer com que Magerman parasse com aquele miniboicote.

Simons ainda empregava alguns traders da velha guarda, outra coisa que o incomodava. Simons acreditava na operação via computadores, mas não confiava por completo em um sistema automatizado em mercados instáveis, uma postura que Magerman não conseguia entender. Às vezes, Magerman jogava as coisas para descontar sua irritação — geralmente latas de Coca diet, uma vez um monitor de computador. Por fim, Brown convenceu Magerman de que não valia a pena lutar para tentar acabar com esse problema.

Outros na empresa ficaram animados com questões mais triviais. A alguns quilômetros da sede de East Setauket da Renaissance, perto de West Meadow Beach, a maior praia pública ao norte da Flórida, havia uma fileira com 90 chalés. Os funcionários da Renaissance possuíam alguns dos bangalôs de madeira, com vistas para o porto de Stony Brook. A empresa também possuía um chalé. No entanto, esses chalés haviam sido construídos em terras públicas adquiridas ilegalmente, e a cidade tinha planos de demoli-los. Quando surgiu um grupo, apoiado por funcionários da Renaissance, para manter os chalés como propriedades particulares, Whitney, ex-professor de matemática que ingressou na empresa em 1997, ficou indignado. Criou um site para apoiar a demolição, enquanto Magerman imprimia e distribuía adesivos para carros que diziam: "Derrubem as Cabanas!"

"Está errado e ponto final", insistia Whitney no refeitório. "É um parque público!"

Mercer assumiu uma posição contrária, é claro.

"O que é que tem demais nisso?" perguntou, cutucando Whitney e outros.

As tensões aumentaram; a certa altura, alguns funcionários da Renaissance não deixavam seus filhos brincarem com os filhos de Whitney. Mais do que apenas chalés pareciam estar em jogo — Whitney e outros sentiam que a Renaissance estava mudando em meio ao influxo de novos funcionários, tornando-se um lugar menos acolhedor e igualitário. As cabanas foram derrubadas, mas a raiva pairou no ar.

Em 2002, Simons aumentou as taxas dos investidores do Medallion para 36% dos lucros de cada ano, despertando a ira de alguns clientes. Pouco depois, a empresa aumentou as taxas para 44%. Então, no início de 2003, Simons começou a expulsar todos os seus investidores do fundo. Ele temia que o desempenho diminuiria se o Medallion crescesse muito e preferia que ele e seus funcionários mantivessem todos os ganhos. Mas alguns investidores se mantiveram com o Medallion nos períodos difíceis e ficaram decepcionados.

Whitney, Magerman e outros foram contra a mudança. Para eles, era mais uma indicação de que as prioridades da empresa estavam mudando.

—

Entre os funcionários novos mais ambiciosos estava um matemático oriundo da Ucrânia chamado Alexey Kononenko. Aos 16 anos, ganhou uma vaga na Universidade Estadual de Moscou, mudando-se para a capital para estudar matemática pura na famosa universidade. Em 1991, antes que pudesse concluir seus estudos, ele e sua família fugiram da URSS, juntando-se a uma onda de emigrantes impactados pelo desenfreado antissemitismo do país.

Em 1996, ele recebeu seu doutorado pela Penn State, onde estudou com o respeitado geômetra e colega imigrante russo Anatole Katok. Mais tarde, concluiu um pós-doutorado na Universidade da Pensilvânia. Com alguns colegas, escreveu uma dúzia de artigos de pesquisa, alguns dos quais se mostraram influentes, como um que aborda a trajetória das bolas de bilhar.

Confiante e extrovertido, ele recebeu um cobiçado cargo de pós-doutorado no Mathematics Sciences Research Institute, a renomada instituição em Berkeley, Califórnia. Porém, quando um colega desejou os parabéns a ele, o jovem parecia mais decepcionado do que satisfeito com seu novo cargo.

"Alex esperava receber uma oferta de cargo titular de Princeton, Harvard ou da Universidade de Chicago, o que não era muito realista naquele momento", lembra um colega acadêmico. "Ele já havia conquistado muito, mas poderia ter tido mais perspectiva e paciência."

Kononenko parecia dar mais prioridade ao dinheiro do que a seus colegas, talvez porque estivesse focado em alcançar segurança financeira depois de ter passado por circunstâncias desafiadoras na União Soviética. Não ficaram chocados quando souberam que Kononenko deixara o mundo acadêmico para entrar para a Renaissance. Lá, rapidamente subiu na hierarquia, desempenhando um papel fundamental em vários avanços nos trades de ações estrangeiras. Em 2002, Kononenko — que era magro, barbeado e bonito, com cabelos ficando grisalhos nas laterais — estava embolsando mais de US$40 milhões por ano, estimavam seus colegas, metade por seu salário e metade por investir no Medallion. Usava parte de seus ganhos para formar um impressionante acervo de obras de arte.

Apesar de sua riqueza crescente, Kononenko e alguns de seus mais novos colegas estavam infelizes. Reclamavam que havia muitos funcionários "imprestáveis" que não estavam fazendo sua parte e tinham um salário alto demais.

"Com o que eles contribuem, afinal?", ouviram um novato questionando sobre alguns dos executivos de nível sênior da Renaissance.

Alguns até achavam que Brown e Mercer eram descartáveis. Nessa época, Brown foi pego por seu ritmo acelerado e digitação desenfreada — ele sofria da síndrome do túnel do carpo e, às vezes, parecia desanimado, provavelmente por não poder passar o mesmo número de horas no computador. Mercer sofria de dores nas articulações e, às vezes, faltava no trabalho. Ouviram Kononenko falando mal dos dois, lembra um veterano. Depois de descobrir um erro na construção do portfólio de ações, Kononenko passou a questionar se Brown e Mercer deveriam administrar a empresa, Brown contou a pelo menos uma pessoa. Simons defendeu os executivos, mas a ousadia de Kononenko se espalhou.

Surgiram reclamações até sobre Simons, que passava menos tempo no escritório e ainda recebia cerca de metade dos lucros da empresa.

"Ele não faz mais nada", reclamou um funcionário a Magerman um dia no corredor. "Ele está nos *ferrando*."

Magerman não podia acreditar no que estava ouvindo.

"Ele *tem* direito a seu enorme salário", retrucou.

Logo, Kononenko estava pressionando para que fosse colocado em prática um plano de transferir os pontos de Simons e dos membros da velha guarda para novatos e outros que mereciam. A ideia dividiu a empresa, mas Simons concordou em implementar uma realocação. Entretanto, mesmo assim, as queixas não foram acalmadas.

A empresa estava mudando, em parte porque alguns funcionários de longa data estavam saindo. Depois de quase uma década examinando os padrões de mercado, Nick Patterson pediu demissão para ingressar em um instituto em Cambridge, Massachusetts, e analisar outro tipo de dados complicados — o genoma humano — para obter uma melhor compreensão da biologia humana.

Logo, o lugar estava tomado por uma sensação como em *O Senhor das Moscas*. Os veteranos estavam preocupados com que os novatos estivessem perseguindo quem tivesse muitos pontos, ou participação, na empresa para liberar dinheiro para si mesmos. Alguns dos europeus orientais gostavam de ficar até tarde no escritório, cobrando jantares da empresa, enquanto discutiam por que Simons e outros recebiam demais, disseram os funcionários. No dia seguinte, eles se uniam para zombar do trabalho realizado por outras pessoas no grupo de ações.

Silenciosamente, dois cientistas de nível sênior da equipe de ações de Brown e Mercer — Belopolsky, antigo executivo da D. E. Shaw, e um colega chamado Pavel Volfbeyn — iniciaram discussões secretas para deixar a empresa. Pouco antes, a equipe de Recursos Humanos da Renaissance havia cometido um erro crítico. Quando Belopolsky e Volfbeyn se tornaram diretores da empresa, receberam contratos de confidencialidade e de não concorrência. No entanto, a dupla não assinou o contrato de não concorrência e ninguém percebeu. Isso lhes rendeu uma abertura.

Em julho de 2003, Belopolsky e Volfbeyn soltaram a bomba: eles estavam se juntando à Millennium Management, empresa concorrente administrada pelo bilionário gerente de fundos de hedge Israel Englander, que lhes havia prometido a chance de fazer uma fortuna ainda maior.

Simons ficou tomado pelo medo, preocupado que os dois tivessem milhões de linhas do código-fonte do Medallion. Ele tinha certeza de que seus segredos estavam prestes a ser revelados, prejudicando o fundo de hedge.

"Eles roubaram de nós!", concluiu ele enfurecido a um colega.

Simons mal teve a chance de digerir essas partidas e já foi confrontado com uma verdadeira tragédia.

=

Nicholas Simons herdou o amor de seu pai pela aventura. Em 2002, um ano depois de se formar na faculdade, o jovem, terceiro filho de Simons, conseguiu um emprego em Catmandu, capital do Nepal, trabalhando com energia hidrelétrica para o governo nepalês, contratado por uma empresa de consultoria norte-americana. Nick se apaixonou pela cidade, conhecida como uma porta de entrada para o espetacular Himalaia e um paraíso para os praticantes de caminhada nas montanhas.

De volta a Long Island, Nick, que era fisicamente parecido com seu pai e compartilhava de sua paixão por caminhadas, disse a seus pais que queria trabalhar em um país do Terceiro Mundo, talvez abrindo uma clínica médica no Nepal para ajudar os moradores mais pobres. Ele sairia rumo a uma aventura ao redor do mundo com um amigo e depois retornaria para aprender química orgânica e entrar para a faculdade de medicina.

Uma semana antes de voltar para casa, Nick parou em Amed, uma longa faixa costeira de vilarejos de pescadores no leste de Bali e um centro de mergulho livre (apneia), esporte subaquático emocionante no qual os mergulhadores prendem a respiração até ressurgir, sem equipamentos de mergulho. Em um dia quente de julho, ele e seu amigo se revezaram mergulhando 30 metros, apreciando o mar calmo e cristalino. Os amigos se vigiavam, um subindo, o outro descendo, protocolo de mergulho livre destinado a minimizar o perigo das mudanças de pressão e outras ameaças graves quando se está muito abaixo da superfície.

A certa altura, a máscara do parceiro de Nick ficou embaçada, então ele subiu e saiu da água para ajustar os equipamentos. Distante por apenas cinco minutos, quando voltou, não conseguia mais localizar Nick, que foi encontrado no fundo do mar. Quando seu corpo foi trazido à superfície, não conseguiram ressuscitá-lo. No meio da noite, Jim e Marilyn foram acordados por um telefonema do amigo do filho.

"Nick se afogou", logo contou.

No funeral, Jim e Marilyn estavam inconsoláveis, pálidos e deprimidos. A escuridão do luto deles ficou ainda maior com uma forte tempestade naquela noite, e pelos trovões e relâmpagos que um amigo descreveu como "apocalípticos".

Simons tinha uma crença inabalável na lógica, racionalidade e ciência. Ele arriscava as chances em seus trades, travando uma batalha diária com o acaso, geralmente saindo vitorioso. Agora havia passado por dois acidentes trágicos e imprevisíveis. Os acontecimentos foram extremos, inesperados e quase inconcebíveis. Simons havia sido derrubado pelo acaso.

Ele se esforçava para entender como poderia ter tanta sorte na vida profissional e ainda ter um destino tão cruel na vida pessoal. Enquanto fazia a Shivá,* em sua casa em Nova York, Robert Frey, executivo da Renaissance, aproximou-se dele, dando-lhe um abraço.

"Robert, minha vida é oito ou oitenta", disse Simons. "Eu não entendo."

Sete anos antes, a morte súbita de Paul havia sido um golpe decisivo. A morte de Nick foi igualmente dolorosa. Agora, porém, a tristeza de Simons estava misturada com raiva, diziam os amigos, uma emoção raramente vista em Simons. Ele se tornou ríspido, até mesmo genioso, com colegas e outros.

"Ele viu a morte como uma traição", comentou um amigo.

Lidando com a intensa dor, Jim e Marilyn falaram sobre comprar uma grande parte de St. John, mudar-se para a ilha e desaparecer. Intermitentemente, saíam desse colapso profundo. Em setembro, Jim, Marilyn e outros familiares viajaram para o Nepal pela primeira vez, com alguns amigos de Nick, na busca de uma maneira de continuar seu legado. Ele havia sido atraído a Catmandu e tinha interesse em medicina; portanto, fundaram uma ala de maternidade em um hospital na cidade. Mais tarde, Jim e Marilyn abriram o Instituto Nick Simons, que oferece assistência médica para quem vive nas áreas rurais do Nepal, a maioria dos quais não tem serviços básicos de emergência.

No escritório, Simons continuou ausente. Por um tempo, pensou em se aposentar e passou um período trabalhando em problemas de matemática com seu amigo Dennis Sullivan, em busca de uma fuga.

"Era um refúgio. Um lugar tranquilo em minha cabeça", afirmou Simons.[9]

Os executivos da Renaissance não conseguiam obter sua atenção, criando um vazio na liderança à medida que as brechas da empresa aumentavam. Tensões que estavam se formando há tempos estavam prestes a irromper.

=

---

* N.T.: Shivá é a prática judaica quando o enlutado pela morte de um parente próximo retira-se no recesso de seu lar e, ao sentar-se, o faz no chão ou em banquinhos de pequena altura.

Brown e Mercer atravessaram a porta de entrada da casa de Simons, pegando seus lugares de um lado de uma mesa de jantar, longa e formal. Magerman, Whitney e outros se juntaram um pouco mais tarde, sentando-se ao redor da mesa, enquanto Simons ficou sentado na ponta.

Era primavera norte-americana de 2004, e 13 dos principais executivos da Renaissance estavam reunidos para jantar na propriedade de 9 hectares de Simons em East Setauket, Long Island. Na verdade, ninguém do grupo queria estar lá naquela noite, mas tinham de decidir o que fazer com Alexey Kononenko.

Naquela altura, o comportamento dele havia se tornado uma verdadeira distração. Ignorava as atribuições de Brown e Mercer o tempo todo. Quando marcavam uma reunião para discutir seu comportamento relutante, ele simplesmente não aparecia.

(Alguém próximo a ele contesta como ele e suas ações foram retratadas por outras pessoas que trabalharam com ele.)

Porém, Simons e os outros estavam em uma grande enrascada. Se o demitissem ou repreendessem, junto com outros colegas que ele gerenciava, o grupo poderia sair rapidamente da empresa, assim como Belopolsky e Volfbeyn. Era difícil cumprir seus contratos de confidencialidade e, embora seus contratos de não concorrência pudessem impedi-los de operar nos EUA, todos poderiam voltar para casa na Europa Oriental, longe do alcance da lei norte-americana.

Segurando talheres polidos, os executivos devoraram bifes suculentos enquanto degustavam de um delicioso vinho tinto. A conversa fiada ia desaparecendo à medida que Simons ficava sério.

"Temos uma decisão a tomar", disse ele, o que seus colegas à mesa entenderam se referir à conduta "não colaborativa" de Kononenko.

Brown estava motivado e inflexível, argumentando que eles precisavam manter Kononenko e seu grupo. Eles representavam cerca de um terço dos pesquisadores que analisavam as ações e eram importantes demais para se perder. Além disso, haviam passado tanto tempo treinando o grupo que seria uma lástima vê-los partir.

"Ele agrega valor", alegou Brown com confiança. "O grupo é produtivo."

A visão de Brown refletia os sentimentos de alguns na Renaissance, que sentiam que, embora Kononenko fosse irritante e pudesse ser absurdamente franco e direto, era provável que seu comportamento refletisse a cultura com a qual se acostumara na Rússia.

Mercer não disse quase nada, é claro, mas parecia concordar com Brown e com os outros da mesa que votavam por ignorar as infrações de Kononenko. Simons também parecia estar a favor de manter a equipe.

"Podemos demitir esses caras", concluiu ele. "Mas, se eles partirem, competirão conosco e dificultarão nossas vidas."

Simons não aprovava o comportamento de Kononenko, mas achava que ele poderia ser moldado para vestir a camisa da equipe e até mesmo acabar se tornando um bom gerente.

"Ele era um pé no saco, e foi uma decisão difícil", admitiu Simons mais tarde a um amigo. "Mas ele não roubou de nós", aludindo às supostas ações de Belopolsky e Volfbeyn.

Enquanto ouvia os argumentos, Magerman ficou tenso. Ele não podia acreditar no que estava ouvindo. A equipe de Kononenko tentou fazer com que Brown e Mercer fossem demitidos. Forçaram Simons a ter um corte salarial e dificultaram a vida de todos, subvertendo a cultura compartilhada e colaborativa que ajudou a Renaissance a prosperar. Simons via potencial em Kononenko? Magerman não estava de acordo.

"Isso é ridículo!", disse ele, olhando para Simons e depois para Brown. "Se não acabarmos com esse comportamento ou despedi-los, estou fora."

Magerman olhou para Whitney, na expectativa de obter algum apoio. Não ouviu nada. Whitney sabia que eram minoria. Em particular, Whitney havia dito a Simons que deixaria a empresa se Alexey não fosse demitido. Simons e os outros tinham certeza de que Magerman e Whitney estavam blefando e que não iriam a lugar nenhum. Foi alcançado um consenso: Kononenko e sua turma ficariam. Logo depois, ele até mesmo foi promovido.

"Dê-nos um tempo, David, daremos um jeito", pediu Brown.

"Temos um plano", acrescentou Simons, tentando tranquilizar Magerman também.

Magerman e Whitney saíram da sala, sérios e angustiados. Logo, criaram seus próprios planos.

=

Perto da meia-noite, depois que seus funcionários foram embora, Simons voltou ao silêncio de sua casa. Sua empresa estava dividida em duas. Os funcionários de nível sênior estavam prestes a revelar os segredos mais valiosos do Medallion. A morte de Nicholas ainda o assombrava. Simons tinha de encontrar uma maneira de lidar com tudo isso.

CAPÍTULO TREZE

Todos os modelos estão errados, mas alguns deles são úteis.

GEORGE BOX, ESTATÍSTICO

Jim Simons enfrentava uma lista crescente de problemas.

Ele tinha uma solução.

Os funcionários estavam discutindo uns com os outros e dois cientistas importantes haviam saído às pressas, possivelmente levando consigo os segredos do Medallion. Simons também estava preocupado com os demais funcionários. Sim, o fundo de hedge, que administrava mais de US$5 bilhões, continuava registrando fortes ganhos anuais de cerca de 25% após taxas. Em 2004, o índice de Sharpe do Medallion chegou a 7,5, um número de cair o queixo, deixando o de seus concorrentes parecer minúsculo. Mas ele se preocupava com o relapso de seus funcionários. A Renaissance havia contratado dezenas de matemáticos e cientistas ao longo de vários anos, e Simons sentia uma pressão em mantê-los ocupados e produtivos. Ele precisava encontrar um novo desafio para eles.

"Todos esses cientistas estão mais ricos do que jamais imaginaram", disse a um colega. "Como posso motivá-los?"

Ele tinha também outro motivo mais pessoal para encontrar um novo projeto. Ele continuava lutando contra a dor emocional intensa e duradoura causada pela morte repentina de seu filho Nicholas. Alguns anos antes, Simons parecia ansioso para se aposentar dos trades; agora, estava desesperado por distrações.

Ele não tinha nenhum interesse em mexer nas operações do Medallion. Uma vez por ano, o fundo devolvia seus ganhos a seus investidores — em sua maioria, funcionários da própria empresa — garantindo que não ficasse grande demais. Se o Medallion gerisse muito mais dinheiro, Simons, Henry Laufer e os outros estavam convencidos de que seu desempenho — ainda ligado a várias flutuações de preços de curto prazo — seria prejudicado.

O limite de tamanho significava que, às vezes, o Medallion identificava mais aberrações e fenômenos do mercado do que poderia colocar em prática. Os sinais descartados de trades geralmente envolviam oportunidades de longo prazo. Os cientistas de Simons estavam mais confiantes em relação aos sinais de curto prazo, em parte porque havia mais dados disponíveis para ajudar a confirmá-los. Um sinal de trade de um dia pode incorporar pontos de dados para todos os dias de operação do ano, por exemplo, enquanto um sinal de um ano depende de apenas um ponto de dados anual. No entanto, os pesquisadores tinham bastante certeza de que poderiam ganhar dinheiro de verdade se tivessem a chance de desenvolver algoritmos focados em um período mais longo de retenção.

Isso trouxe uma ideia a Simons — por que não abrir um novo fundo de hedge para aproveitar esses sinais preditivos extrínsecos de longo prazo? Era provável que os retornos não fossem tão bons quanto os do Medallion, Simons percebeu, uma vez que um novo fundo não seria capaz de tirar proveito dos trades de curto prazo mais confiáveis da empresa, mas era provável que esse fundo pudesse administrar muito mais dinheiro do que o Medallion. Um megafundo que detém investimentos por longos períodos não incorreria nos custos de operação de um fundo de trades rápidos de tamanho semelhante, por exemplo. Contar com trades de longo prazo também impediria o novo fundo de canibalizar os retornos do Medallion.

Pesquisar e lançar um novo fundo de hedge representaria um novo desafio para reanimar a empresa, concluiu. Havia ainda um bônus extra na ideia. Simons estava pensando em encontrar um comprador para a Renaissance. Talvez não para a empresa inteira, mas para uma parte dela. Ele estava com quase 70 anos de idade e achava que não seria uma má ideia vender parte de seu patrimônio da empresa, embora não estivesse disposto a contar a ninguém. Um novo e gigantesco fundo de hedge que gerava renda confiável e recorrente a partir de suas taxas e retornos traria um apelo especial a potenciais compradores.

Alguns na Renaissance não entendiam o porquê de tal empreendimento. Era provável que atrapalhasse o trabalho deles e levasse a um influxo de investidores intrometidos perambulando pelos corredores. Mas Simons tinha a última palavra e queria esse fundo. Seus pesquisadores decidiram por um que operaria com pouca intervenção humana, como o Medallion, mas que manteria investimentos por um mês ou mais. Incorporaria algumas das táticas habituais da Renaissance, como encontrar correlações e padrões nos preços, mas acrescentaria outras estratégias mais fundamentais, como a compra de ações baratas com base na relação preço–lucro, dados do balanço patrimonial entre outras informações.

Após uma série de testes detalhados, os cientistas chegaram à conclusão de que o novo fundo de hedge poderia conquistar o mercado de ações com alguns pontos percentuais a cada ano, enquanto gerava menor volatilidade do que o mercado em geral. Ele produziria os tipos de retornos constantes que atraem especialmente os fundos de pensão e outras grandes instituições. Melhor ainda, esse fundo poderia alcançar esses retornos, mesmo que gerisse até US$100 bilhões, calcularam eles, um montante que o tornaria o maior fundo de hedge da história.

Conforme a equipe de vendas recém-contratada começou a lançar o fundo, chamado Renaissance Institutional Equities Fund, ou RIEF, deixaram claro que não seguiria a mesma linha do Medallion. Alguns investidores ignoraram o aviso, considerando-o uma mera formalidade. A mesma empresa, os mesmos pesquisadores, os mesmos modelos de risco e operação, os mesmos retornos, imaginaram eles. Em 2005, o Medallion exibia retornos anualizados de 38,4% nos 15 anos anteriores (após essas enormes taxas), um desempenho que os documentos de venda do RIEF destacavam muito bem. Os retornos do novo fundo teriam de estar *pelo menos* próximos dos resultados do Medallion, pensaram os investidores. Além disso, o RIEF cobrava apenas uma taxa de gerenciamento de 1%, e 10% de todo o desempenho de quaisquer ganhos, uma pechincha em comparação ao Medallion.

O RIEF abriu suas portas no verão norte-americano de 2005. Um ano depois, com o novo fundo já alguns pontos percentuais à frente do mercado de ações geral, os investidores começaram a fazer fila para entregar seu dinheiro. Não demorou muito e US$14 bilhões haviam sido investidos no RIEF.

Alguns possíveis investidores pareciam mais empolgados com a possibilidade de conhecer Simons, o investidor celebridade ou seus funcionários secretos, que pareciam ser abençoados com habilidades mágicas de trades. Quando David Dwyer, um executivo de vendas sênior, conduzia potenciais clientes em visitas ao campus da Renaissance, ele parava e apontava aos cientistas e matemáticos enquanto exerciam suas rotinas diárias, como se fossem criaturas exóticas raramente vistas em seu habitat natural.

"Nesta sala de conferências, nossos cientistas avaliam seus últimos sinais preditivos."

Oh.

"É aí que o processo crucial de revisão por pares acontece."

Ah.

"Naquele canto, Jim Simons se reúne com seus principais executivos para mapear a estratégia."

Uau!

Quando os visitantes passavam pela área da cozinha, os matemáticos passeavam às vezes para esquentar um pão ou pegar um pedaço de bolo, provocando empolgação no grupo, e certo estranhamento por parte dos funcionários que não estavam acostumados a ver estranhos os observando.

Em seguida, Dwyer levava seus visitantes escada abaixo para ver o grupo de dados da Renaissance, no qual mais de 30 doutores e outros — incluindo cidadãos chineses e algumas mulheres cientistas recém-contratadas — geralmente estavam mergulhados em pensamentos perto de quadros brancos cheios de fórmulas complexas. O trabalho desses cientistas, explicava Dwyer, era pegar milhares de dados externos, vindos em fluxo ininterrupto para a empresa, e limpá-los, removendo erros e irregularidades para que os matemáticos do andar de cima pudessem usar as informações para descobrir padrões de preços.

O tour de Dwyer geralmente terminava no andar de cima novamente, na sala de computadores da Renaissance, que era do tamanho de duas quadras de tênis. Lá, pilhas de servidores, em longas filas de gaiolas de metal de quase três metros de altura, estavam interligadas, piscando e silenciosamente processando milhares de trades, mesmo enquanto seus convidados assistiam. O ar da sala parecia diferente e tinha um cheiro distinto — frio e seco, como se pudessem sentir os volts de eletricidade bombeando. A sala ajudou a destacar a mensagem de Dwyer: os modelos matemáticos e a abordagem científica da Renaissance eram sua espinha dorsal.

"É muito raro virem e não investirem", concluiu Dwyer.

Às vezes, Simons ou Brown se juntavam às apresentações dos clientes para cumprimentá-los e responder perguntas. Muitas vezes, essas reuniões seguiam direções inesperadas. Uma vez, um vendedor do RIEF organizou um almoço no escritório da Renaissance, em Long Island, para a Robert Wood Johnson Foundation, a maior fundação dedicada ao financiamento de iniciativas da saúde pública. Enquanto a equipe de investimentos da fundação entrava em uma grande sala de conferências e apertava a mão dos funcionários de vendas do RIEF, eles distribuíram cartões de visita com o lema da fundação: "Construindo uma Cultura de Saúde."

O almoço correu bem e parecia que a fundação estava prestes a assinar um cheque para o RIEF. Para finalizar, um bolo de baunilha alto e com cobertura foi colocado no meio da mesa. Todos estavam de olho na sobremesa, preparando-se para experimentá-la. Nesse momento, Simons entrou, abrilhantando a sala.

"Jim, podemos tirar uma foto?", perguntou um dos profissionais de investimentos da organização de saúde.

Enquanto a conversa se prolongava, Simons começou a fazer uns movimentos estranhos com a mão direita. Os executivos da fundação não tinham ideia do que estava acontecendo, mas os funcionários do RIEF, nervosos, sabiam o que era aquilo. Quando Simons estava desesperado para fumar, ficava procurando seu maço de cigarros Merit que ficava no bolso esquerdo do peito. Porém, o bolso estava vazio, então Simons chamou sua assistente em um sistema de interfone, pedindo para trazer um cigarro.

"Vocês se importam se eu fumar?", perguntou ele a seus convidados.

Antes que percebessem, Simons já estava acendendo um cigarro. Logo, a fumaça estava sufocando quem estava na sala. Os representantes da Robert Wood Johnson — ainda dedicados à construção de uma cultura de saúde — ficaram surpresos. Simons não parecia notar ou se importar. Depois de uma conversa estranha, tentou apagar o cigarro, agora só uma bituca acesa, mas não conseguia localizar um cinzeiro. Os funcionários do RIEF começaram a suar — todos sabiam que Simons batia as cinzas em praticamente qualquer lugar que quisesse no escritório, até mesmo nas mesas dos subordinados e em suas xícaras de café. No entanto, Simons estava na sala de conferências mais chique da Renaissance e não conseguia encontrar um lugar adequado para jogar sua bituca.

Por fim, avistou o bolo cheio de cobertura branca. Ele se levantou, estendeu a mão sobre a mesa e enterrou bem o seu cigarro na cobertura do bolo. Enquanto aquela parte do bolo derretia, Simons saiu, deixando seus convidados pasmos. Os vendedores da Renaissance ficaram cabisbaixos, convencidos de que sua lucrativa venda havia sido desperdiçada. Entretanto, os executivos da fundação voltaram a si rapidamente, ansiosos para assinar um cheque gordo. Seria preciso mais do que ficar sufocado com fumaça de cigarro e um bolo de baunilha arruinado para mantê-los fora do novo fundo.

Apesar de seus deslizes ocasionais, Simons era um bom vendedor, um dos melhores matemáticos do mundo com uma rara capacidade de se conectar com aqueles que não conseguiam fazer equações diferenciais estocásticas. Ele contava histórias divertidas, tinha um senso de humor cáustico e mantinha seus interesses bem distantes da ciência e da geração de dinheiro. Demonstrava também diferenciada lealdade e preocupação com os outros, qualidades que os investidores podem ter sentido. Certa vez, Dennis Sullivan, voltando a Stony Brook depois de duas décadas na França, parou no estacionamento da Renaissance para conversar com Simons. Os dois passaram horas falando sobre fórmulas matemáticas, mas Simons sentiu que Sullivan estava enfrentando dificuldades com outro tipo de problema. Sullivan, que tinha seis filhos de vários casamentos há mais de quarenta anos, estava atendendo a pedidos financeiros de seus filhos e estava tendo dificuldade de decidir como tratar cada um com justiça.

Simons ficou em silêncio, refletindo sobre o dilema antes de dar uma resposta salomônica em apenas duas palavras.

"Afinal, igual", disse ele.

A resposta satisfez Sullivan, que partiu, sentindo-se aliviado. A reunião concretizou sua amizade e os dois começaram a passar mais tempo colaborando em artigos de pesquisa em matemática.

Simons podia ser franco sobre sua própria vida pessoal, o que também agradava a investidores e amigos. Quando perguntado como alguém tão dedicado à ciência podia fumar tanto, desafiando as possibilidades estatísticas, Simons respondeu que seus genes haviam sido testados e que ele tinha a capacidade única de lidar com um hábito que se mostrou prejudicial para a maioria das outras pessoas.

"Quando passamos de certa idade, estamos livres do perigo", comentou ele.

Brown era quase tão tranquilo e capaz com os investidores, mas Mercer era outros quinhentos. Os profissionais de marketing do RIEF tentavam mantê-lo longe dos clientes, para que ele não risse em um momento inesperado da conversa ou fizesse algo desagradável. Uma vez, quando nem Simons nem Brown estavam por perto para receber os representantes de um *endowement fund* [fundo de doação], da Costa Oeste, Mercer entrou na reunião. Questionado sobre como a empresa ganhava tanto dinheiro, ofereceu uma explicação.

"Então, nós temos um sinal", começou ele, com seus colegas acenando concordando muito nervosos. "Às vezes, ele nos diz para comprar Chrysler, às vezes nos diz para vender."

Silêncio instantâneo e sobrancelhas levantadas. A Chrysler não existia como empresa desde que foi adquirida pela montadora alemã Daimler em 1998. Mercer parecia não saber; ele era um investidor quantitativo, então, na verdade, não prestava atenção nas empresas que negociava. Os representantes deixaram passar a gafe, tornando-se os mais novos investidores do RIEF.

Na primavera norte-americana de 2007, estava ficando difícil manter os investidores afastados. Um total de US$35 bilhões tinha sido investido no RIEF, tornando-o um dos maiores fundos de hedge do mundo. A Renaissance tinha que instituir um limite de US$2 bilhões por mês para novos investimentos — sim, o fundo foi construído para lidar com US$100 bilhões, mas não de uma só vez. Simons fazia planos para outros novos fundos, iniciando o trabalho no Renaissance Institutional Futures Fund, RIFF, para operar contratos de futuros sobre títulos, moedas e outros ativos em longo prazo. Um novo grupo de cientistas foi contratado, enquanto funcionários de outras partes da empresa ajudavam, cumprindo o objetivo de Simons de motivar e unir os funcionários.[1]

Ele ainda tinha outro problema urgente a resolver.

No final da primavera de 2007, Simons estava em seu escritório em um prédio no centro da cidade de Nova York — uma estrutura de vidro e aço de 41 andares a poucos passos da estação Grand Central — olhando fixamente para Israel Englander, um bilionário grisalho de 47 anos conhecido por seus distintos óculos de casco de tartaruga. Os dois estavam tensos, infelizes e com raiva um do outro. Não era a primeira vez que se confrontavam.

Quatro anos antes, os pesquisadores Pavel Volfbeyn e Alexander Belopolsky deixaram a Renaissance para negociar ações do fundo de hedge de Englander, o Millennium Management. Furioso, Simons invadiu seu escritório um dia, exigindo que ele demitisse os traders, um pedido que havia ofendido Englander.

"Quero provas", disse ele a Simons na época, pedindo evidências de que Volfbeyn e Belopolsky haviam levado informações confidenciais da Renaissance.

Em particular, Englander se perguntava se o verdadeiro medo de Simons não seria a possibilidade de outros profissionais se afastarem de sua empresa, em vez de qualquer tipo de roubo. Simons não compartilhava muito com seu rival. Ele e a Renaissance processaram a empresa de Englander, assim como Volfbeyn e Belopolsky, enquanto os traders apresentavam reconvenção contra a Renaissance.

Em meio às hostilidades, Volfbeyn e Belopolsky criaram seu próprio sistema de trades quantitativos, acumulando cerca de US$100 milhões em lucros e tornando-se, como Englander comentou com um colega, dois dos traders mais bem-sucedidos já encontrados. Na Renaissance, os dois haviam assinado contratos de confidencialidade que os proibiam de usar ou compartilhar os segredos do Medallion. Entretanto, eles se recusaram a assinar os contratos de não concorrência, considerando a empresa desleal por colocá-los em uma pilha de outros papéis a serem assinados, segundo um colega. Sem nenhum contrato de não concorrência assinado com o qual se preocupar, Englander imaginou que tivesse o direito de contratar os pesquisadores, desde que eles não usassem nenhum dos segredos da Renaissance.

Sentado em uma cadeira felpuda em frente a Simons naquele dia de primavera, Englander disse que não estava a par dos detalhes de como seus contratados negociavam. Volfbeyn e Belopolsky haviam dito a ele e outros que se baseavam em um software de código aberto e nos insights de artigos acadêmicos e outros conteúdos da área financeira, não na propriedade intelectual da Renaissance. Então, por que devia ele demiti-los?

Simons ficou furioso. E também preocupado. Se Volfbeyn e Belopolsky não fossem brecados, os trades deles poderiam acabar com os lucros do Medallion. Essas defecções poderiam abrir o caminho para outras pessoas fazerem o mesmo. Havia também um princípio envolvido, sentia Simons.

Eles roubaram de mim!

Começaram a surgir evidências de que os dois poderiam, de fato, ter se apossado da propriedade intelectual do Medallion. Um especialista independente chegou à conclusão de que os pesquisadores usavam uma grande parte do mesmo código-fonte do Medallion. Também se baseavam em um modelo matemático semelhante para medir o impacto de seus trades no mercado. Pelo menos uma testemunha especialista ficou tão cética em relação às explicações de Volfbeyn e Belopolsky que se recusou a testemunhar em nome dos dois. Uma das estratégias empregadas por eles era chamada de "sinal de Henry". Parecia mais do que coincidência que a Renaissance usasse uma estratégia semelhante com o mesmo santo nome desenvolvido por Henry Laufer, parceiro de longa data de Simons.

Simons e Englander não chegaram a nenhum lugar naquele dia, mas, alguns meses depois, fizeram um acordo. A empresa de Englander concordou em desligar Volfbeyn e Belopolsky e pagar US$20 milhões à Renaissance. Alguns funcionários da Renaissance ficaram enfurecidos — os pesquisadores renegados haviam conquistado muito mais do que US$20 milhões para Englander e, depois de uma pausa de vários anos, ficariam livres para retomar suas atividades. Mas Simons ficou aliviado por deixar a disputa para trás e dar o recado para qualquer pessoa da empresa que ousasse pensar em seguir os passos daqueles pesquisadores geniosos.

Parecia que nada poderia frear Simons e a Renaissance.

=

O RIEF havia começado bem e o Medallion ainda estava gerando dinheiro. Peter Brown estava tão convencido que até fez uma aposta com um colega: se o Medallion obtivesse um retorno de 100% em 2007, ele ganharia o novo Classe E da Mercedes de seu colega. A veia competitiva de Brown se estendia a outras partes de sua vida. Magro e com 1,82m de altura, ele desafiava os colegas em partidas de squash e em testes de força na academia da empresa. Quando Simons levou seus funcionários e a família deles de férias para um resort em Bermudas, muitos estavam descansando em volta de uma piscina, usando meias pretas até os joelhos com sandálias, assistindo a um jogo de vôlei aquático. De repente, um alvoroço acabou com a paz. Uma pessoa na piscina estava tentando pegar a bola, o que espirrou água nos olhos de seus companheiros de equipe, e seus cotovelos passaram perigosamente perto do rosto de uma criança que estava por perto.

"Quem é o louco?", perguntou uma mãe alarmada, aproximando-se da piscina.

"Ah, é o Peter", respondeu um funcionário.

Tanto Brown quanto Mercer lidavam com a lógica, e não com os sentimentos. Muitos dos cientistas e matemáticos que contratavam eram igualmente brilhantes, motivados e aparentemente desapegados da emoção humana. No caminho de volta para casa, enquanto os funcionários faziam fila para embarcar no voo de volta, alguém sugeriu que abrissem o caminho para uma mulher grávida. Alguns cientistas da Renaissance se recusaram. Eles não tinham nada contra a mulher, mas, se ela realmente quisesse embarcar mais cedo, pela lógica, deveria ter chegado mais cedo, disseram eles.

"Era como estar com um monte de Sheldons", comentou uma pessoa de fora, que não fazia parte da viagem, referindo-se ao personagem do programa de televisão *The Big Bang Theory*.

À medida que assumia mais responsabilidades, Brown passava mais tempo lidando com executivos de marketing e outras pessoas que ainda não conheciam seu estilo brusco e instável. Como um adolescente, ele costumava ser irreverente e até travesso, principalmente quando o fundo estava indo bem. Mas ficava perturbado com coisas relativamente pequenas. Uma vez, durante uma reunião, um subalterno colocou o telefone no modo de vibração inadvertidamente, em vez de desligá-lo. Enquanto Brown falava, o telefone vibrou, sacudindo e derrubando uma pilha de livros. Os olhos de Brown se arregalaram. Ele olhou para o telefone e depois para o empregado. Então ficou louco de raiva.

"Tire essa porra dessa coisa daqui!", gritou Brown com toda sua força.

"Calma, Peter", pediu Mark Silber, diretor financeiro. "Vai ficar tudo bem."

Mercer também era bom em acalmar Brown. Só de estar por perto, parecia que ele deixava Brown mais bem-humorado. Ele não interagia muito com a maioria dos colegas, assobiando algumas vezes durante o dia, mas sempre ficava empolgado com Brown para criar ideias para melhorar os modelos de trades. Um era emotivo e extrovertido, o outro taciturno e cauteloso, um pouco como a dupla de comediantes e ilusionistas Penn & Teller (mas muito menos engraçados).

=

Em julho de 2007, o RIEF sofreu uma pequena perda, mas o fundo Medallion subiu 50% no ano, e Brown parecia estar pronto para ganhar a Mercedes de seu colega. Em outras partes da economia, surgiam problemas para os chamados financiamentos imobiliários subprime, do tipo emitido por credores agressivos a mutuários norte-americanos com histórico de crédito desgastado ou limitado. Os pessimistas previam que as dificuldades se espalhariam, mas poucos pensaram que uma pequena parcela do mercado de financiamentos imobiliários fosse capaz de prejudicar os mercados maiores de ações ou de títulos. De qualquer forma, os trades de ações de arbitragem estatística de Brown e Mercer eram neutras em relação ao mercado, portanto, seria improvável que o nervosismo afetasse os retornos.

Na sexta-feira, dia 3 de agosto, o Dow Jones Industrial Average despencou 281 pontos, uma perda atribuída à preocupação com a saúde do banco de investimentos Bear Stearns. No entanto, a queda não parecia ser grande coisa. A maioria dos investidores experientes estava de férias, no final das contas, portanto, não parecia valer a pena dar importância a essas perdas.

Naquele verão, havia surgido um grupo de fundos de hedge dominante. Inspirados pelo sucesso de Simons, a maioria tinha suas próprias estratégias neutras com relação ao mercado, assim como contavam com modelos computacionais e operações automatizadas. Na sede da Morgan Stanley, no centro de Manhattan, Peter Muller — investidor quantitativo de olhos azuis que tocava piano em um clube local durante seu tempo livre — liderava uma equipe que administrava US$6 bilhões para uma divisão do banco chamada PDT. Em Greenwich, Connecticut, o doutor da Universidade de Chicago, Clifford Asness, ajudava a liderar uma empresa de fundos de hedge quantitativos de US$39 bilhões chamada AQR Capital Management. E, em Chicago, Ken Griffin — que, no final dos anos 1980, havia instalado uma antena parabólica no telhado de seu dormitório em Harvard para receber cotações atualizadas por segundos — estava usando computadores de alta potência para fazer trades de arbitragem estatística e outras movimentações em sua empresa de US$13 bilhões, a Citadel.

Na tarde de segunda-feira, dia 6 de agosto, todos os traders quantitativos foram atingidos com perdas súbitas e graves. Na AQR, Asness fechou bruscamente as persianas da divisória de vidro de sua sala que ficava em um dos cantos do escritório e começou a ligar para os contatos para entender o que estava acontecendo. Surgiu a notícia de que um fundo quantitativo menor chamado Tykhe Capital estava em apuros, enquanto uma divisão da Goldman Sachs que também investia de maneira sistemática estava com dificuldades. Não ficou claro quem estava vendendo ou por que estava afetando tantas empresas que presumiam que suas estratégias eram únicas. Posteriormente, acadêmicos e outros sugeriram que uma liquidação de pelo menos um fundo quantitativo, juntamente com movimentações bruscas de outros para reduzir seus empréstimos — talvez porque seus próprios investidores estavam levantando dinheiro para atender os investimentos de financiamentos imobiliários que passavam por dificuldades —, havia provocado uma desaceleração violenta que ficou conhecida como "o terremoto quantitativo".

Durante a crise do mercado de ações de 1987, os modelos sofisticados fizeram os investidores fracassar. Em 1998, a Long-Term Capital sofreu perdas históricas. Os traders de algoritmos se preparavam para seu mais novo fiasco.

"Isso não é nada bom, Cliff", disse Michael Mendelson, chefe de trades globais da AQR, para Asness. "Parece uma liquidação."[2]

Durante a maior parte daquela segunda-feira, Simons estava concentrado em ações. Ele estava com sua família em Boston após a morte e o funeral de sua mãe, Marcia. À tarde, ele e seu primo, Robert Lourie, que dirigia o departamento de operações de futuros da Renaissance, voltaram para Long Island no jatinho Gulfstream G450 de Simons. A bordo, ficaram sabendo que o Medallion e o RIEF estavam sendo esmagados. Simons pediu para Lourie não se preocupar.

"Sempre temos dias muito bons depois dos difíceis", argumentou ele.

Porém, na terça-feira, ficou pior. Simons e seus colegas observavam as telas de seus computadores piscando em vermelho sem nenhum motivo aparente. O humor de Brown ficou sombrio.

"Não sei que droga está acontecendo, mas não é nada bom", afirmou ele a alguém.

Na quarta-feira, as coisas ficaram assustadoras. Simons, Brown, Mercer e cerca de mais seis pessoas correram para uma sala de conferências central, sentando-se ao redor da mesa. Imediatamente passaram a se concentrar em uma série de gráficos afixados em uma parede detalhando a magnitude das perdas da empresa e em que momento os credores bancários do Medallion efetuariam chamadas de margem, exigindo garantias adicionais para evitar a venda das posições acionárias do fundo. Uma cesta de ações já havia caído tanto que a Renaissance precisou obter garantias adicionais para evitar uma venda. Se suas posições sofressem perdas muito mais profundas, o Medallion teria de fornecer a seus credores ainda mais garantias para evitar vendas de ações em massa e perdas ainda mais drásticas.

A sala de conferências ficava perto de um átrio aberto, onde os grupos de pesquisadores se reuniam para trabalhar. Enquanto continuava a reunião, funcionários nervosos estudavam os rostos de quem entrava e saía da sala, avaliando o nível de desespero desses executivos.

Lá dentro, havia começado uma batalha. Sete anos antes, durante o colapso das ações de tecnologia do ano 2000, Brown não sabia o que fazer. Desta vez, ele tinha certeza. A liquidação não duraria muito, argumentava ele. A Renaissance deveria manter seu sistema de trades, disse Brown. Talvez até *adicionar* posições. O sistema deles, programado para comprar e vender por conta própria, já estava fazendo exatamente isso, aproveitando o caos e expandindo algumas posições.

"Esta é uma oportunidade!", reconheceu Brown.

Bob Mercer parecia concordar.

"Confie nos modelos — deixe-os rodar", acrescentou Henry Laufer.

Simons balançou a cabeça. Ele não sabia se sua empresa poderia sobreviver depois de tanta dor. Estava assustado. Se as perdas aumentassem e se não pudessem obter garantias suficientes, os bancos venderiam as posições do Medallion e sofreriam suas próprias perdas enormes. Se isso acontecesse, ninguém contaria com seu fundo novamente. Provavelmente seria um golpe mortal, mesmo se a Renaissance sofresse perdas financeiras menores do que as de seus credores bancários.

O Medallion precisava vender, e não comprar, disse ele a seus colegas.

"Nossa tarefa é sobreviver", comentou Simons. "Se estivermos errados, sempre poderemos adicionar [posições] depois."

Brown parecia chocado com o que estava ouvindo. Ele tinha fé absoluta nos algoritmos que ele e seus colegas cientistas haviam desenvolvido. Parecia que Simons o estava anulando publicamente e indo contra o próprio sistema de trades.

Na quinta-feira, o Medallion começou a reduzir posições acionárias para gerar caixa. De volta à sala de conferências, Simons, Brown e Mercer olhavam para uma única tela de computador que estava atualizando os lucros e as perdas da empresa. Eles queriam ver como suas vendas influenciariam o mercado. Quando o primeiro lote de ações foi vendido, o mercado sentiu o golpe, caindo ainda mais, causando ainda mais perdas. Depois, aconteceu novamente. Em silêncio, Simons ficou parado observando.

Os problemas aumentavam para todas as principais empresas de investimentos quantitativos; a PDT perdeu US$600 milhões do dinheiro da Morgan Stanley em apenas 2 dias. Agora a venda estava se espalhando por todo o mercado. Naquela quinta-feira, o S&P 500 caiu 3% e o Dow caiu 387 pontos. O Medallion já havia perdido mais de *US$1 bilhão* naquela mesma semana, impressionantes 20%. O RIEF também estava em queda, atingindo quase *US$3 bilhões*, ou cerca de 10%. Um silêncio misterioso envolvia o refeitório da Renaissance, enquanto pesquisadores e outros se sentavam quietos, imaginando se a empresa sobreviveria. Os pesquisadores ficaram acordados até depois da meia-noite, tentando entender os problemas.

Os nossos modelos estão com defeito?

A questão era que os concorrentes estavam compartilhando cerca de um quarto de suas posições. A Renaissance tinha sido afligida pela mesma doença, infectando muitas outras empresas. Alguns cientistas experientes, mas de fora da liderança, ficaram consternados — não tanto pelas perdas, mas por Simons interferir no sistema de trades e reduzir as posições. Alguns levaram essa decisão como uma afronta pessoal, um sinal de fraqueza ideológica e falta de convicção em seu trabalho.

"Você está totalmente errado", um pesquisador sênior escreveu em um e-mail para Simons.

"Ou você acredita no sistema ou não acredita", atestou outro cientista, com repulsa.

Simons afirmou que acreditava, sim, no sistema de trades, mas que as perdas do mercado eram incomuns — mais de vinte desvios-padrão da média, um nível de perda que a maioria nunca havia nem chegado perto de sofrer.

"Até aonde isso pode ir?", questionou ele.

Os credores da Renaissance estavam ainda mais apavorados. Se o Medallion continuasse perdendo dinheiro, o Deutsche Bank e o Barclays provavelmente perderiam bilhões de dólares. Poucos nos bancos estavam cientes dos acordos de opção de cesta. Essas perdas repentinas e profundas provavelmente chocariam os investidores e órgãos reguladores, trazendo questões sobre a administração e a saúde geral dos bancos. Martin Malloy, executivo do Barclays que mais se aproximou da Renaissance, pegou o telefone para ligar para Brown, esperando ter algum tipo de tranquilidade. Brown parecia atormentado, mas no controle.

Outros estavam começando a entrar em pânico. Naquela sexta-feira, Dwyer, executivo sênior contratado dois anos antes para vender o RIEF para as instituições, deixou o escritório para apresentar representantes de uma empresa de resseguros. Com a queda de cerca de 10% do RIEF naquele ano, mesmo com o mercado de ações subindo, os clientes ficaram furiosos. Mais importante para Dwyer: ele havia vendido sua casa quando entrou para a Renaissance e investido os recursos no Medallion. Como outros da empresa, ele também havia tomado dinheiro emprestado do Deutsche Bank para investir no fundo. Agora, ele havia perdido quase um milhão de dólares. Quando jovem, havia lutado contra a doença de Crohn. Os sintomas haviam diminuído, mas, depois disso tudo, ele passou a sentir dores agudas, febre e cólicas abdominais terríveis; por causa de seu estresse, a doença voltou.

Após a reunião, Dwyer foi a Long Island Sound de carro e pegou uma balsa até Massachusetts para encontrar sua família no fim de semana. Enquanto estacionava o carro e esperava para entregar as chaves a um atendente, imaginou um final para sua agonia.

E se eu não pisar nos freios?

Dwyer estava no fundo do poço, emocionalmente falando. Entretanto, de volta ao escritório, surgiram sinais de que o Medallion estava se estabilizando. Quando o fundo voltou a vender posições naquela manhã, o mercado parecia controlar as operações sem enfraquecer. Alguns atribuíram a virada do mercado a uma ordem de compra naquele dia feita por Asness da AQR.

"Acho que vamos superar tudo isso", afirmou Simons a um colega. "Chega de corpo mole." Ele estava ordenando que a empresa interrompesse suas vendas.

Na segunda-feira de manhã, o Medallion e o RIEF estavam ganhando dinheiro novamente, assim como a maioria dos outros grandes traders de investimentos quantitativos, como se a febre tivesse passado. Dwyer sentiu um profundo alívio. Mais tarde, alguns da Renaissance reclamaram que os ganhos teriam sido maiores se Simons não tivesse substituído o sistema de trades da empresa.

"Abrimos mão de muito mais lucros", admitiu um funcionário a ele.

"Eu teria tomado a mesma decisão novamente", respondeu Simons.

=

Em pouco tempo, a Renaissance se recuperou. A crescente turbulência nos mercados globais serviu de auxílio aos sinais do Medallion, ajudando o fundo a obter ganhos de 86% em 2007, quase o suficiente para Brown ganhar sua Mercedes. O novo fundo RIEF perdeu um pouco de dinheiro naquele ano, mas a perda não foi grande coisa.

No início de 2008, os problemas nos financiamentos imobiliários subprime haviam atingido quase todas as partes dos mercados de ações e títulos dos Estados Unidos e do mundo, mas o Medallion estava prosperando no caos, como sempre, subindo mais de 20% nos primeiros meses do ano. Simons trouxe novamente à tona a ideia de vender até 20% da Renaissance.

Em maio de 2008, Simons, Brown e alguns outros executivos da Renaissance viajaram para o Qatar para se encontrar com representantes do fundo soberano do país, para discutir a venda de uma parte da Renaissance. Como chegaram em uma sexta-feira, dia de oração para os muçulmanos, as reuniões não poderiam ser agendadas até o dia seguinte. O concierge do hotel recomendou que o grupo fizesse um passeio nas dunas, um famoso tipo de percurso off-road em que veículos 4x4 sobem e descem as íngremes dunas em alta velocidade e ângulos perigosos, como se fosse uma montanha-russa no deserto. Era um dia extremamente quente, e Brown e os outros foram à piscina do hotel. Mas Simons foi para o deserto com Stephen Robert, veterano do setor e antigo executivo-chefe da empresa de investimentos Oppenheimer, contratada por Simons para supervisionar a direção estratégica e de marketing da Renaissance.

Em pouco tempo, eles estavam passeando pelas dunas que pareciam tão elevadas quanto montanhas em velocidades tão altas que o veículo em que estavam quase tombou. Simons ficou branco.

"Jim, você está bem?", gritou Robert para sobressair-se ao barulho do motor.

"Poderíamos ter morrido!", retrucou ele gritando, passando o medo que sentia em sua voz.

"Relaxe, eles fazem isso o tempo todo", Robert disse a ele.

"E se tombar?", respondeu Simons. "As pessoas acham que eu sou muito inteligente, e vou morrer da maneira mais idiota possível!"

Durante mais cinco minutos, Simons foi tomado pelo terror. Então, de repente, ele relaxou, trazendo cor novamente a seu rosto.

"Entendi!", gritou ele para Robert. "Existe um princípio na física: não podemos tombar a menos que os pneus tenham tração! Estamos na areia, então os pneus não têm nada em que se agarrar!"

Simons deu um sorriso orgulhoso por ter descoberto um problema científico bastante relevante.

―

Glen Whitney não estava tão relaxado assim.

Depois do jantar na casa de Jim Simons, onde ficou decidido que Alexey Kononenko não seria punido por seu comportamento, Whitney ficou desanimado. Ele e Magerman prometeram que deixariam a Renaissance, mas poucos acreditavam neles. Quem abriria mão de dezenas de milhões de dólares por ano por causa de um colega irritante e preocupações com a cultura de uma empresa?

Mas ele estava falando sério. Aquela decisão foi a gota-d'água para ele. Antes, ele havia protestado contra a decisão de Simons de retirar do Medallion quem não fosse funcionário da empresa. Ele não tinha certeza de que um fundo de hedge acrescentasse muito à sociedade se desse dinheiro apenas a seus próprios funcionários. Antigamente, a Renaissance parecia um departamento universitário unido. Agora, eram só cotoveladas o atingindo.

No verão de 2008, Whitney anunciou que aceitaria um papel de liderança no Museu Nacional de Matemática, ou MoMath, o primeiro museu da América do Norte dedicado à celebração da matemática. Os colegas tiraram sarro dele. Se ele realmente queria melhorar a sociedade, alguns disseram a ele, deveria ficar, acumular mais riquezas e doar tudo mais para frente.

"Você está saindo porque quer se sentir bem consigo mesmo", concluiu um colega.

"Eu tenho direito à felicidade pessoal", respondeu Whitney.

"Isso é egoísmo", resmungou um funcionário.

Whitney saiu da empresa.

David Magerman também já estava cansado da empresa. Alguns anos antes, ele havia passado por uma crise de meia-idade, em parte devido aos chocantes ataques terroristas de 11 de setembro. Em busca de mais significado em sua vida, viajou para Israel, retornando mais comprometido com o judaísmo. Kononenko não só estava na empresa ainda, mas agora também estava atuando como coadministrador de todo o negócio de ações. Magerman não aguentava mais.

Foi então que se mudou com sua esposa e os três filhos de Long Island para Gladwyne, Pensilvânia, nos arredores da Filadélfia, em busca de um estilo de vida mais calmo e espiritual.

=

À medida que a economia global se deteriorava ao longo de 2008 e o mercado financeiro despencava, o interesse em uma participação na Renaissance havia evaporado. Mas o fundo Medallion prosperava no caos, subindo 82% naquele ano, ajudando Simons a obter mais de US$2 bilhões em lucros pessoais. Os enormes ganhos levaram a uma ligação de um comitê da Câmara dos Deputados dos EUA pedindo que Simons testemunhasse como parte de sua investigação sobre as causas do colapso financeiro. Ele se preparou com diligência junto a seu consultor de relações públicas, Jonathan Gasthalter. Com seus colegas gestores de fundos de hedge, George Soros à direita e John Paulson à esquerda, Simons disse ao Congresso que apoiaria um esforço para forçar os fundos de hedge a compartilhar informações com os órgãos reguladores e que apoiava impostos mais altos para os gestores de fundos de hedge.

No entanto, essa foi uma reflexão tardia, tanto nas audiências quanto no próprio setor financeiro. Todos os olhos estavam voltados para Paulson, Soros e alguns outros investidores que, ao contrário de Simons, haviam antecipado com sucesso o colapso financeiro. Alcançaram isso com pesquisas de investimentos à moda antiga, um lembrete do apelo e potencial duradouro desses métodos tradicionais.

Primeiramente, Paulson ficou preocupado com o mercado imobiliário descontrolado em 2005, quando um colega chamado Paolo Pellegrini desenvolveu um gráfico de preços indicando que o mercado imobiliário estava 40% mais caro. Assim, ele sabia que a oportunidade estava prestes a chegar.

"Esta é nossa bolha!", disse Paulson a Pellegrini. "E isso é a prova."

Paulson e Pellegrini adquiriram proteção para as hipotecas mais arriscadas na forma de CDS, *credit default swap*, resultando em um ganho inesperado de US$20 bilhões entre 2007 e 2008. George Soros, o investidor veterano em fundos de hedge, fez suas próprias apostas em CDS, obtendo mais de um bilhão de dólares em lucros.[3] David Einhorn, com 39 anos e cara de menino, foi aclamado em uma conferência do setor em maio de 2008 quando acusou o banco de investimentos Lehman Brothers de usar truques contábeis para evitar bilhões de dólares em perdas relacionadas a imóveis. Einhorn, que mais tarde atribuiu seu sucesso a sua "habilidade de pensamento crítico", foi inocentado no final daquele ano, quando Lehman declarou falência.[4]

A lição era óbvia: alguém *poderia* ser mais esperto do que o mercado. Era necessário apenas ter diligência, inteligência e muita iniciativa. Os modelos quantitativos, os matemáticos nerds e cientistas geeks de Simons, por mais que fossem eficazes, eram muito difíceis de entender e, seus métodos, muito complicados de realizar, foi a conclusão da maioria.

Em 2008, depois que o RIEF teve uma queda de cerca de 17%, os pesquisadores da Renaissance se despediram das perdas; eles estavam dentro de suas simulações e pareciam insignificantes em comparação com a surra que o S&P 500 levou, caindo 37%, incluindo dividendos, naquele ano. Porém, os cientistas ficaram preocupados em 2009, quando o RIEF perdeu mais de 6% e o S&P 500 subiu 26,5%. Todos os investidores que se convenceram de que o RIEF geraria retornos como o Medallion subitamente perceberam que a empresa estava falando sério quando afirmou que se tratava de um fundo muito diferente. Outros reclamaram que o Medallion ainda estava no auge enquanto o RIEF estava enfrentando dificuldades, acreditando que algo injusto estava acontecendo.

Já sem admirar Simons, então aos 71 anos, os investidores do RIEF o bombardearam com perguntas difíceis em uma teleconferência de maio de 2009. Simons escreveu a seus investidores que o fundo havia sofrido um "ataque violento de desempenho" durante uma "extrema alta de preços do mercado".

"Seguramente entendemos o desconforto de nossos clientes", admitiu ele.[5]

Os investidores começaram a abandonar o RIEF, que logo caiu para menos de US$5 bilhões. Um segundo fundo, que Simons havia começado a operar futuros de ações, também foi por água abaixo e perdeu investidores, enquanto nenhum novo cliente aparecia.

"Nenhum cliente na Terra chegaria perto de nós", afirmou Dwyer, vendedor sênior.

Um ano depois, após mais um desempenho abaixo do esperado do RIEF, Simons, que havia acabado de completar 72 anos, decidiu que era hora de passar o bastão da empresa para Brown e Mercer. O Medallion ainda estava no auge. O fundo, que agora administrava US$10 bilhões, havia registrado retornos médios de cerca de 45% ao ano, depois das taxas, desde 1988, retornos superiores aos de Warren Buffett e de qualquer outro famoso investidor. (Naquele momento, a Berkshire Hathaway de Buffett havia ganhado 20% ao ano desde que ele assumiu o poder em 1965.)

Mas Brown contou a um repórter que a empresa nem tinha certeza se iria manter ou dar continuidade ao RIEF, os últimos sinais de que os investidores haviam perdido o interesse na abordagem de investimentos quantitativos.

"Se avaliarmos que é algo que não vai vender, então decidiremos que não é bom estar nesse negócio", explicou Brown.

Quanto a Simons, ele havia dedicado mais de duas décadas à geração de uma riqueza extraordinária. Agora, era hora de gastá-la.

CAPÍTULO CATORZE

Jim Simons gostava de ganhar dinheiro. E gostava de gastar também.

Abandonar a Renaissance proporcionou a ele — que, naquela época, valia cerca de US$11 bilhões — mais tempo em seu iate de 220 pés, *Arquimedes*. Nomeado em homenagem ao matemático e inventor grego, o navio de US$100 milhões tinha uma sala de jantar formal para 20 pessoas, uma lareira à lenha, uma espaçosa banheira de hidromassagem e um piano de cauda. Às vezes, ele levava seus amigos em seu jatinho Gulfstream G450 para o exterior, para se encontrarem com ele e Marilyn no superiate.

A presença do navio chamava a atenção da mídia local, fazendo do matemático que envelhecia e ainda era discreto uma improvável fonte de notícias para os tabloides internacionais.

"Ele era muito pé no chão", comentou um motorista de táxi, chamado Kenny Macrae, ao *Scottish Sun* quando Simons e alguns convidados visitaram Stornoway, na Escócia, atracando para uma viagem de um dia. "Ele me deu uma gorjeta razoável, também."[1]

Vários anos depois, quando Simons visitou Bristol, Inglaterra — a BBC especulou que ele poderia estar na cidade para comprar um time de futebol britânico — o *Arquimedes* se tornou um dos maiores navios a visitar a cidade. De volta à casa, Simons morava em um apartamento de US$50 milhões em um edifício de calcário da Quinta Avenida, construído antes da guerra, com vistas deslumbrantes do Central Park. Algumas manhãs, ele topava com George Soros, seu vizinho.

Anos antes, Marilyn construiu um escritório em sua casa para lançar uma fundação familiar. Com o tempo, ela e Jim doaram mais de US$300 milhões para a Universidade de Stony Brook, entre outras instituições. À medida que Simons se afastava da Renaissance, passou a se envolver ainda mais em suas causas pessoais, como a filantropia. Mais do que tudo, Simons gostava de resolver grandes problemas. Logo, ele estava trabalhando com Marilyn para orientar duas áreas que precisavam de extrema atenção: pesquisa sobre autismo e ensino de matemática.

Em 2003, Simons, que estava lidando com a situação de um familiar diagnosticado com autismo, convocou uma mesa-redonda com os principais cientistas para discutir a doença desenvolvimental. Ele proporcionou US$100 milhões para financiar novas pesquisas, tornando-se o maior doador particular da área. Três anos depois, Simons convocou o neurobiologista da Universidade Columbia, Gerald Fischbach, para expandir seus esforços. Durante vários anos, a equipe estabeleceu um repositório de amostras genéticas de milhares de indivíduos com autismo, bem como de seus familiares, que foi chamado de Simons Simplex Collection. O projeto ajudou os cientistas a identificarem mais de 100 genes relacionados ao autismo e a melhorar a compreensão da biologia da doença. As pesquisas conduzidas pela fundação descobriram mutações que desempenham uma função no distúrbio.

Separadamente, à medida que as empresas de tecnologia e finanças passaram a contratar pessoas com uma sólida formação em matemática, Simons ficou perturbado com a quantidade de professores de matemática nas escolas públicas dos Estados Unidos com uma educação limitada na área. No início da década, ele havia viajado para Washington, DC, para lançar a ideia de fornecer subsídios aos melhores professores de matemática para reduzir a tentação de ingressarem no setor privado. Em questão de minutos, conseguiu convencer Chuck Schumer, o influente senador democrata de Nova York, a apoiar a proposta.

"Essa é uma ótima ideia!", Schumer exclamou. "Vamos dar início a ela agora mesmo."

Exaltado, Simons e um colega sentaram-se em um sofá do lado de fora do escritório de Schumer. Quando um outro grupo se levantou do sofá para entrar no escritório de Schumer, Simons ficou ouvindo a proposta deles e a resposta do senador.

"Essa é uma ótima ideia! Vamos dar início a ela agora mesmo", disse Schumer, mais uma vez.

Foi então que percebeu que não podia contar com os políticos. Em 2004, ajudou a lançar a Math for America, uma organização sem fins lucrativos dedicada a promover o ensino de matemática e a apoiar professores de destaque. A fundação acabaria gastando milhões de dólares anualmente para fornecer bolsas anuais de US$15 mil aos mil melhores professores de matemática e ciências de escolas públicas do ensino fundamental e médio de Nova York ou cerca de 10% dos professores da cidade nas disciplinas. Também promovia seminários e workshops, criando uma comunidade de professores entusiasmados.

"Em vez de acabar com os maus professores, nosso foco era em celebrar os bons", disse Simons. "Damos a eles o status e o dinheiro, e eles permanecem na área."

Simons continuou como presidente e principal acionista da Renaissance, mantendo contato constante com Brown, Mercer e outros. Em momentos de reflexão, às vezes, ele reconhecia ter dificuldade em fazer essa transição da empresa.

"Sinto-me irrelevante", confessou ele a Marilyn um dia.[2]

Com o tempo, Simons passou a considerar seus empreendimentos filantrópicos tão desafiadores quanto os que havia encontrado nos mercados financeiro e matemático, o que o animava bastante.

=

David Magerman mudou-se com sua esposa e três filhos para um subúrbio da Filadélfia, procurando um novo significado em sua própria vida e talvez um pouco de paz depois de todos aqueles confrontos na Renaissance. Estava ansioso para causar um impacto positivo na sociedade. Ao contrário de Simons, que nunca teve dúvidas quanto ao trabalho da Renaissance, ele sentia receios, até um pouco de culpa. Dedicou anos de sua vida para ajudar os já ricos funcionários da Renaissance a se tornarem ainda mais ricos. Agora, ele queria ajudar os outros.

Ele não tinha os bilhões de Simons, mas saiu da Renaissance com mais de US$50 milhões, graças a anos de generosos bônus e um enorme retorno sobre seu investimento no fundo Medallion. Magerman, que estava começando a adotar um estilo de vida judaico ortodoxo moderno, começou a doar milhões de dólares para estudantes carentes e escolas judaicas da região, que foram duramente atingidos pela crise econômica de 2008. Por fim, abriu sua própria fundação e uma escola de ensino médio.

No entanto, sua nova vida não trazia muita serenidade. Magerman transportou suas fortes opiniões ao mundo da filantropia, insistindo em tantos requisitos e condições que alguns líderes locais recusaram seu dinheiro, deixando-o magoado. Em dado momento, ele foi visto aos gritos com um grupo de pais do ensino médio. Passou a fazer parte do corpo docente da faculdade onde estudou, a Universidade da Pensilvânia, dando aulas no departamento de Engenharia Elétrica e de Sistemas e dando um curso sobre gerenciamento quantitativo de portfólios. Também surgiram oposições na universidade.

"Os alunos não gostavam de mim, e eu não gostava deles", afirmou ele.

Magerman ajudou a financiar um filme de Will Ferrell, chamado *Pronto para Recomeçar*, que recebeu boas críticas, mas o decepcionou por nunca ter visto a versão final. Ele concordou em assistir a outro filme que financiou, *Café*, estrelado por Jennifer Love Hewitt, recebendo a atriz e seu namorado no cinema de sua própria casa, mas também não virou fã desse filme.[3]

Mesmo com todos os seus defeitos, ele era um raro investidor quantitativo abençoado com um pouco de autoconsciência. Começou a consultar-se com um terapeuta para eliminar, ou pelo menos suavizar, seu comportamento confrontante e parecia estar melhorando.

Em 2010, dois anos após deixar a Renaissance, ele estava louco para voltar. Sentia falta da programação de computadores e estava um pouco entediado, mas também não queria transferir sua família para outro local mais uma vez. Foi então que ele entrou em contato com Peter Brown e fez um acordo de trabalhar remotamente em casa, uma solução perfeita para alguém que parecia não conseguir evitar brigas pessoais.

Quando saiu da empresa, ele supervisionava o software responsável pela execução de todos os trades computadorizados de ações da Renaissance. Agora Kononenko era responsável por esse trabalho e estava acumulando grandes ganhos. Voltar para esse grupo era insustentável. Em vez disso, começou a fazer pesquisas sobre as operações de títulos, commodities e moedas da Renaissance. Logo, ele estava novamente participando de reuniões importantes, com sua voz estridente e insistente ecoando nos alto-falantes de teto das salas de conferência da Renaissance, um efeito que os colegas brincavam que era como ouvir "a voz de Deus".

"Às vezes, não se pode vencer apenas tentando", disse ele.

Agora, a empresa estava mais confiante do que ele esperava. A Renaissance não era tão compartilhada quanto antes, mas os profissionais ainda trabalhavam bem em equipe, talvez até com um maior senso de urgência. Nessa época, os retornos do RIEF haviam melhorado o suficiente para Brown e Mercer decidirem mantê-lo aberto para operações, juntamente com o novo fundo, o RIFF. Os dois fundos administravam US$6 bilhões juntos, abaixo dos US$30 bilhões de 3 anos antes, mas, pelo menos, os investidores não estavam fugindo mais.

O Medallion, ainda disponível apenas para funcionários, continuava sendo o coração da empresa. Agora, ele administrava cerca de US$10 bilhões e estava obtendo ganhos anuais de aproximadamente 65% antes das taxas dos investidores, resultando em lucros quase recordes. O histórico de longo prazo do Medallion era, sem dúvida, o maior da história do mercado financeiro, razão pela qual os investidores e outros estavam ficando fascinados pela discreta empresa.

"Existe a Renaissance Technologies e depois o resto do mundo", afirmou *The Economist* em 2010.[4]

O Medallion ainda mantinha milhares de posições *long & short* a qualquer momento, e seu período de retenção variava de um a dois dias a uma ou duas semanas. O fundo realizava operações ainda mais rápidas, descritas por alguns como de *alta frequência*, mas muitas delas eram para fins de cobertura ou para a criação gradual de suas posições. A Renaissance ainda enfatizava a limpeza e a coleta de dados, mas havia aperfeiçoado o gerenciamento de riscos e outras técnicas de trades.

"Não tenho certeza de que somos os melhores em todos os aspectos dos trades, mas somos os melhores em estimar o custo de um trade", comentou Simons com um colega alguns anos antes.

De certa forma, a máquina da Renaissance era mais poderosa do que antes de Magerman sair. A empresa empregava agora cerca de 250 funcionários e mais de 60 doutores, incluindo especialistas em inteligência artificial, físicos quânticos, linguistas computacionais, estatísticos e teóricos dos números, além de outros cientistas e matemáticos.

Os astrônomos, acostumados a examinar grandes conjuntos de dados confusos e a descobrir evidências de fenômenos sutis, provaram ser especialmente capazes de identificar padrões de mercado ignorados. Elizabeth Barton, por exemplo, recebeu seu doutorado pela Universidade de Harvard e usou telescópios no Havaí e em outros lugares para estudar a evolução das galáxias antes de entrar para a Renaissance. À medida que se tornava um pouco mais diversificada, a empresa também contratou Julia Kempe, ex-aluna de Elwyn Berlekamp e especialista em computação quântica.

O Medallion ainda negociava títulos, commodities e moedas, e ganhava dinheiro com sinais de tendência e previsão de reversão, particularmente incluindo um bastante eficaz e apropriadamente chamado Déjà Vu. Entretanto, era alimentado mais do que nunca por trades complexos de ações, com uma mistura de sinais complexos, em vez de trades simples por *pares*, como comprar Coca-Cola e vender Pepsi.

Os ganhos em cada operação nunca foram enormes, e o fundo apenas acertou um pouco mais da metade das vezes, mas foi mais do que suficiente.

"Estamos certos em 50,75% do tempo..., mas estamos 100% certos em 50,75% das vezes", disse Mercer a um amigo. "É possível ganhar bilhões dessa maneira."

Mercer provavelmente não estava compartilhando a vantagem exata dos trades de sua empresa — o ponto mais importante era que a Renaissance desfrutava de uma pequena vantagem em sua coleção de milhares de operações simultâneas, que era grande e consistente o suficiente para fazer uma enorme fortuna.

Gerar esses ganhos confiáveis era uma percepção importante: as ações e outros investimentos são influenciados por mais fatores e forças do que até os mais sofisticados investidores compreendiam. Por exemplo, para prever a direção de uma ação como Alphabet, controladora do Google, os investidores geralmente tentam prever os ganhos da empresa, a direção das taxas de juros e a saúde da economia norte-americana e assim por diante. Outros anteciparão o futuro da pesquisa e da publicidade online, as perspectivas para o setor de tecnologia em geral, a trajetória de empresas globais e as métricas e os índices relacionados a ganhos, valor contábil e outras variáveis.

Os funcionários da Renaissance deduziam que há muito mais que influencia os investimentos, incluindo forças não prontamente aparentes ou, às vezes, até lógicas. Ao analisar e estimar centenas de métricas financeiras, conteúdo de redes sociais, barômetros de tráfego online e praticamente *qualquer coisa* que possa ser quantificada e testada, eles descobriram novos fatores, alguns limites impossíveis de serem apreciados pela maioria.

"As ineficiências são tão complexas que, de certa forma, estão ocultas nos mercados em código", alegou um funcionário. "A RenTec os descriptografa. Nós os encontramos no tempo, nos fatores de risco, nos setores e nas indústrias."

Ainda mais importante: a Renaissance chegou à conclusão de que existem relações matemáticas confiáveis *entre* todas essas forças. Ao aplicar a ciência de dados, os pesquisadores tiveram uma melhor noção de quando vários fatores eram relevantes, como eles se inter-relacionavam e a frequência com que influenciavam as ações. Eles também testaram e destrincharam relações matemáticas sutis e diferenciadas entre várias ações — o que os funcionários chamam de *anomalias multidimensionais* — a que outros investidores estavam alheios ou não entendiam por completo.

"Essas relações precisam existir, já que as empresas estão interconectadas de maneiras complexas", comentou um antigo executivo da Renaissance. "Essa interconectividade é difícil de modelar e prever com precisão, e muda com o passar do tempo. A RenTec construiu uma máquina para modelar essa interconectividade, rastrear seu comportamento ao longo do tempo e apostar quando os preços parecem estar fora de controle, de acordo com esses modelos."

As pessoas de fora não entendiam bem, mas o mais importante era a engenharia da empresa — como ela reunia todos esses fatores e forças em um sistema automatizado de trades. A empresa comprava um certo número de ações com sinais positivos, geralmente uma combinação de sinais individuais mais granulares, e vendia a descoberto, ou apostava contra, as ações com sinais negativos, movimentações determinadas por milhares de linhas de código-fonte.

"Não há nenhuma aposta individual que fazemos que podemos explicar apenas dizendo que achamos que uma ação vai subir ou outra vai cair", afirmou um funcionário sênior. "Cada aposta é uma função de todas as outras apostas, de nosso perfil de risco e do que esperamos fazer em um futuro próximo e distante. É uma otimização grande e complexa, baseada na premissa de que prevemos o futuro bem o suficiente para ganhar dinheiro com nossas previsões, e que entendemos riscos, custos, impacto e estrutura de mercado bem o suficiente para tirar o melhor proveito disso."

Como a empresa apostava era pelo menos tão importante quanto em *que* apostavam. Se o Medallion descobrisse um sinal lucrativo, por exemplo, que o dólar subiria 0,1% entre 9h e 10h da manhã, ele não compraria quando o relógio batesse às 9h, sinalizando assim para os outros que uma movimentação aconteceria todos os dias naquele horário. Em vez disso, espalhava suas compras ao longo da hora de maneiras imprevisíveis, para preservar seu sinal de trades. O Medallion desenvolveu métodos para negociar alguns de seus sinais mais fortes "ao máximo", como os que estavam envolvidos chamavam, movimentando os preços de forma que os concorrentes não os encontrassem. Era como se ficassem sabendo de uma enorme redução de preço de um item em alta da Target e comprassem quase todas as mercadorias com desconto no momento em que a loja abrisse, para que ninguém mais percebesse que houve uma promoção.

"Depois de operarmos um sinal por um ano, parece algo diferente para pessoas que não conhecem nossos trades", disse um envolvido.

Simons resumiu a abordagem em um discurso de 2014 na Coreia do Sul: "É um exercício bastante grande de aprendizado de máquina, se quiserem ver dessa maneira. Estudar o passado, entender o que acontece e como pode impactar, de maneira não aleatória, o futuro."[5]

=

Durante muito tempo, Bob Mercer foi uma figura peculiar, mas extremamente do bem dentro da empresa. De cabelos grisalhos e sobrancelhas escuras, gostava de óculos com armação de arame e sapatos sofisticados. Assobiava bastante e provocava alguns colegas liberais, mas, basicamente, só falava com Peter Brown.

"Ele tem todas as ideias", admitiu Brown a um colega, provavelmente sendo muito modesto. "Eu as coloco para fora."

Mercer era verdadeiramente reservado. Uma vez, ele contou a um colega que preferia a companhia de gatos a de humanos. À noite, ele se retirava para sua propriedade em Long Island, chamada Toca da Coruja — um sinal de outra criatura conhecida por sabedoria, calma e longos períodos de silêncio — onde brincava com um modelismo ferroviário de US$2,7 milhões que percorria trilhos que tinham a metade do tamanho de uma quadra de basquete.[6] (Em 2009,

Mercer processou o fabricante, alegando que havia sido cobrado US$700 mil a mais. O fabricante alegou que os custos haviam aumentado depois de ter sido solicitada urgência no término da instalação dos trilhos para antes do casamento de sua filha.)

"Fico feliz em passar minha vida sem dizer nada a ninguém", disse ele ao *Wall Street Journal* em 2010.[7]

Aqueles que o conheciam entendiam que ele era um conservador político, membro da Associação Nacional de Rifles dos EUA, acumulava um acervo de metralhadoras e o rifle de assalto AR-18, operado a gasolina, usado por Arnold Schwarzenegger em *O Exterminador do Futuro*.[8] Porém poucos envolvidos com a Renaissance passavam muito tempo se concentrando nessas áreas.

"Bob falou sobre a necessidade de se proteger do governo e de ter armas e ouro", afirmou um dos primeiros investidores no fundo Medallion. "Eu não achava que aquilo era para valer."

Todo ano ou a cada dois anos, ele tirava alguns dias de folga para ir ao estado de Ohio de avião para trabalhar em projetos de computador com colegas da pós-graduação. Ele costumava pagar o almoço para o grupo em uma churrascaria local, onde cantarolava durante grande parte da refeição, muitas vezes com um sorriso sereno no rosto. Quando falava com os acadêmicos sobre assuntos não relacionados ao projeto, geralmente compartilhava um desdém por impostos e um ceticismo em relação às mudanças climáticas, lembra Tim Cooper, professor de física. Certa vez, ele apresentou uma série de estatísticas para demonstrar que a natureza emite mais dióxido de carbono do que os seres humanos. Mais tarde, quando Cooper verificou as informações, os dados eram precisos, mas Mercer havia ignorado o fato de que a natureza absorve tanto dióxido de carbono quanto emite, o que a humanidade não faz.

"Parecia que alguém tinha feito a cabeça dele", contestou Cooper. "Até um cara esperto podia acertar nos detalhes e errar na visão geral."

Até 2008, a fundação da família de Mercer geralmente dava dinheiro a causas secundárias. Ele ajudou a financiar o trabalho de Arthur Robinson, bioquímico do sul do Oregon que coletava milhares de frascos de urina humana, acreditando terem a chave para prolongar a longevidade humana. Mercer tinha assinatura do boletim informativo de Robinson, que chegou a argumentar que baixos níveis de radiação nuclear não eram muito prejudiciais e poderiam até ser benéficos, e que a ciência do clima era uma farsa. Ele doou US$1,4 milhão para Robinson comprar congeladores para seu estoque de urina.⁹

Depois que Barack Obama foi eleito presidente em 2008, Mercer, agora valendo várias centenas de milhões de dólares, começou a fazer doações políticas consideráveis. Dois anos depois, quando Robinson concorreu ao Congresso, ele pagou US$300 mil por propagandas de ataque direcionadas a seu oponente democrata, o deputado Peter DeFazio, que queria fechar brechas fiscais e aprovar novos impostos em determinadas operações financeiras. Ele nunca contou a Robinson que estava patrocinando as propagandas. (Robinson perdeu em uma disputa surpreendentemente acirrada.)

Sua aparição como proeminente doador de direita causou um pouco de estranhamento nos círculos republicanos. Muitos colaboradores sérios querem algo dos políticos, e, em geral, está bem claro o que eles querem. Já Mercer nunca pediu muito em troca por seu dinheiro. Os agentes políticos concluíram que ele era uma peça rara, um ideólogo impulsionado por princípios de longa data. Ele suspeitava bastante do governo e ressentia-se com o establishment, pelo menos em parte resultado daquela frustrante programação de código do verão na base da força aérea no Novo México. Como muitos conservadores, ele também tinha bastante aversão a Bill e Hillary Clinton.

Quando completou 64 anos em 2010, estava convencido de que o governo deveria desempenhar um papel mínimo na sociedade, em parte porque os governos potencializam a incompetência. Mercer trabalhou no setor privado a maior parte de sua vida e não demonstrava muito interesse no serviço público; portanto, não era como se ele tivesse muita experiência para tomar como base quando moldou essa visão. Ainda assim, os erros políticos o atormentavam, disseram os colegas, assim como a suposta hipocrisia das autoridades eleitas. Nas conversas, ele enfatizava a importância das liberdades pessoais. Alguns o consideravam um "libertário extremo". Ayn Rand poderia imaginar um herói como Mercer — individualista alto, forte e belo que era um grande fã do capitalismo e *sempre* racional e no controle.

Agora que ele tinha tamanha riqueza, queria fazer algo para mudar a direção do país. Seu momento era perfeito. Em 2010, a Suprema Corte proferiu uma decisão histórica no caso *Cidadãos Unidos versus Comissão Eleitoral Federal*, determinando que os gastos com eleições de doadores ricos e outros eram uma forma de liberdade de expressão protegida pela Primeira Emenda. A decisão abriu o caminho para os superPACs, comitês que poderiam aceitar quantias ilimitadas de dinheiro para apoiar um candidato, desde que não colaborassem oficialmente na campanha.

Após a decisão, Simons passou a doar muito para causas democratas, enquanto Mercer intensificou seu apoio aos políticos republicanos. No entanto, a propensão de Mercer à privacidade limitou sua atividade, assim como seu foco na Renaissance. Foi sua segunda filha mais velha, Rebekah, que começou a aparecer em eventos conservadores de arrecadação de fundos e outros encontros, tornando-se a responsável pela estratégia política e o rosto público da família.

Rebekah era uma figura marcante. Chamada de "Bekah" por amigos e familiares, ela era alta e tinha cabelos castanhos-avermelhados. Adorava óculos estilo gatinho dos anos 1950 cheios de glitter e lembrava a atriz Joan Cusack. Pós-graduada pela Universidade de Stanford em biologia e matemática, passou alguns anos trabalhando para Magerman na Renaissance, antes de deixar a empresa para se dedicar ao homeschooling de seus quatro filhos e ajudar a administrar uma loja de cookies gourmet com suas irmãs.

A primeira vez em que apareceu na mídia foi na primavera norte-americana de 2010, quando ela e seu então marido Sylvain Mirochnikoff gastaram US$28 milhões para comprar seis unidades adjacentes no edifício de 41 andares Heritage no Trump Place, localizado em Upper West Side, criando um triplex com 17 quartos, que era o dobro do tamanho da Gracie Mansion, a residência do prefeito da cidade de Nova York.[10]

Por um tempo, Rebekah e seu pai apoiaram grupos e causas tradicionais de direita, como o Freedom Partners Action Fund, um comitê conservador de ação política fundado pelos bilionários industriais Charles e David Koch e a Fundação Heritage. Às vezes, os dois passeavam pelos eventos republicanos de arrecadação de fundos de braços dados. Rebekah, a mais sociável da dupla, era quem conversava a maior parte do tempo, enquanto seu pai permanecia em silêncio a seu lado.

Entretanto, os Mercers rapidamente perderam a paciência com as organizações estabelecidas e se voltaram a causas mais controversas, doando US$1 milhão a um grupo que fazia propagandas de ataque contra a sugestão de construção de uma mesquita nas proximidades do Marco Zero do World Trade Center, no sul de Manhattan.[11] Em 2011, os dois conheceram o agitador conservador Andrew Breitbart em uma conferência. Quase imediatamente, ficaram intrigados com sua organização de notícias de extrema direita, a Breitbart News Network, mostrando interesse em financiar suas operações. Breitbart os apresentou a seu amigo, Steve Bannon, ex-banqueiro do Goldman Sachs, que redigiu um termo sob o qual a família Mercer estava comprando quase 50% da Breitbart News por US$10 milhões.

Em março de 2012, Breitbart caiu em uma calçada de Los Angeles e morreu de insuficiência cardíaca aos 43 anos. Bannon e os Mercers convocaram uma reunião de emergência em Nova York para determinar o futuro da rede e decidiram que Bannon se tornaria o presidente executivo da empresa. Com o passar do tempo, a empresa ficou famosa na *"alt-right"* (direita alternativa), um conglomerado desprendido de grupos, alguns dos quais adotavam princípios da supremacia branca e viam a imigração e o multiculturalismo como ameaças (Bannon preferiu se autodenominar como nacionalista econômico e argumentou que os elementos racistas seriam "lavados" pelo movimento populista).

Depois que Mitt Romney perdeu a eleição presidencial de 2012, os Mercers ficaram ainda mais desencantados com o establishment. Naquele ano, Rebekah se colocou diante de uma multidão de apoiadores de Romney no University Club de Nova York e fez uma crítica severa e detalhada ao Partido Republicano, argumentando que seus dados insatisfatórios e suas operações de angariação limitavam os candidatos. Ela disse que era hora de "salvar os Estados Unidos de se tornarem socialistas como a Europa".[12]

Bannon ajudou a negociar um acordo para Mercer investir em uma empresa de análise de dados chamada Cambridge Analytica, o braço norte-americano da empresa britânica de pesquisa comportamental SCL Group. A Cambridge Analytica era especializada nos tipos de dados avançados que ele estava acostumado a analisar na Renaissance e nos tipos de informações que Rebekah afirmava que o Partido Republicano não possuía. Ela pediu às organizações que estavam se beneficiando dos fundos de sua família que explorassem os sofisticados recursos tecnológicos de Cambridge.

Em 2013, Patrick Caddell, ex-pesquisador de opinião pública, que era democrata e havia se tornado importantíssimo ao partido, compartilhou dados com Bob Mercer, sugerindo que os eleitores estavam ficando alienados de ambos os partidos e também da maioria dos candidatos convencionais. Mercer pediu a Caddell que fizesse outra rodada de pesquisas enquanto coletava seus próprios dados e, assim, chegou à conclusão de que uma grande mudança estava por vir.[13]

"Meu Deus, este é um mundo totalmente novo", concluiu ele a Caddell.

=

Em fevereiro de 2014, Mercer e outros doadores políticos conservadores se reuniram no hotel Pierre de Nova York para elaborar estratégias sobre a eleição presidencial de 2016. Ele disse aos participantes que tinha visto dados indicando que os republicanos convencionais, como Jeb Bush e Marco Rubio, teriam dificuldades para vencer. Somente um verdadeiro outsider com um senso das frustrações dos eleitores poderia sair vitorioso, argumentou ele. Os outros não pareciam tão convencidos com seus dados.

Ele e Rebekah começaram a buscar alguém de fora para reformular Washington.

"É uma questão filosófica", de acordo com Caddell. "Eles acham que o establishment é falho e egoísta."

Para obter orientação, recorreram a Bannon. Na época, o tráfego online da Breitbart estava aumentando, comprovando sua fé no agitador político. Quando Mercer o recebeu em seu iate de 203 pés, *Coruja do Mar* — mais uma coruja —, Bannon estava de bermuda, falando palavrões à vontade, arrotando e falando sem parar como em um relacionamento próximo, segundo algumas pessoas presentes. Bannon aconselhava os Mercers em quais empreendimentos políticos e midiáticos deveriam investir e acompanhava possíveis beneficiários até o triplex de Rebekah no Trump Place.*

O impacto de Mercer se estendeu para ou outro lado do Atlântico. Depois que a Breitbart abriu um escritório em Londres, em 2012, começou a apoiar os esforços do político e antigo trader de commodities Nigel Farage para lançar a ideia de o Reino Unido deixar a União Europeia, passando de uma questão periférica para uma questão convencional. Em algum momento, Mercer e Farage se tornaram amigos.

---

* Quando pedi a Bannon que comentasse o caso, ele alegou que havia "erros factuais" nessa descrição de eventos a respeito das eleições e suas interações com os Mercers, embora não tenha especificado as imprecisões. "Cara, essa porra de livro não é meu", escreveu ele em um e-mail.

Em 2015, a Cambridge Analytica discutia formas de ajudar os líderes do Leave.EU, grupo político que apoiava a saída do Reino Unido da União Europeia. Bannon foi incluído como parte dos e-mails entre os dois grupos, embora não esteja claro se ele lia ou respondia os e-mails. No mês seguinte, o Leave.EU lançou publicamente uma campanha para convencer os eleitores britânicos a apoiarem um referendo a favor da saída da União Europeia. Os funcionários da Cambridge Analytica negaram ter cobrado pelo trabalho realizado para o Leave.EU.[14]

"Mesmo que a empresa não tenha sido paga por seus serviços, acabou estabelecendo algumas das bases iniciais da campanha do Leave.EU", argumenta a jornalista Jane Mayer.[15]

Em junho de 2016, o Reino Unido fez a votação sobre a saída da União Europeia. Farage foi um dos líderes dessa campanha, embora o Leave.EU não tenha sido selecionado como a organização oficial desses esforços.

"O Brexit não poderia ter acontecido sem a Breitbart", concluiu Farage.[16]

=

Quando a campanha presidencial de 2016 teve início, os Mercers, a princípio, apoiavam o senador do Texas Ted Cruz, impressionados por sua disposição de afastar o governo das preocupações com dívidas em 2013. Eles doaram a um supercomitê a favor de Cruz mais de US$13 milhões, mas, quando ele abandonou a disputa em maio daquele ano, Rebekah aceitou um convite para conhecer a filha de Donald Trump, Ivanka, e seu marido, Jared Kushner, para um almoço na Trump Tower. Degustando sanduíches e saladas, elas se identificaram por terem filhos pequenos, entre outras coisas.[17]

Logo, os Mercers passaram seu apoio a Trump, o candidato efetivo do partido na época. Eles lançaram um supercomitê para se opor a Hillary Clinton, dando a responsabilidade de administrar a organização para Kellyanne Conway, veterana republicana pesquisadora de opinião pública. Por fim, acabaram se tornando os maiores financiadores de Trump.

No meio do verão norte-americano, Trump estava perdendo vantagem para Clinton e parecia ser impossível vencer. No sábado do dia 13 de agosto, o *New York Times* publicou uma matéria de primeira página detalhando o caos que estava sendo a campanha. Trump não queria usar um teleprompter durante seus discursos, ele não se atinha à mensagem e não era capaz de controlar vazamentos embaraçosos. Os doadores republicanos estavam abandonando o barco, e parecia ser possível, até provável, uma vitória esmagadora de Clinton.

Mais tarde naquele dia, Bob Mercer ligou para Bannon, perguntando o que poderia ser feito para mudar as coisas. Bannon deu uma série de ideias, como tornar Conway uma presença mais frequente na televisão defendendo Trump.

"Parece uma ótima ideia", disse Mercer.

Mais tarde, no mesmo dia, os Mercers foram de helicóptero para a propriedade à beira-mar em East Hampton de Woody Johnson, o proprietário do New York Jets, onde os apoiadores do Partido Republicano, incluindo os investidores de Wall Street, Carl Icahn e Steve Mnuchin, estavam reunidos para se encontrar com Trump. Com a matéria do *Times* em mãos, Rebekah foi direto ao candidato.

"Não é nada bom", reconheceu Trump.

"Não, não é nada bom, é o fim", respondeu ela a Trump. "A menos que você faça algo para mudar."

Ela disse que tinha uma maneira de ele fazer uma reviravolta nas eleições.

"Traga Steve Bannon e Kellyanne Conway", sugeriu ela. "Eu falei com eles e eles mudarão as coisas."[18]

No dia seguinte, Bannon pegou um Uber para o Trump National Golf Club em Bedminster, Nova Jersey. Depois de esperar impacientemente que Trump terminasse uma partida de golfe, comesse alguns cachorros-quentes e depois tomasse um sorvete, Bannon fez sua proposta.

"Sem dúvida, você pode vencer", afirmou ele a Trump. "Você só precisa se organizar."

Pouco tempo depois, Bannon estava conduzindo a campanha e Conway era sua gerente, tornando-se uma presença disseminada e eficaz na televisão. Bannon ajudou a instilar a ordem na campanha, garantindo que Trump se concentrasse em duas coisas — menosprezar o caráter de Clinton e promover uma forma de nacionalismo que Bannon chamou de "America First", slogan que parecia ecoar o Comitê America First, um grupo que durou pouco tempo e que havia pressionado para impedir que os EUA entrassem na Segunda Guerra Mundial e se opusessem a Adolf Hitler.

Bannon obteve avanços com o novo comportamento de Trump, mas não havia nada que ele pudesse fazer com relação a suas ações do passado. No dia 7 de outubro, o *Washington Post* divulgou uma matéria sobre cenas editadas do programa de televisão *Access Hollywood*, nas quais Trump se gabava, em linguagem obscena e explícita, por beijar, assediar e tentar levar mulheres para cama.

"Quando se é famoso, elas deixam você fazer isso", disse ele.

Os principais republicanos condenaram Trump, mas os Mercers apressaram-se para fazer uma declaração sonora de apoio.

"Somos completamente indiferentes ao comportamento presunçoso e grosseiro de Trump", disseram eles. "Temos um país para salvar e há apenas uma pessoa que pode salvá-lo. Nós e os norte-americanos de todo o país e do mundo inteiro damos nosso firme apoio a Donald J. Trump."

—

Jim Simons estava arrasado.

Desde que ele e seu amigo de infância, Jim Harpel, atravessaram o país e testemunharam algumas das dificuldades sofridas pelas minorias e outros, Simons tomou a esquerda como base política. Às vezes, ele ajudava candidatos republicanos, mas, em geral, eram os democratas que recebiam seu apoio. Em meados de 2016, ele surgira como o mais importante apoiador do supercomitê Priorities USA Action do Partido Democrata e um dos principais apoiadores dos candidatos democratas à Câmara e ao Senado. Até o final do ano de 2016, Simons doou mais de US$27 milhões para causas democratas. Marilyn Simons era ainda mais liberal do que o marido, e seu filho, Nathaniel, havia criado uma fundação sem fins lucrativos focada na mitigação das mudanças climáticas e na política de energia limpa, questões geralmente zombadas ou ignoradas pela campanha de Trump.

À medida que a influência política de Bob Mercer crescia e seu apoio à campanha de Trump se expandia, Simons começou a ouvir reclamações de associados e outros, a maioria com o mesmo pedido geral: não tem como você fazer alguma coisa a respeito dele?

Simons estava em uma posição difícil. Somente naqueles últimos tempos ele havia tomado conhecimento sobre a aliança de Mercer com Bannon e algumas de suas outras opiniões políticas. Ele não conseguia entender como um cientista poderia tratar com tanto desdém a ameaça do aquecimento global, e ele discordava de suas opiniões. Mas ainda gostava dele. É verdade, ele era um tanto excêntrico e, muitas vezes, pouco comunicativo, mas ele sempre foi agradável e respeitoso com Simons.

"Ele é uma pessoa boa", insistiu para um amigo. "Ele tem permissão para usar seu dinheiro como quiser. O que eu posso fazer?"

Além disso, Mercer foi o responsável por ajudar o Medallion a alcançar alguns de seus avanços mais importantes. Simons fez uma observação para alguns amigos sobre ser ilegal demitir alguém por suas crenças políticas.

"Desempenho profissional e visões políticas são duas coisas separadas", disse ele a alguém.

Tanto o Medallion quanto o RIEF estavam desfrutando de um desempenho sólido, e Mercer estava fazendo um bom trabalho liderando a Renaissance com Brown, que não estava dedicando muito tempo às eleições. Brown não gostava de gastar. Ele também havia dito a um amigo que a experiência de sua esposa no governo o ajudou a ter certo ressentimento com política. As eleições poderiam até ajudar o fundo de hedge, trazendo uma dose de volatilidade ao mercado financeiro, comentou ele com pelo menos uma pessoa.

Mercer continuava distante da empresa, e não havia sinais óbvios de que suas atividades externas tivessem um efeito negativo sobre a empresa, reduzindo qualquer ímpeto para Simons agir.

Com o passar do tempo, as coisas mudariam.

=

No dia da eleição, a equipe de Trump achava que ele não tinha nenhuma chance de ganhar. A equipe republicana de dados projetou que Trump não ganharia mais de 204 votos dos Colégios Eleitorais e que ele seria derrotado nos principais estados de disputa. Os funcionários e outras pessoas na sala de guerra da campanha — um espaço na Trump Tower que já havia sido o cenário do programa de televisão norte-americano *O Aprendiz* — estavam desesperançados. Às 17h01, David Bossie, um aliado próximo de Bannon e Conway, que também havia sido incorporado à campanha a pedido de Bob e Rebekah, recebeu um telefonema com os primeiros números da boca de urna. Trump havia caído em 8 dos 11 estados mais importantes em 5 a 8 pontos percentuais, foi informado.

Quando a notícia foi repassada a Trump, ele fechou seu telefone flip e o arremessou pela sala.

"Que desperdício de tempo e dinheiro", refletiu ele, sem se dirigir a ninguém em particular.

Por volta das 21h, Bob Mercer foi para a sala de guerra, vestindo um elegante terno cinza de três peças. Enquanto olhava para sua roupa, Bannon brincou dizendo que alguém havia convidado o mascote do jogo Banco Imobiliário. Melania Trump entrou na sala, assim como os filhos de Trump, seu companheiro de disputa, o governador de Indiana, Mike Pence, o governador de Nova Jersey, Chris Christie, e outros. Comeram pizza e ficaram olhando fixamente para uma parede próxima com 6 televisões de 75 polegadas, cada uma delas mostrando diferentes canais de notícias.

À medida que mais números decepcionantes chegavam, Trump ficava taciturno.

"Ei, bando de gênios", disse ele a sua equipe, "como é que isso vai dar certo para nós?"

A certa altura, Tucker Carlson, da Fox News, ligou: "Ele não vai vencer, vai?"

Em seguida, os resultados começaram a mudar. Por volta de 1h da madrugada, Trump virou-se para Bossie, sentindo-se extasiado: "Dave, você está acreditando nisso? Só demos início a tudo isso por diversão."

Às 2h20, Conway recebeu uma ligação de um editor da Associated Press.

"Você está ligando para falar sobre qual estado?", perguntou ela.

"Não estamos ligando para falar de um estado", respondeu ele. "Estamos ligando para falar da vitória."[19]

=

À medida que as eleições se aproximavam, Simons mostrava preocupação. Clinton liderava a maioria das pesquisas de opinião, mas parecia que ela estava cometendo erros estratégicos. A equipe de Clinton procurou Simons, dizendo que, se ele fosse fazer outras doações políticas naquele ano, deveria encaminhá-las ao trabalho do partido para ganhar o controle do Senado. O grupo de Clinton parecia tão confiante na vitória que consideravam desnecessária mais ajuda para sua própria campanha.

Na noite da eleição, Jim e Marilyn assistiram aos resultados na casa de um amigo. O grupo, todos a favor de Clinton, aglomerava-se em torno de uma tela de televisão, nervoso, mas otimista. À medida que os resultados eram lançados e ficava cada vez mais claro que Trump tinha chance de vencer, o clima ficou sombrio. Por volta das 21h30, Simons já estava farto.

"Vou voltar para o apartamento tomar alguma coisa", disse ele a Abe Lackman, seu consultor político. "Quer vir comigo?"

Simons e Lackman tomaram vinho tinto em silêncio enquanto observavam Trump ganhar a eleição. Antes da meia-noite, desligaram a televisão. Já tinham visto o suficiente.

"Estávamos bastante deprimidos", admitiu Lackman.

CAPÍTULO QUINZE

Quando Jim Simons olhou para cima, havia dezenas de rostos ansiosos olhando para ele.

Era manhã do dia 9 de novembro de 2016, o dia seguinte às eleições presidenciais. Quase 50 cientistas, pesquisadores e outros funcionários da Fundação Simons se reuniram espontaneamente em um espaço aberto no nono andar da sede da fundação, no sul de Manhattan. Eles estavam tentando entender o que acabara de acontecer.

Batia bastante sol naquele espaço, mas quase todo mundo daquela reunião improvisada tinha um olhar austero. Eles estavam preocupados com o futuro da nação e com o próprio futuro. Todos sabiam muito bem que Simons era um dos maiores apoiadores da campanha presidencial de Hillary Clinton. Agora, os funcionários da fundação temiam que o novo governo Trump perseguisse as fundações de caridade, incluindo a de Simons. Alguns se perguntavam se o status de isenção de impostos da fundação poderia ser retirado como uma forma de retaliação.

A conversa diminuía enquanto Simons, parado próximo a um hall de elevadores, vestindo um blazer azul e calça chino caramelo, começava a falar. Em tons medidos, ele lembrou os funcionários sobre a importância do trabalho que desempenham. Pesquisar sobre o autismo, entender as origens do universo e realizar outros esforços dignos eram projetos de longo prazo que precisavam continuar, disse ele. Continuem trabalhando juntos e tentem ignorar essa reviravolta política.

"Estamos todos decepcionados", disse ele. "O melhor que podemos fazer é focar nosso trabalho."

Os funcionários retornaram lentamente a seus escritórios, alguns com uma nova confiança.

=

Simons estava sombrio, mas Bob Mercer era pura felicidade.

Mercer, sua filha Rebekah e o resto da família estavam se preparando para sua festa anual de final de ano, realizada no início de dezembro todo ano em sua propriedade de Long Island, a Toca da Coruja. Ele não gostava nada de ficar conversando com colegas ou outras pessoas, mas era apaixonado por suas festas de gala. Desde 2009, a família recebia centenas de amigos, colegas de trabalho e outros em sua mansão para uma festa à fantasia elaborada e temática.

Sua esposa, Diana, que era mais sociável, costumava ficar no comando da festa. Já ele gostava de ficar sentado em um canto tranquilo com um neto ou jogando pôquer com um dos crupiês profissionais contratados para a noite.

As festividades daquele ano seriam tão especiais que até Mercer participaria da diversão. O tema escolhido foi "Vilões e Heróis", e os convites tinham um centurião empunhando uma espada agachado em uma ruína antiga, seu olhar para baixo fixado em uma Medusa de cabelos de serpentes. A família direcionou seus convidados para um site secreto onde recebiam sugestões de fantasias de filmes, programas de televisão, histórias em quadrinhos e da vida cotidiana, como Super-Homem, Capitão Gancho e Madre Teresa.[1]

Quando as festividades de sábado começaram, o investidor e apoiador de Trump, Peter Thiel, vestido de Hulk Hogan, interagia com Kellyanne Conway, que usava uma fantasia de Mulher Maravilha. Steve Bannon veio fantasiado de si mesmo, provavelmente uma provocação para quem achava que suas atividades políticas insurgentes eram vilãs — ou uma sugestão de que ele era o herói das eleições. Quanto aos Mercers, Bob estava vestido de Mandrake, o Mágico, um super-herói de quadrinhos conhecido por hipnotizar seus alvos, enquanto Rebekah foi de Viúva Negra, coberta da cabeça aos pés em látex preto.

A notícia de que Donald Trump estava a caminho se espalhou, fazendo uma pausa em suas reuniões de transição e decisões urgentes do gabinete para se unir ao grupo. Alguns anos antes, Mercer era apenas mais um investidor quantitativo excêntrico. Sua reputação era de colecionar armas, apoiar um entusiasta da pesquisa de urina, entre outras causas estranhas, e ajudar seu enigmático fundo de hedge a decifrar o mercado. Agora, o presidente eleito dos Estados Unidos estava a caminho de Long Island em homenagem a Mercer. Entre os US$26 milhões que havia gastado em causas republicanas, a insistência de sua filha para Trump trazer Bannon e Conway para ressuscitar sua campanha que estava em declínio, e o apoio resoluto da Breitbart News à campanha de Trump, Bob e Rebekah Mercer estavam entre os maiores responsáveis pela chocante vitória de Trump.[2]

"Os Mercers lançaram as bases para a revolução Trump", disse Bannon. "É irrefutável que, quando analisamos os doadores nos últimos quatro anos, a família teve o maior impacto de todos."[3]

O presidente eleito e sua comitiva chegaram em veículos utilitários esportivos pretos e grandes, e Trump saiu de um deles vestindo um sobretudo preto, terno escuro e gravata xadrez (mas sem fantasia). Passou por alguns convidados, parando para cumprimentar Mercer, e logo se dirigiu à multidão. Ele brincou dizendo que tinha acabado de ter sua conversa mais longa com Mercer — "duas palavras".[4] Elogiou seu apoio à campanha presidencial e agradeceu a ele e a sua filha por pedirem que contratasse Bannon, Conway e Bossie para liderar a campanha, uma jogada que deu à campanha a "organização" necessária, concluiu. Então, ele se juntou aos Mercers, Bannon e Conway na mesa principal da festa.

Após as eleições, Mercer concentrou-se em administrar a Renaissance, trabalhando ainda mais próximo a Peter Brown. Ele não parecia estar interessado em uma embaixada ou qualquer outra coisa, recompensas óbvias para os que apoiam os vencedores nas eleições presidenciais. Ainda assim, Bannon era um dos candidatos a se tornar o estrategista-chefe da Casa Branca, e Conway, o conselheiro do presidente, garantindo que Mercer teria acesso ímpar a Trump. Mercer continuou sendo um dos patrocinadores mais importantes do Partido Republicano e controlador da Breitbart News, dando-lhe influência sobre o lado ascendente e contrário ao establishment do partido.

Rebekah Mercer assumiu um papel mais ativo na nova administração. Por semanas, ela ficou reclusa no escritório de Bannon na Trump Tower, atuando como consultora na seleção de candidatos ao gabinete de Trump. Ela teve sucesso em seu lobby para que o senador Jeff Sessions fosse escolhido como procurador-geral, esforçou-se para impedir que Mitt Romney se tornasse secretário de Estado e teve um papel fundamental na escolha do advogado Jay Clayton para liderar a Comissão de Valores Mobiliários Norte-Americana, mesmo que sua influência causasse a desaprovação de alguns devido ao cargo de seu pai como coCEO de um dos maiores fundos de hedge do país. Mais tarde, o presidente recorreu a um dos associados de longa data de Rebekah, Leonard Leo, que dirigia a conservadora Federalist Society, para obter orientação sobre quase todos os seus candidatos judiciais. Ela também fez planos para liderar um grupo externo designado a apoiar a agenda de Trump.

Rebekah Mercer estava surgindo como figura pública por seu próprio mérito. No início daquele ano, a revista *GQ* a nomeou como a 17ª pessoa mais poderosa de Washington, DC, chamando-a de "a primeira-dama da direita alternativa". A influência política da família, juntamente com seu apoio contínuo ao presidente eleito, parecia garantida.

=

David Magerman estava infeliz.

Embora fosse um democrata assumido, ele se considerava um centrista político e, às vezes, votava em candidatos republicanos. Mas a campanha de 2016 foram outros quinhentos. Trump menosprezava os imigrantes, falava em transferir os fundos das escolas públicas para escolas autônomas, e prometia gastar bilhões de dólares para construir um muro de segurança na fronteira com o México, atitudes e políticas que Magerman julgava equivocadas ou até cruéis. A promessa do candidato de restringir os direitos ao aborto o preocupava e horrorizava sua esposa, Debra. Após a eleição, ele desfez a amizade com quase todo mundo que conhecia no Facebook, na esperança de evitar lembretes dolorosos sobre a vitória de Trump.

Após a posse, passou a reconsiderar os fatos. Ele achava que o presidente poderia ser capaz de levar o governo a uma direção mais benigna. Até então, o homem de 48 anos havia passado uma década trabalhando em questões relacionadas à educação. Ele acreditava que sua experiência poderia ser útil para a equipe de Trump ou que poderia contribuir em outras áreas.

Em janeiro, ele ligou para Rebekah Mercer em seu telefone celular, mas ela não atendeu. Tentou novamente, deixando uma mensagem sobre sua intenção em ajudar. Recebeu uma ligação de volta, mas era de Bob Mercer. Apesar de sua timidez habitual, Mercer parecia ansioso para discutir os méritos de Trump e vários assuntos políticos polêmicos. Eles discordaram sobre as mudanças climáticas, o Obamacare e o valor de um muro na fronteira, mas permaneceram em uma conversa civilizada.

"Ele vai detonar tudo", afirmou Mercer sobre Trump.

"É com isso que estou preocupado", respondeu ele.

"Você realmente quer trazer de volta o medo da guerra nuclear?", perguntou em seguida.

Mercer comentou que não estava tão preocupado com uma guerra nuclear. Antes de desligar, disse que tinha gostado da conversa, mas Magerman ficou mais frustrado do que antes.

Ele decidiu, então, esperar para ver quais políticas o novo governo adotaria. Mas não gostou do que viu. No final de janeiro de 2017, Trump assinou uma ordem executiva proibindo estrangeiros de 7 países predominantemente muçulmanos de visitar os EUA por 90 dias e suspendendo a entrada no país de todos os refugiados sírios. O Senado confirmou a posse de Sessions como procurador-geral, e Trump continuou a atacar a credibilidade da comunidade de inteligência norte-americana e da mídia, o que o irritava ainda mais.

Magerman queria fazer algo para mitigar ou até neutralizar as políticas do governo, mas não sabia exatamente o que fazer. Fez planos para doar aos democratas locais e ligou oferecendo assistência para a ONG Paternidade Planejada, que presta assistência à saúde sexual. Tentou também ligar para Jared Kushner — influente genro de Trump — para alertá-lo sobre as políticas que o governo estava adotando e a influência que Mercer estava tendo —, mas não conseguiu falar com ele.

Magerman estava assolado pela culpa. A base de Mercer estava dedicada ao fundo Medallion, então ele tinha a sensação de que havia ajudado pessoalmente a fornecer os recursos necessários para colocar Trump no cargo de presidente e incentivar políticas que considerava repugnantes.

"Isso me irrita muito", comentou ele com Debra, fervendo de raiva. "Desenvolvi um software que torna caras brancos e ricos como Mercer ainda mais ricos."

Em telefonemas com colegas, ele reclamava de como Mercer havia possibilitado a presidência de Trump. Ele compartilhou uma conversa que teve com Mercer anos antes, na qual, lembrou, Mercer argumentava que os afro-americanos estariam em uma situação melhor antes da promulgação da Lei dos Direitos Civis de 1964, que proibia a discriminação em acomodações públicas, empregos e atividades financiadas pelo governo federal.

As críticas de Magerman chegaram a Mercer. Um dia, enquanto trabalhava em seu escritório em casa, seu telefone tocou.

"Ouvi dizer que você anda falando que eu sou um supremacista branco", confrontou Mercer. "Isso é ridículo."

Magerman foi pego de surpresa pela acusação.

"Essas não foram exatamente minhas palavras", respondeu ao chefe, gaguejando.

Logo retomou sua postura e continuou.

"Mas é a impressão que tenho", disse ele, citando os comentários anteriores de Mercer sobre a Lei dos Direitos Civis.

"Tenho certeza de que eu nunca disse isso", respondeu Mercer.

Em seguida, relatou os dados que alegou demonstrar que os afro-americanos desfrutavam de um melhor padrão de vida na década anterior à legislação, incluindo estatísticas sobre a porcentagem de afro-americanos em várias profissões. Ele prometeu enviar um livro a Magerman para provar seus argumentos.

A Lei dos Direitos Civis havia "infantilizado" os afro-americanos "tornando-os dependentes do governo", disse Mercer a Magerman.

Agora, sim, ele estava realmente chateado.

"Bob — eles tinham de usar banheiros e bebedouros diferentes!"

Magerman destacou suas preocupações sobre as posições políticas, retórica e escolhas de gabinete de Trump. Mercer respondeu que não estava envolvido em nenhuma decisão tomada por Trump ou por pessoas próximas a ele e que só queria impedir que Clinton fosse eleita.

Agora, sim, Magerman estava furioso de verdade.

"Como você pode dizer que não está envolvido?", gritou ele, mencionando o grupo que Rebekah Mercer havia formado para impulsionar a agenda de Trump, bem como o relacionamento íntimo contínuo dele com Bannon e Conway.

"Você deveria conhecer Bannon. Ele é um cara bacana", respondeu Mercer.

"Se o que está fazendo está prejudicando o país, você precisa parar!", concluiu ele a Mercer, antes de desligar o telefone.

Mercer não parecia muito perturbado com a conversa. Ele estava acostumado a discutir com membros mais liberais de sua equipe. Para ele, era praticamente uma diversão. Alguns dias depois, ele enviou um livro a Magerman chamado *Civil Rights: Rhetoric or Reality?* [*Direitos Civis: Retórica ou Realidade?*, em tradução livre] de 1984, escrito pelo economista Thomas Sowell, da Hoover Institution, que o *New York Times* havia chamado de "extremamente franco, criterioso e importante". O livro argumenta que as minorias passaram a ter empregos mais bem remunerados em grande escala anos antes da aprovação da Lei dos Direitos Civis e que essa ação afirmativa fez com que os segmentos mais desfavorecidos da população minoritária ficassem para trás dos brancos equivalentes.[5]

O argumento de Sowell "concentra-se em medidas financeiras limitadas, mas ignora fatores humanos gerais", atestou Magerman, citando uma das muitas críticas que ele e outros tinham sobre o livro.

Depois da conversa com Mercer, ele ficou inquieto. Queria fazer alguma coisa que freasse seu chefe. Vasculhou o manual de funcionários da Renaissance para ver que medidas disciplinares ele poderia ter de enfrentar se manifestasse suas preocupações. Conversou também com Peter Brown e Mark Silber, que disseram duvidar que Mercer tinha feito esse tipo de comentário racista. (Outro executivo brincou que Mercer não falava o bastante para alguém chegar a saber se ele era racista.) Com essas conversas, Magerman chegou à conclusão de que provavelmente estaria seguro criticando Mercer se evitasse falar qualquer coisa sobre a Renaissance.

Em fevereiro, ele enviou um e-mail a um repórter do *Wall Street Journal*.[*]

"Estou pronto para agir", escreveu ele. "Já basta."

Na entrevista que se seguiu, realizada em um restaurante que Magerman possuía em Bala Cynwyd, na Pensilvânia, ele se conteve pouco.

"As opiniões dele mostram desacato à rede de segurança social de que ele não precisa, mas muitos norte-americanos precisam", afirmou. "Agora ele está usando o dinheiro que eu o ajudei a ganhar para implementar sua visão de mundo", apoiando Trump e propondo que "o governo seja reduzido a um tamanho insignificante".

Ele compartilhou suas preocupações sobre seu próprio futuro.

---

[*] Que é este quem vos escreve agora.

"Gostaria de achar que estou falando abertamente sem correr o risco de perder meu emprego, mas é muito provável que eles me demitam", confessou. "Este é o trabalho de minha vida — eu dirigi um grupo que programou o sistema de trades que eles ainda usam."

Na manhã em que uma versão online da história apareceu no site do jornal, Magerman recebeu um telefonema da Renaissance. Um representante disse que ele estava sendo suspenso sem remuneração e estava proibido de ter qualquer contato com a empresa.

=

A eleição também estava começando a causar desconforto a Mercer.

Ele e sua filha haviam se tornado tão intimamente associados a Bannon e ao segmento de extrema direita do Partido Republicano que se tornaram alvos para os que estavam descontentes com essa virada direitista do país.

A certa altura, o Comitê Democrata do Estado de Nova York publicou um anúncio de televisão mostrando os rostos de Bob e Rebekah Mercer na tela, dizendo que eram as "mesmas pessoas que financiavam o exército virtual das redes sociais de Trump e a extremista Breitbart News de Steve Bannon".

Em março de 2017, cerca de 60 manifestantes se reuniram do lado de fora da casa de Mercer, condenando o financiamento de causas de extrema direita e exigindo impostos mais altos para os ricos. Uma semana depois, um segundo grupo realizou um protesto, segurando cartazes que diziam: "Mercer, Pague Seus Impostos." Os policiais fecharam a rua em frente à propriedade Toca da Coruja para acomodar os manifestantes, que ficaram horas debaixo de forte chuva cantarolando críticas a Mercer.

Mercer "desempenhou um papel importante na eleição de Donald Trump", disse Bill McNulty, um morador local de 83 anos que se juntou ao grupo. "Vimos o efeito corrosivo e contaminado do dinheiro não declarado na política."[6]

Os Mercers receberam ameaças de morte, disseram seus amigos, forçando a família a contratar seguranças. Para uma família que prezava por sua privacidade, sua crescente infâmia era, ao mesmo tempo, chocante e perturbadora.

=

A Renaissance não sabia o que fazer com Magerman.

A empresa raramente demite funcionários, mesmo quando são improdutivos, desinteressados ou difíceis. O risco é grande demais. Até mesmo pesquisadores e programadores medianos e medíocres tinham acesso a ideias e entendimentos que poderiam ser úteis para os concorrentes. Essa foi uma das razões pelas quais Magerman se sentiu à vontade de falar abertamente sobre Mercer — ele havia visto outros mostrarem insubordinação sem ter de enfrentar as consequências. No entanto, havia cometido um pecado mortal para qualquer funcionário: atacou o próprio chefe da maneira mais pública possível, sugerindo até mesmo que ele era racista. E havia poucas empresas tão reservadas em termos de publicidade quanto a Renaissance — uma razão pela qual muitos na empresa relutavam em recebê-lo de volta.

Magerman tinha sentimentos contraditórios. Ele havia ganhado tanto dinheiro na empresa que não precisava se preocupar com a dor financeira de ser demitido. Ele detestava o que Mercer estava fazendo com o país e queria frear sua atividade política. Mas ele também se lembrava de como Mercer e sua esposa foram gentis com ele quando entrou para a empresa, convidando-o para jantares no Friendly's e para assistir a filmes com a família. Ele respeitava Bob por sua inteligência e criatividade, e havia um lado seu que ainda gostava de agradar os homens poderosos de sua vida. Naquele momento, ele já havia passado duas décadas na Renaissance e apreciava a empresa. Ele chegou à conclusão de que, se pudesse continuar falando sobre Mercer na política, retornaria a seu antigo emprego.

Enquanto discutia seu futuro com Brown e outros, ele não facilitava a vida deles.

"Não posso aceitar suborno", disse ele.

Em um dado momento, Magerman fez uma visita ao escritório de Long Island e ficou magoado por tantos funcionários parecerem hostis. Parecia que ninguém queria pôr em risco seu emprego na empresa dando apoio a ele. Ou era isso, ou mesmo os funcionários de esquerda achavam que ele havia se manifestado da maneira errada.

"Quem eu esperava que fosse afetuoso e receptivo estava na defensiva", alegou após o encontro. "Eles me viam como o vilão da história."

Enquanto superavam os grandes obstáculos, os dois lados procuravam estabelecer um acordo provisório para Magerman voltar à empresa, com condições impostas ao que ele poderia dizer sobre Mercer. Mas o acordo ainda não estava finalizado. Para ajudar a reparar o relacionamento, ele decidiu participar de um torneio de pôquer no dia 20 de abril no hotel St. Regis, em Nova York, beneficiando a ONG Math for America fundada por Simons. O evento era um confronto anual muito esperado por investidores quantitativos, jogadores profissionais de pôquer e outros. Magerman sabia que Simons, Mercer, Brown e outros executivos da Renaissance estariam lá. Talvez até Rebekah Mercer aparecesse.

"Eu queria me reintroduzir e fazer parte da cultura novamente", refletiu ele, "para mostrar que estava me esforçando".

Enquanto ele percorria as três horas de carro de sua casa para chegar lá, começou a ficar ansioso. Ele não tinha certeza de como seria recebido por seus colegas ou outros que estariam no evento. No hotel, ele pagou US$5 mil para participar do torneio. Imediatamente percebeu que não estava vestido adequadamente. Grande parte de cerca de 200 jogadores no salão acarpetado do segundo andar usava ternos ou paletós esportivos. A equipe de segurança usava smoking. Magerman foi de calça jeans e camisa social de colarinho aberto, um erro que aumentou seu desconforto e apreensão.

Entrou na sala de pôquer e imediatamente viu Bob Mercer. Não era hora de ter vergonha, pensou ele. Foi, então, até Mercer e elogiou a cor de seu terno, que era um tom de azul diferente. Mercer sorriu de volta e disse que uma de suas filhas havia escolhido, uma conversa que parecia correr bem.

Ufa, pensou Magerman.

Pouco depois das 19h, ele começou a jogar No-Limit Hold'em em uma mesa com Simons, um membro do Hall da Fama do Poker chamado Dan Harrington, e alguns outros. Quando Simons entrou em uma sala ao lado para fumar, Magerman o seguiu. Pediu desculpas pela atenção negativa dada à empresa após suas críticas aos Mercers.

"Sinto muito como as coisas se desenrolaram", disse ele a Simons. "Eu o respeito e quero que saiba disso."

Simons aceitou o pedido de desculpas e disse que o impasse parecia estar chegando a uma solução, levantando os ânimos de Magerman. De volta a sua mesa, ele perdeu algumas mãos iniciais, mas permaneceu de bom humor, colocando mais US$15 mil em buy-ins para poder continuar jogando.

A algumas mesas de distância, Mercer estava jogando contra alguns investidores e outros, incluindo o executivo de finanças esportivas Chris English. Mercer ganhou várias mãos iniciais, mas English detectou uma dica: quando Mercer tinha uma boa mão, ele assobiava canções patrióticas, incluindo "O Hino de Batalha da República." Quando estava menos confiante com suas cartas, Mercer cantarolava essas músicas. Aproveitando essa descoberta, English logo ganhou de Mercer, levando a aposta da mesa.

Magerman estava passando por uma sequência de derrotas. Por volta das 22h30, depois de consumir vários copos de uísque 12 anos, ele já estava fora do torneio. Mas era muito cedo para voltar para casa e ele ainda estava bastante animado com sua reaproximação junto a seus colegas, então decidiu andar pela sala e ver os outros jogarem.

Ele se aproximou de uma mesa onde estava Rebekah Mercer. Ela o estava encarando. Quando ele se aproximou, ela ficou agitada. Para chamar sua atenção, ela exclamou, brava: "O carma é uma desgraça."

Abalado, ele deu a volta na mesa e ficou ao lado dela. Ela disse que as críticas que ele havia feito a seu apoio a Trump colocaram a família dela em perigo.

"Como você pôde fazer isso com meu pai? Ele sempre foi tão bom com você", perguntou.

Magerman disse que se sentiu mal, percebendo como a família dela tinha desempenhado um papel de apoio quando ele entrou para a Renaissance.

"Eu amava sua família", afirmou ele.

Ela não queria saber de ouvir.

"Você é *asqueroso*", repetia ela. "Faz 25 anos que você é desprezível. Eu sempre soube disso."

Saia daqui, disse ela a Magerman. Um segurança se aproximou, pedindo a ele para se afastar da mesa. Ele se recusou, desviou-se do segurança e aproximou-se de Simons, pedindo ajuda.

"Jim, veja o que eles estão tentando fazer comigo", clamou ele.

É melhor você deixar o evento, Simons o aconselhou.

Os seguranças o forçaram a sair dali, ameaçando chamar a polícia se ele não fosse embora. Boaz Weinstein, outro investidor de fundos de hedge, viu como Magerman estava aflito e pediu para que parasse de beber e voltasse para casa. Demorou um pouco para convencê-lo, mas ele obedeceu e dirigiu-se a seu carro.

"Não vou negar que o álcool teve certo efeito em mim… Não foi um dos meus melhores momentos. Não era minha intenção criar uma cena", alegou ele vários dias após o evento. "Mas isso não muda o que ela disse para mim… Eu não comecei a briga e não usei xingamentos vulgares."

De volta ao andar de cima, os jogadores comentavam sobre o confronto, mas o torneio continuava. Logo, Bob Mercer estava se dando bem, recuperando-se de seu contratempo anterior. Simons, Peter Muller, da PDT Partners, e Brown pararam de jogar, mas Mercer continuou jogando. Na última grande aposta da noite, por volta de uma da manhã, ele eliminou English do torneio.

"Talvez ele estivesse cantarolando para reverter a dica", disse English, tentando explicar sua perda. "Estava tão alto que não tinha como eu saber."[7]

Enquanto Mercer sorria e aceitava os parabéns de seus rivais, Magerman estava voltando para a Filadélfia. Ao longo do caminho, ele recebeu uma mensagem de texto de Brown: "É melhor superar tudo isso e viver sua vida sem se deixar ser pego em uma batalha. Sinceramente, acho que você será mais feliz assim."

No dia 29 de abril, a Renaissance demitiu Magerman.

=

No início do outono de 2017, a raiva de Anthony Calhoun havia se intensificado. Quanto mais o diretor executivo do Sistema de Aposentadoria dos Funcionários da Polícia e dos Bombeiros de Baltimore lia sobre as atividades políticas de Mercer, mais se incomodava.

Apoiar Trump não era o problema para ele. Era a Breitbart, que se tornara associada a nacionalistas brancos. Até então, Bannon havia sido afastado de seu emprego como estrategista-chefe do presidente. Agora ele estava de volta à Breitbart, e alguns esperavam que ele levasse a publicação a outros extremos.

Mercer também havia apoiado Milo Yiannopoulos, um agitador de direita que chamou o feminismo de "câncer", pareceu endossar a pedofilia uma vez e foi barrado no Twitter por abusar de outras pessoas.[8]

Era muita coisa para Calhoun. O sistema de aposentadoria de Baltimore havia investido US$25 milhões no RIEF, e Calhoun decidiu compartilhar seu descontentamento com a Renaissance.

Pegou o telefone e ligou para um representante do RIEF.

"Temos preocupações verdadeiras", afirmou ele.

O representante disse que Calhoun não era o único ligando com reclamações sobre Mercer. Mais tarde, quando ele começou a falar com consultores do setor, ficou sabendo que outros clientes da Renaissance estavam compartilhando sua própria infelicidade com a empresa. Logo, ele e o restante do conselho de administração do sistema de aposentadoria de Baltimore votaram para retirar seu dinheiro do RIEF.

O dinheiro era uma pequena parcela do fundo da Renaissance, e ninguém na empresa estava preocupado com qualquer tipo de êxodo de investidores. Mas, em outubro, quase 50 manifestantes fizeram piquetes no próprio fundo de hedge, dizendo que Mercer era o alvo deles, aumentando o desconforto dos executivos, que não estavam acostumados com essa publicidade negativa.

Em outubro de 2017, Simons estava preocupado com que a controvérsia comprometesse o futuro da Renaissance. O moral da empresa estava se deteriorando. Pelo menos um funcionário importante estava perto de pedir demissão, enquanto outro refletia sobre sua partida. Entre os funcionários mais importantes para expressar suas preocupações estava Wolfgang Wander,[*] que havia obtido seu doutorado em física de alta energia na Universidade de Erlangen-Nuremberg, na Baviera, Alemanha. Wander chefiou o grupo de infraestrutura da empresa, tornando-se efetivamente o mais alto executivo de tecnologia da Renaissance. Simons ficou convencido de que a Renaissance teria mais dificuldades para garantir seus talentos.

Por mais de um ano, Simons havia ignorado o crescente papel de Mercer na política. Agora, ele se sentia obrigado a agir. Em uma manhã fria de outubro, ele apareceu no escritório de Mercer. Disse que tinha um assunto importante para discutir. Sentou-se em uma cadeira em frente a Mercer e foi diretamente ao ponto de sua visita.

"Acho melhor você renunciar", ele aconselhou Mercer.

Não era uma decisão política, mas foi tomada para garantir o futuro da empresa.

O escrutínio da empresa "não é bom para o moral", disse Simons.

---

[*] Na página do Facebook de Wander: "Se for me enviar uma solicitação de amizade, diga como nos conhecemos e limpe sua página de notícias da FOX, obrigado!"

Mercer não estava preparado para essa notícia. Ele parecia triste e magoado. No entanto, aceitou a decisão de Simons sem protestar.

Mais tarde, Simons disse a um grupo de estudantes e outras pessoas da Faculdade de Administração do MIT que "havia um problema de moral na Renaissance... o moral estava piorando".

"Não foi uma decisão fácil", confirmou ele mais tarde a um amigo.

=

No dia 2 de novembro, Mercer escreveu uma carta aos investidores da Renaissance dizendo que estava renunciando a seu cargo de coCEO da Renaissance, mas que continuaria sendo pesquisador da empresa. Ele culpou o "escrutínio da imprensa" e disse que a mídia o havia relacionado a Bannon injustamente.

"A imprensa tem... insinuado que a minha política marcha em sincronia com a de Steve Bannon", escreveu ele. "Tenho um grande respeito pelo Sr. Bannon e, de tempos em tempos, discuto sobre política com ele. No entanto, tomo minhas próprias decisões com relação a quem apoio politicamente."

Mercer, que afirmou ter decidido vender sua participação na Breitbart News para suas filhas, esclareceu suas opiniões políticas na carta, dizendo que apoiava os "conservadores que favorecem um governo menor e menos poderoso". Também disse que havia apoiado Yiannopoulos em um esforço para sustentar a liberdade de expressão e o debate aberto, mas que se arrependia dessa atitude e estava cortando laços com ele.

"Em minha opinião, as ações e declarações do Sr. Yiannopoulos causaram dor e discórdia", escreveu ele.

=

No início de 2018, alguns meses depois de deixar o cargo, Mercer recebeu uma ligação de Robert Frey, antigo executivo da Renaissance que, depois de deixar a empresa, fundara um programa de finanças quantitativas na Faculdade de Engenharia e Ciências Aplicadas da Universidade de Stony Brook. Ele convidou Mercer para almoçar em um restaurante simples dentro do Hilton Garden Inn, nas proximidades, o único restaurante no campus de Stony Brook com serviço de garçom. Assim que se sentaram, alguns estudantes reconheceram Frey e cumprimentaram-no, mas ninguém parecia notar Mercer, o que foi um provável alívio para ele.

Ele parecia esgotado. Frey sabia que seu velho amigo havia passado por um ano difícil, então ele queria espairecer as coisas antes que a comida chegasse.

Durante a eleição, Frey ficou descontente com os dois candidatos e não conseguiu votar em Trump, tampouco em Clinton. No entanto, comentou com Mercer que ele estava totalmente em seu direito de apoiar ativamente Trump da maneira que achasse conveniente, acrescentando que, apesar das críticas generalizadas, ele não acreditava que Mercer tivesse feito algo inadequado.

"Houve um desequilíbrio em como você foi tratado", Frey referiu-se a Mercer. "Soros e outras pessoas influenciam a política tanto quanto você e não são difamados assim."

Mercer sorriu, assentiu, mas, como sempre, não disse muito em resposta.

"Obrigado", respondeu ele.

A reação de Mercer deu a sensação a Frey de que ele deveria mudar de assunto. Os amigos conversaram sobre matemática e sobre o mercado, afastando-se da política durante o resto da refeição.

"Eu me senti mal por ele", admitiu Frey.

=

Rebekah Mercer estava passando por um momento ainda mais difícil.

Ela compartilhava suas frustrações com os amigos sobre como ela e o pai estavam sendo retratados e disse que alguns a acusaram injustamente de apoiar causas racistas. As críticas provocaram uma revolta contra ela. De acordo com uma amiga, uma vez, ela recebeu fezes pelo correio. Outra, um estranho a insultou em público, fazendo-a tremer de nervoso.

Em janeiro de 2018, mais de 200 cientistas e outros acadêmicos que apoiavam ações políticas para impedir as mudanças climáticas endossaram uma carta aberta pedindo ao Museu Norte-Americano de História Natural, o mais proeminente museu de ciências da cidade de Nova York, que a retirasse de seu conselho, no qual havia atuado por cinco anos. Eles pediram ao museu que "cortasse os laços com os propagandistas anticientíficos e financiadores da desinformação das ciências climáticas". Mais de uma dúzia de manifestantes marcharam do lado de fora do museu no Upper West Side de Manhattan, carregando cartazes que diziam: "Tirem Rebekah de Nosso Museu" e "A Mudança Climática é Real".[9]

O museu nunca tomou nenhuma atitude com relação a isso, mas, em fevereiro de 2018, ela sentiu a necessidade de mudar a percepção do público. Foi então que escreveu um artigo de opinião no *Wall Street Journal* negando que apoiasse "ideologias tóxicas como o racismo e o antissemitismo", acrescentando que acreditava em "um país gentil e generoso".

Um mês depois, uma nova controvérsia surgiu quando a Cambridge Analytica foi acusada de adquirir os dados privados do Facebook de milhões de usuários, iniciando uma série de investigações governamentais. Rebekah, que fazia parte do conselho de administração da Cambridge e ajudava a supervisionar as operações da empresa, entrou em uma nova rodada de escrutínio e cobertura negativa da mídia.

Em meados de 2018, pai e filha estavam se afastando da política. Os dois haviam rompido com Bannon logo após ele ter sido citado fazendo uma crítica sobre a família de Trump, deixando os Mercers sem um conselheiro político. Na preparação para as eleições na metade do mandato presidencial de 2018, Mercer fez pouco menos de US$6 milhões em contribuições políticas divulgadas, abaixo dos quase US$10 milhões das eleições na metade do mandato presidencial anteriores em 2014 e mais de US$25 milhões em 2016.

"Eles sumiram da face da terra", comentou um importante membro do movimento conservador sobre os Mercers no final de 2018. "Não temos muitas notícias deles."

Amigos disseram que a inesperada repercussão pela qual cada um deles passou levou a uma mudança para uma abordagem mais discreta, com contribuições políticas menores e pouca comunicação com Trump ou com os membros de sua administração.

"Eles tiveram muito mais sucesso na arena política do que esperavam, decolaram como um foguete", afirmou Brent Bozell, um amigo que dirige a ONG conservadora Media Research Center. "Há ressentimentos... as pessoas os decepcionaram."[10]

Parte do motivo da decepção, confirmaram seus amigos, foi que a maioria dos principais doadores da campanha de Trump recebeu algo por sua generosidade. Os Mercers nunca pediram nada. No entanto, outros executivos financeiros — mesmo os que não apoiaram Trump durante sua disputa presidencial, como o diretor executivo do Blackstone Group, Stephen Schwarzman — foram os que mantiveram contato frequente com o presidente.

Os Mercers também cometeram gafes estratégicas. Em junho de 2018, Bob Mercer doou meio milhão de dólares a um comitê de ação política que apoiava Kelli Ward, criticada por acusar a família do senador John McCain por regular o tempo concedido ao anúncio do fim do tratamento contra o câncer de McCain para minar sua campanha. Ela foi derrotada nas primárias ao Senado Republicano do Arizona naquele ano.

À medida que o presidente e o Partido Republicano começavam a se preparar para as eleições de 2020, os Mercers permaneceram bem posicionados para influenciar a campanha. Eles ainda estavam próximos de Conway. E, por mais que não tivessem Bannon como um canal para se comunicar com Trump ou com os outros, os dois foram grandes apoiadores de um PAC [comitê de ação política, na sigla em inglês] que apoiava o conselheiro de Segurança Nacional dos EUA, John Bolton, mantendo seu acesso ao poder. Eles disseram a seus amigos que estavam felizes que o governo Trump havia cortado impostos e escolhido juízes conservadores, entre outras medidas, sugerindo que não se arrependiam de terem se envolvido tanto na política nacional.

Ainda assim, Rebekah Mercer parecia mais focada em outras questões, em maior parte distantes das manchetes, como trabalhar para estimular a liberdade de expressão nos ambientes universitários.

Em outubro de 2018, quando foi homenageada em um baile de gala em Washington, DC, compartilhou suas preocupações sobre o nível do discurso nos ambientes universitários, afirmando que as faculdades "produzem uma horda de zumbis imersos nos mitos antiamericanos da esquerda radical, ignorando as questões cívicas, econômicas e históricas básicas e completamente impróprios para o pensamento crítico".[11]

Usando um vestido vermelho esvoaçante e seus distintos óculos cravejados de diamante enquanto falava a centenas no salão, ela advertiu que continuaria pressionando para limitar o papel do governo e garantir que os políticos enfatizassem a "responsabilidade pessoal".

Ao chamar o presidente Trump de "uma força da natureza", sugeriu que continuaria a desempenhar um papel ativo na política do país, independentemente da reação negativa que ela e seu pai haviam recebido e que continuaria envolvida na "luta pela alma de nosso país".

"Não serei silenciada", disse ela.

CAPÍTULO DEZESSEIS

*Nunca envie um ser humano para fazer
o trabalho de uma máquina.*

AGENTE SMITH NO FILME *MATRIX*

O mercado de ações estava em colapso e Jim Simons estava preocupado.

Era final de dezembro de 2018 e Simons e sua esposa, Marilyn, estavam no Beverly Hills Hotel visitando a família na área de Los Angeles durante o feriado de Natal. Simons, de calça de sarja e camisa polo, estava tentando relaxar em um hotel famoso por seus bangalôs à beira da piscina e decoração rosa e verde, mas não conseguia parar de acompanhar a bolsa de valores. Estava despencando em meio a crescentes preocupações com uma crise econômica. Naquele mês, o índice S&P 500 caiu quase 10%, o pior desempenho de dezembro desde 1931.

Naquele momento, ele valia cerca de US$23 bilhões. De alguma forma, porém, a perda de cada dia parecia um soco no estômago. Parte disso foi que ele havia assumido grandes compromissos financeiros com sua fundação de caridade, que empregava centenas de funcionários e outras organizações. Porém, não era por isso que ele estava tão consternado. Ele sabia que ficaria mais do que bem, não importava o que acontecesse com o mercado. A questão é que ele odiava perder dinheiro e estava ficando ansioso sobre quando isso iria parar.

Pegou o telefone para ligar para Ashvin Chhabra, um veterano de Wall Street contratado para dirigir a Euclidean Capital, uma empresa que administrava o dinheiro pessoal de Simons e de sua família. Disse, então, a Chhabra que estava preocupado com as perspectivas do mercado. Parecia uma boa ideia fazer algumas apostas negativas contra ações, movimentações que serviriam de proteção caso a venda se tornasse ainda pior. Ele perguntou sua opinião sobre o que deveriam fazer.

"Será que devemos vender a descoberto?", perguntou ele.

Chhabra hesitou, sugerindo que evitassem agir até o mercado se acalmar, um curso de ação que ele concordou em seguir. Um dia depois, as ações se firmaram. O colapso havia terminado.

Quando desligaram o telefone, nenhum dos dois deu atenção à rica ironia de sua conversa. Simons havia passado mais de três décadas como pioneiro e aperfeiçoando uma nova maneira de investir. Havia inspirado uma revolução no mundo financeiro, legitimando uma abordagem quantitativa para os trades. A essa altura, parecia que todo mundo no setor financeiro estava tentando investir da maneira da Renaissance: digerindo dados, criando modelos matemáticos para antecipar a direção de vários investimentos e empregando sistemas automatizados de trades. O establishment havia jogado a toalha. Hoje, até o gigante bancário JPMorgan Chase coloca centenas de seus novos banqueiros e profissionais de investimentos em aulas obrigatórias de codificação. O sucesso de Simons havia validado a área dos investimentos quantitativos.

"Jim Simons e a Renaissance mostraram que era possível", afirmou Dario Villani, doutor em Física Teórica que administra seu próprio fundo de hedge.

O objetivo dos investidores quantitativos, como Simons, era *evitar* confiar na emoção e intuição. No entanto, era exatamente isso o que Simons estava fazendo após algumas semanas difíceis no mercado. Era um pouco como o executivo da Oakland Athletics, Billy Beane, analisando suas estatísticas para projetar um jogador com a aparência óbvia de uma estrela.

O telefonema de Simons é um duro lembrete de como pode ser difícil passar a tomada de decisão para computadores, algoritmos e modelos — até mesmo, às vezes, para os inventores dessas próprias abordagens. Sua conversa com Chhabra ajuda a explicar a fé que os investidores depositam há muito tempo em quem seleciona ações e títulos baseado em julgamento, experiência e pesquisa à moda antiga.

Em 2019, no entanto, a confiança na abordagem tradicional havia diminuído. Anos de baixo desempenho fizeram os investidores fugirem ativamente de fundos mútuos de ações ou dos que juravam ser capazes de superar os retornos do mercado. Nesse momento, esses fundos, a maioria dos quais adotava abordagens tradicionais de investimento, controlavam apenas metade do dinheiro confiado pelos clientes em fundos mútuos de ações, abaixo dos 75% da década anterior. A outra metade do dinheiro estava em fundos de índice e outros veículos chamados passivos, que simplesmente visam corresponder aos retornos do mercado, reconhecendo como é desafiador dominá-lo.[1]

Parecia que, cada vez mais, as táticas de investimento que já haviam sido confiáveis, como interrogar gerentes corporativos, examinar minuciosamente os balanços patrimoniais e usar o instinto e a intuição para apostar nas principais mudanças econômicas globais, eram muito pouco. Às vezes, esses métodos ajudavam a prejudicar a reputação de algumas das melhores estrelas de Wall Street. Nos anos que antecederam 2019, John Paulson, que ganhou bilhões prevendo a crise do crédito subprime de 2007, sofreu profundas perdas e chocantes deserções de clientes.[2] David Einhorn, gestor de fundos de hedge que jogava pôquer, conhecido como "King David" por ter antecipado o colapso do Lehman Brothers em 2008, viu seus próprios clientes sumirem em meio ao fraco desempenho.[3]

Em Newport Beach, Califórnia, Bill Gross, investidor conhecido por se irritar quando os funcionários da PIMCO, uma grande empresa de títulos de dívida, falavam ou até mesmo faziam contato visual com ele, viu seus retornos entrarem em declínio antes de sua chocante partida da empresa.[4] Até o desempenho de Warren Buffett diminuiu. Sua empresa Berkshire Hathaway havia deixado o S&P 500 para trás nos cinco, dez e quinze anos anteriores até maio de 2019.

Parte do problema era que os fundos tradicionais, gerenciados ativamente, não possuíam mais uma vantagem de informação sobre seus rivais. Antigamente, os fundos de hedge sofisticados, os fundos mútuos e outros se davam ao luxo de examinar os relatórios anuais e outros informativos financeiros para descobrir detalhes úteis em informações negligenciadas. Hoje, é possível conseguir quase qualquer tipo de estimativa financeira apenas com o pressionar de um botão ou em um feed de notícias, e tal estimativa pode ser capturada instantaneamente pelas máquinas. É quase impossível identificar fatos ou números que não sejam totalmente compreendidos pelos investidores concorrentes.

Ao mesmo tempo, uma medida enérgica ao uso de informações privilegiadas, bem como uma série de mudanças regulatórias destinadas a garantir que certos investidores não pudessem obter melhor acesso às informações corporativas, resultaram em um campo de jogo ainda mais equilibrado, reduzindo as vantagens exercidas até pelos mais sofisticados investidores *fundamentalistas*. Os grandes fundos de hedge não podem mais receber ligações de corretoras os aconselhando sobre o anúncio iminente de uma notícia ou mesmo uma mudança na própria visão do banco sobre uma ação.

Hoje, as empresas que se movem mais rápido costumam ter uma vantagem. No final de agosto de 2018, as ações de uma pequena empresa de medicamentos contra o câncer chamada Geron Corporation subiram 25% depois que sua parceira, Johnson & Johnson, publicou uma lista de empregos. A abertura sugeriu que uma decisão regulatória fundamental para um medicamento que as duas empresas estavam desenvolvendo poderia ser iminente, uma notícia que escapou a todos, exceto a quem fazia uso da tecnologia, para procurar instantânea e automaticamente listas de empregos e informações semelhantes em tempo real.[5]

Os investidores quantitativos surgiram como os participantes dominantes no mundo financeiro. No início de 2019, eles representavam quase um terço de todos os trades do mercado de ações, uma participação que praticamente dobrara desde 2013.[6]

Os espólios se acumularam com esse domínio. Em 2018, Simons faturou cerca de US$1,5 bilhão, enquanto os fundadores da empresa concorrente de investimentos quantitativos, a Two Sigma Investments, faturaram US$700 milhões cada. Ray Dalio, da Bridgewater Associates — que é uma empresa de investimentos sistemática e baseada em regras, mas não é quantitativa — também faturou US$1 bilhão. Israel Englander, o adversário de Simons na luta pelos dois traders russos renegados, faturou US$500 milhões.[7]

No início de 2019, Ken Griffin, que se concentra em investimentos quantitativos e outras estratégias em sua empresa com sede em Chicago, a Citadel, ficou de queixo caído depois de gastar US$238 milhões em uma cobertura em Nova York, a casa mais cara já vendida no país. (Griffin já havia comprado vários andares de um condomínio em Chicago por quase US$60 milhões, além de uma cobertura em Miami pelo mesmo valor, sem mencionar os US$500 milhões por um par de quadros de Jackson Pollock e Willem de Kooning.)

Há razões para se achar que as vantagens desfrutadas por empresas como a Renaissance só se expandirão em meio a uma explosão de novos tipos de dados que seus modelos de trades por computadores possam digerir e analisar. A IBM estimou que 90% dos conjuntos de dados do mundo foram criados apenas nos últimos 2 anos e que 40 zettabytes — ou 44 trilhões de gigabytes — de dados serão criados até 2020, um aumento de 300 vezes em relação a 2005.[8]

Hoje, quase todo tipo de informação é digitalizado e disponibilizado como parte de grandes conjuntos de dados, do tipo que os investidores sonhavam em explorar um dia. A moda entre os investidores é de *dados alternativos*, que incluem praticamente tudo o que é imaginável, como informações instantâneas de sensores e imagens de satélite do mundo todo. Os investidores criativos testam correlações e padrões de geração de dinheiro examinando os tons de voz de executivos em teleconferências, tráfego nos estacionamentos de lojas de varejo, registros de aplicativos de seguro de automóveis e recomendações de influenciadores das redes sociais.

Em vez de esperar pelos números sobre a produção agrícola, os investidores quantitativos examinam as vendas de equipamentos agrícolas ou imagens de satélite do rendimento das safras. O conhecimento de embarque de contêineres de carga pode dar uma noção das mudanças globais. Os traders sistemáticos podem até obter dados gerados por telefone celular sobre em quais corredores e até em quais prateleiras os consumidores param para olhar os produtos nas lojas. Se buscamos uma noção da popularidade de um novo produto, as avaliações da Amazon podem ser utilizadas. Os algoritmos estão sendo desenvolvidos para analisar os antecedentes de diretores e outros funcionários da FDA para prever a probabilidade de aprovação de um novo medicamento.

Para explorar essas novas possibilidades, os fundos de hedge começaram a contratar um novo tipo de funcionário, chamado de *analista de dados* ou *caçador de dados* [*data hunters*], cujo trabalho é encontrar novas fontes de dados, bem parecido com o que Sandor Straus fez para a Renaissance em meados da década de 1980. Todas as informações são calculadas para entender melhor o estado atual e a trajetória da economia, bem como as perspectivas de várias empresas. Os investidores mais aventureiros podem até usá-las para se prepararem para uma possível crise se, digamos, virem uma série de entregas incomuns de pizza no Pentágono em meio a um incidente internacional.

O crescimento exponencial do poder de processamento e dos recursos de armazenamento dos computadores deu aos traders sistemáticos novos recursos para filtrar todos esses dados. De acordo com o Singularity Hub, por volta de 2025, com mil dólares, será possível comprar um computador com o mesmo poder de processamento de um cérebro humano. A empresa de fundos de hedge Two Sigma já construiu um sistema computacional com mais de 100 teraflops de potência — o que significa que ele pode processar 100 trilhões de cálculos por segundo — e mais de 11 petabytes de memória, o equivalente a 5 vezes os dados armazenados em todas as bibliotecas acadêmicas dos EUA.[9]

Todo esse poder permite aos investidores quantitativos encontrar e testar muitos sinais mais preditivos do que nunca.

"Em vez de uma estratégia duvidosa de tentar encontrar sinais usando a criatividade e o pensamento", explicou um especialista em computadores da Renaissance, "agora é possível simplesmente lançar uma classe de fórmulas em um mecanismo de aprendizado de máquina e testar milhões de possibilidades diferentes".

Anos depois que a equipe de Simons na Renaissance adotou técnicas de aprendizado de máquina, outros investidores quantitativos começaram a adotar esses métodos. A Renaissance antecipou uma transformação na tomada de decisões que está abrangendo quase todos os negócios e estilos de vida. Mais empresas e pessoas estão aceitando e adotando modelos que aprendem continuamente com seus sucessos e fracassos. Como observou o investidor Matthew Granade, Amazon, Tencent, Netflix e outras empresas que dependem de modelos dinâmicos e em constante mudança estão no domínio. Quanto mais dados forem fornecidos às máquinas, mais inteligentes elas se tornarão.

Um gracejo do romancista Gary Shteyngart resume o futuro do setor financeiro e a direção da sociedade em geral: "Quando os psiquiatras de seus filhos forem substituídos por algoritmos, será o fim; não sobrará nada."

=

Apesar de todo o entusiasmo gerado em torno da abordagem quantitativa, suas limitações também são claras. Não é fácil processar informações e descobrir sinais precisos em meio a todos esses dados com ruídos. Alguns investidores quantitativos argumentaram que selecionar as ações é mais difícil para uma máquina do que escolher uma música apropriada, reconhecer um rosto ou até mesmo dirigir um carro. Ainda é difícil ensinar as máquinas a distinguir um bolo de um chihuahua.

Algumas grandes empresas, incluindo a Man AHL de Londres, usam, principalmente, algoritmos de aprendizado de máquina para determinar como e quando devem fazer seus trades ou mapear conexões entre empresas e fazer outros tipos de pesquisa, em vez de desenvolver decisões de investimento automatizadas.

Apesar de todas as vantagens que as empresas quantitativas têm, os retornos de investimentos da maioria dessas empresas de trades não foram muito melhores do que os das empresas tradicionais que pesquisam à moda antiga, com exceções óbvias à Renaissance e algumas outras. Nos últimos 5 anos até meados do primeiro semestre de 2019, os fundos de hedge com foco em investimentos quantitativos ganharam cerca de 4,2% ao ano em média, em comparação com um ganho de 3,3% para o fundo de hedge médio no mesmo período (esses números não incluem resultados de fundos mais discretos que não compartilham seus resultados, como o Medallion). Os investidores quantitativos enfrentam desafios assustadores, porque as informações que selecionam estão sempre mudando — diferentemente dos dados de outras áreas, como a física — e os históricos de preços para ações e outros investimentos são relativamente limitados.

"Digamos que você esteja tentando prever o desempenho das ações em um ano", comentou Richard Dewey, investidor quantitativo veterano. "Como só temos registros decentes voltando até 1900, existem apenas 118 períodos de um ano que não se sobrepõem para serem analisados nos EUA."[10]

E pode ser difícil criar um sistema de trades para alguns tipos de investimentos, como dívidas problemáticas — que dependem de decisões de juízes, manobras legais e negociações de credores. Por essas razões, provavelmente haverá pequenas partes do mercado em que os investidores tradicionais mais experientes prosperam, especialmente os que estiverem focados em investimentos de longo prazo dos quais os investidores algorítmicos e orientados por computador tendem a se esquivar.

=

A ascensão da Renaissance e de outros traders programados por computador gerou preocupação sobre seu impacto no mercado e o potencial de uma venda repentina, talvez provocada por computadores agindo de forma autônoma. No dia 6 de maio de 2010, o Dow Jones Industrial Average despencou mil pontos, no episódio que ficou conhecido como "*flash crash*", os angustiantes minutos nos quais centenas de ações perderam momentaneamente quase todo o seu valor. Os investidores acusaram as empresas de trades programados por computador e disseram que o colapso destacou o papel desestabilizador que esse tipo de operação pode desempenhar, mas o mercado se recuperou rapidamente. Mais tarde, os promotores acusaram um trader que operava de sua casa no oeste de Londres por manipular um contrato de futuros do mercado de ações, abrindo caminho para o declínio.[11]

Para alguns, a súbita desaceleração, acompanhada de poucas notícias para explicar a movimentação, sugeria que a ascensão das máquinas havia inaugurado uma nova era de risco e volatilidade. Os trades automatizados por computadores são um conceito assustador para muitos, da mesma forma que os aviões pilotados automaticamente e carros autônomos podem assustar, apesar das evidências de que essas máquinas melhoram a segurança. Há motivos para se acreditar que os traders de computadores podem ampliar ou acelerar as tendências existentes.

O autor e ex-gestor de risco Richard Bookstaber argumentou que, hoje, os riscos são significativos porque a adoção de modelos quantitativos é "abrangente em todo os sistemas no mundo dos investimentos", sugerindo que problemas futuros para esses investidores teriam mais impacto do que no passado.[12] À medida que mais abraçamos os trades de investimentos quantitativos, a própria natureza do mercado financeiro pode mudar. Novos tipos de erro podem ser introduzidos, alguns dos quais ainda precisam ser enfrentados, o que dificulta sua antecipação. Até agora, os mercados têm sido orientados pelo comportamento humano, refletindo os papéis dominantes desempenhados por traders e investidores. Se o aprendizado de máquina e outros modelos computacionais se tornarem os fatores mais influentes nos mercados, eles podem se tornar menos previsíveis e talvez até menos estáveis, visto que a natureza humana é praticamente constante, enquanto a natureza desse tipo de operação computadorizada pode mudar rapidamente.

No entanto, os perigos dos trades computadorizados são, em geral, exagerados. Existem tantas variedades de investimento quantitativo que é impossível generalizar o assunto. Alguns investidores quantitativos empregam estratégias de impulso para intensificar a venda por outros investidores em um centro comercial. Mas outras abordagens — incluindo *smart beta*, *factor investing* [*investimento em fatores*] e *style investing* [*investimento em estilo*] — são as maiores categorias de investimento e de crescimento mais rápido no mundo dos investimentos quantitativos. Alguns desses profissionais programam seus computadores para comprar quando as ações ficam baratas, ajudando a estabilizar o mercado.

É importante lembrar que os participantes do mercado sempre tenderam a recuar e a operar menos durante as crises do mercado, sugerindo que qualquer relutância dos investidores quantitativos em fazer trades não é muito diferente das abordagens anteriores. De qualquer forma, os mercados se tornaram mais plácidos, já que os investidores quantitativos assumiram posições dominantes. Os seres humanos são propensos ao medo, à ganância e ao pânico, os quais tendem a semear a volatilidade no mercado financeiro. As máquinas poderiam tornar os mercados *mais* estáveis, se eliminassem indivíduos influenciados por vieses e emoções. E a tomada de decisões orientada por computadores em outras áreas, como na indústria da aviação, geralmente leva a menos erros.

=

No verão norte-americano de 2019, o fundo Medallion da Renaissance acumulara ganhos médios anuais, antes das taxas dos investidores, de cerca de 66% desde 1988, e um retorno após as taxas de aproximadamente 39%. Apesar dos primeiros tropeços do RIEF, os três fundos de hedge da empresa abertos a investidores externos também superavam os concorrentes e índices de mercado. Em junho de 2019, a Renaissance administrava US$65 bilhões combinados, tornando-a uma das maiores empresas de fundos de hedge do mundo e, às vezes, representando até 5% do volume diário de operações no mercado de ações, sem incluir o *high frequency trading*.

O sucesso da empresa é um bom lembrete da previsibilidade do comportamento humano. A Renaissance estuda o passado porque tem a confiança sensata de que os investidores tomarão decisões semelhantes no futuro. Ao mesmo tempo, os funcionários adotam o método científico para combater vieses cognitivos e emocionais, sugerindo que há valor nessa abordagem filosófica ao enfrentar todos os tipos de problemas desafiadores. Eles propõem hipóteses e depois testam, medem e ajustam suas teorias, tentando deixar que os dados, e não a intuição e o instinto, guiem-nos.

"A abordagem é científica", informou Simons. "Usamos abordagens estatísticas muito rigorosas para determinar o que achamos que está inerente."[13]

Outra lição da experiência da Renaissance é que existem mais fatores e variáveis que influenciam o mercado financeiro e os investimentos individuais do que a maioria imagina ou pode deduzir. Os investidores tendem a se concentrar nas forças mais básicas, mas há dezenas de fatores, talvez dimensões inteiras deles, que são perdidas. A Renaissance está ciente de mais forças do que as que importam, além das relações matemáticas ignoradas que afetam os preços das ações e outros investimentos, do que a maioria das pessoas.

É um pouco semelhante com o modo com que as abelhas veem um amplo espectro de cores nas flores, um arco-íris que os humanos não percebem quando olham para a mesma flora. A Renaissance não enxerga todos os tons do mercado, mas enxerga o suficiente para ganhar muito dinheiro, em parte, graças à confiança da empresa em grandes quantidades de alavancagem. Entretanto, a Renaissance enfrentou períodos desafiadores no passado e faz sentido que a empresa ache difícil igualar seu sucesso passado à medida que os mercados evoluem e os funcionários tentam acompanhar. Em momentos de verdadeira reflexão, os funcionários atuais e antigos ficam maravilhados com seus ganhos e reconhecem os obstáculos à frente.

Os ganhos que Simons e seus colegas alcançaram podem sugerir que há mais ineficiências no mercado do que a maioria imagina. Na verdade, provavelmente há menos ineficiências e oportunidades para os investidores do que geralmente se supõe. Apesar de todos os dados exclusivos, o poder dos computadores, o talento especial e a experiência em trades e gerenciamento de riscos que a Renaissance reúne, a empresa lucra apenas com pouco mais de 50% de suas operações, um sinal do quanto é desafiador tentar bater o mercado — e do quanto seria estúpido tentar batê-lo para a maioria dos investidores.

Simons e seus colegas geralmente evitam prever movimentações puras das ações. Não está claro se algum especialista ou sistema pode prever com segurança ações individuais, pelo menos em longo prazo, ou mesmo a direção do mercado financeiro. O que a Renaissance faz é tentar antecipar as movimentações das ações relacionadas a outras ações, a um índice, a um modelo de fatores e a um setor.

Durante o tempo que ajudou a administrar o fundo Medallion, Elwyn Berlekamp passou a ver as narrativas às quais a maioria dos investidores se apega para explicar as movimentações de preços como singulares, até perigosas, porque geram uma confiança equivocada de que um investimento pode ser adequadamente compreendido e seus futuros adivinhados. Se dependesse dele, as ações teriam números anexados a elas e não nomes.

"Não nego que os relatórios de resultados e outras notícias empresariais certamente movimentam os mercados", admitiu ele. "O problema é que muitos investidores se concentram tanto nesse tipo de notícia que quase todos os resultados se agrupam muito perto da média."

=

Dias após Rebekah Mercer ter linchado David Magerman das festividades da noite de pôquer no hotel St. Regis de Nova York, a Renaissance demitiu o cientista da computação, encerrando qualquer chance de uma reaproximação entre as partes.

Ele entrou com duas ações judiciais — um pedido de indenização de direitos civis a nível federal contra Robert Mercer e uma ação de rescisão contratual ilícita contra a Renaissance e Mercer. Em ambos os casos, ele alegou que Mercer o havia demitido da Renaissance por "se envolver em atividades protegidas".

"A conduta de Mercer é uma tentativa ultrajante de negar a Magerman seus direitos estatutários constitucionais e federais", estava declarado na queixa de dez páginas apresentada em um tribunal federal na Filadélfia.

Magerman reconheceu que o manual dos funcionários da Renaissance o proibia de depreciar publicamente a empresa ou seus funcionários, mas ele alegou que havia obtido a aprovação de pelo menos um executivo da Renaissance antes de compartilhar suas preocupações com o *Wall Street Journal* no início daquele ano.

Ele alimentou suas mágoas. O fato de ter sido ignorado por seus antigos colegas de trabalho ainda o incomodava.

No entanto, a passos lentos, ele e sua antiga empresa começaram a superar a disputa. Por mais infeliz que tivesse se sentido com a atividade política de Mercer e por mais inflexível que fosse sobre seu direito de se manifestar, ele nunca quis aborrecer Simons, Brown ou seus outros colegas. Às vezes, ele até sentia falta de ter Mercer por perto.

"Trabalhei na Renaissance por mais de 20 anos, foi praticamente o único lugar em que trabalhei em minha vida profissional", contou ele a um repórter. "Eu tinha a obrigação de informar o público... E esse foi o fim, até onde sei, porém fui suspenso e demitido."[14]

Em 2018, após meses de negociações, ambas as partes chegaram a um acordo amigável, em que Magerman saía da Renaissance com o direito de investir no Medallion, como outros aposentados. Aos 50 anos, logo abraçou uma nova causa: combater as poderosas empresas de redes sociais. Doou quase meio milhão de dólares a um lobby de coalizão para desmembrar o Facebook e aceitou uma posição sênior em uma empresa de capital de risco da Filadélfia para trabalhar com empresas incipientes relacionadas a dados.

"Eu me sinto muito bem por estar onde estou agora, a nível mental e pessoal", afirmou ele no final de 2018. "Eu não diria que não há ressentimentos. Mas pode ter certeza de que eu segui em frente."[15]

=

Depois que Mercer deixou o cargo de coCEO da Renaissance em novembro de 2017, os funcionários ficaram céticos quanto a uma grande mudança na empresa. Mercer ainda estava empregado na Renaissance e continuava ao alcance do ouvido de Brown. Com certeza, ele continuaria controlando os impulsos de Brown, comentaram esses funcionários. Ao contrário de outros pesquisadores, Mercer se reportava diretamente a ele, um sinal de seu destaque contínuo. Será que as coisas seriam realmente diferentes?

Porém, quase imediatamente após anunciar que estava deixando o cargo, Mercer assumiu um papel menos proeminente na empresa. Ele não participava de reuniões de nível sênior e parecia não estar a par da empresa. A mudança provocou nervosismo entre os funcionários que temiam que Brown se apressasse em tomar suas decisões sem os conselhos habituais de Mercer. Os funcionários temiam que a mudança prejudicasse os retornos da Renaissance, em um momento que mais empresas de investimentos estavam entrando na operação de investimentos quantitativos, resultando em uma possível maior concorrência.

Parecia que Brown sentia o perigo. Sua resposta se deu ajustando seu estilo de gestão. Ele ainda mantinha seu mesmo ritmo maníaco, dormindo na cama retrátil em seu escritório na maioria das noites durante a semana. Mas começou a se apoiar em outros funcionários de nível sênior, pedindo a opinião de um grupo diversificado de colegas. A mudança firmou a empresa e ajudou o Medallion a encerrar o ano de 2018 com prosperidade, alcançando ganhos de cerca de 45% naquele ano, superando o desempenho de quase todas as empresas de investimentos em um ano que o S&P 500 caiu mais de 6%, seu pior desempenho desde 2008. Os três fundos da Renaissance abertos para investidores — o Renaissance Institutional Equities Fund, o Renaissance Institutional Diversified Alpha Fund e o Renaissance Institutional Diversified Global Equity Fund — também lideravam o mercado. O dinheiro era despejado nos três fundos, e os ativos totais da Renaissance ultrapassavam os US$60 bilhões, tornando-a uma das maiores empresas de fundos de hedge do mundo.

"Acho que tudo está sob controle", informou Simons no final de 2018. "Enquanto vocês continuarem ganhando dinheiro para os investidores, eles ficarão bastante felizes em geral."[16]

=

Na primavera de 2018, Simons comemorou seu 80º aniversário. A fundação de sua família selou a ocasião com uma série de palestras focadas nas contribuições de Simons para a área da física. Acadêmicos e outros fizeram um brinde a Simons em um hotel próximo. Um mês depois, ele recebeu familiares e amigos em seu navio, o *Arquimedes*, para um cruzeiro noturno por Manhattan.

Uma corcova distinta em seus ombros acentuava sua idade avançada, mas ele continuava muito afiado, fazendo perguntas investigativas e piadas engraçadas durante as festividades.

"Prometo não completar 80 anos novamente", brincava ele com a multidão.

Parecia que Simons havia aterrissado em um ponto confortável de sua vida. Ele havia removido Mercer do cargo mais alto da Renaissance, aliviando a pressão, e a empresa estava prosperando com Brown no comando. Até o imbróglio de Magerman parecia ter ficado para trás.

No entanto, ele ainda sentia algumas pressões. Os importantes objetivos de vida continuavam inalcançados e não era necessário ter um doutorado em Matemática para saber que ele provavelmente não tinha muito tempo para realizá-los. Ele mantinha uma rotina diária que parecia destinada a melhorar suas chances de satisfazer suas ambições remanescentes. Na maioria das manhãs, ele acordava por volta das 6h30 e ia ao Central Park para caminhar vários quilômetros e se exercitar com um personal trainer. Nas caminhadas que levavam o dia todo organizadas por sua fundação, ele geralmente abria caminho, deixando funcionários jovens sem fôlego para atrás dele. Ele até havia passado para cigarros eletrônicos um pouco mais saudáveis, pelo menos durante algumas reuniões, mantendo seus amados cigarros Merit dentro do bolso da camisa.

Simons continuava trocando ideias com Brown e outros executivos da Renaissance, presidindo as reuniões do conselho de administração da empresa. De vez em quando, ele sugeria uma ideia para melhorar a operação. Porém, seu foco estava direcionado a outro lugar. Naquele ano, ele gastou US$20 milhões apoiando vários candidatos políticos democratas, ajudando o partido a retomar o controle da Câmara dos Deputados.

A Fundação Simons, com um orçamento anual de US$450 milhões, emergiu como o segundo maior financiador privado de pesquisas em ciências básicas do país. A ONG que Simons ajudou a fundar, Math for America, forneceu subsídios anuais de US$15 mil a mais de mil professores de matemática e ciências da cidade de Nova York. Também realizou centenas de seminários e workshops anuais, criando uma comunidade de professores qualificados e entusiasmados. Havia sinais de que a iniciativa estava ajudando as escolas públicas a reterem os tipos de professor que anteriormente haviam fugido para o setor privado.

Pode-se ver contradições, até mesmo hipocrisias, em algumas das decisões da vida de Simons. A Renaissance passou anos convertendo legalmente ganhos de curto prazo em lucros de longo prazo, economizando bilhões de dólares em impostos para seus executivos, mesmo quando Simons denunciou a ausência de gastos do governo com educação básica em ciências, matemática e outras áreas. Alguns críticos estridentes, como a autora e ativista Naomi Klein, questionaram a crescente influência dos "bilionários benevolentes" da sociedade, que, às vezes, alocam recursos e determinam prioridades por conta própria no mundo beneficente em um período de orçamentos governamentais insuficientes. Ele também já foi criticado por contratar os melhores cientistas e matemáticos para trabalharem em seu fundo de hedge, mesmo lamentando que o setor privado desvie os talentos da esfera pública e como tantas escolas são incapazes de reter os melhores professores.

Entretanto, ele não despejou seus bilhões em projetos de vaidade. Ele dedicou dinheiro e criatividade a trabalhos que podem beneficiar milhões de pessoas. Há sinais convincentes de que seus investimentos de caridade podem levar a mudanças reais, talvez até mesmo avanços, provavelmente em vida. Simons não será lembrado apenas pelo que fez com sua fortuna, mas também por como a alcançou.

EPÍLOGO

Jim Simons dedicou grande parte de sua vida para descobrir segredos e enfrentar desafios. No início, deu foco aos problemas de matemática e códigos dos inimigos. Mais tarde, aos padrões ocultos no mercado financeiro. Próximo de completar 81 anos na primavera norte-americana de 2019, Simons foi consumido por duas novas dificuldades, provavelmente as mais impressionantes de sua vida: entender e curar o autismo e descobrir as origens do universo e da própria vida.

Os verdadeiros avanços na pesquisa sobre o autismo não haviam sido alcançados e o tempo estava passando. Seis anos antes, a Fundação Simons havia contratado Louis Reichardt, professor de fisiologia e neurociência que foi o primeiro norte-americano a escalar o Monte Everest e o K2. Simons passou a ele um desafio ainda mais assustador: melhorar a vida das pessoas com autismo.

A fundação ajudou a estabelecer um repositório de amostras genéticas de 2.800 famílias com pelo menos uma criança com transtorno do espectro autista, acelerando o desenvolvimento de modelos animais, um passo rumo a possíveis tratamentos humanos. Na primavera de 2019, os pesquisadores de Simons conseguiram obter uma compreensão mais profunda de como o cérebro autista funciona e estavam se aproximando de medicamentos com o potencial de ajudar os que lutavam contra a doença. Um estudo chegou perto de testar um medicamento que poderia ajudar até 20% das pessoas que sofrem do distúrbio.

"Será o primeiro medicamento a ter algum efeito em algumas pessoas", disse Simons. "Acho que temos a maior chance de obter sucesso da história."

Simons estava muito esperançoso em avançar em um conjunto de desafios existenciais que confundiam a humanidade desde seus primeiros momentos. Em 2014, ele contratou o astrofísico da Universidade de Princeton, David Spergel, conhecido por um trabalho inovador que mede a idade e a composição do universo. Simons o deu a tarefa de responder à eterna pergunta de como começou o universo. "Ah, e é para responder em poucos anos, enquanto eu ainda estiver vivo", afirmou.

Simons ajudou a financiar um trabalho de US$75 milhões para construir um enorme observatório com uma série de telescópios ultrapoderosos no Deserto do Atacama, no Chile, um platô a mais de 5km acima do nível do mar, com céus extremamente claros e secos. É um local ideal para medir a radiação cósmica em micro-ondas e ter uma boa visão dos primeiros momentos da criação. O projeto, liderado por um grupo de oito cientistas, incluindo Spergel e Brian Keating — astrofísico que dirige o Observatório Simons e que é filho de um dos primeiros sócios de Simons, James Ax —, deverá ser concluído em 2022. Entre outras coisas, o observatório buscará evidências distantes do Big Bang, o acontecimento teorizado no qual surgiu o universo.[1]

Muitos cientistas pressupõem que o universo se expandiu instantaneamente após a criação, o que chamam de *inflação cósmica*. Provavelmente, esse evento produziu ondas gravitacionais e luz distorcida ou o que Keating chama de "a impressão digital do Big Bang". Os cientistas passaram anos procurando evidências desse fenômeno, e a cada tentativa enfrentavam uma derrota esmagadora, com décadas quase chegando lá, mas encontrando apenas futilidades. O Observatório Simons representa uma das melhores chances de ainda descobrir esses leves ecos dos espasmos da geração do universo, fornecendo possíveis evidências de que o universo teve um começo.

"Jim está pressionando para obter respostas rápidas", comentou Spergel.

Até mesmo Simons expressa ceticismo sobre a teoria do Big Bang e se seu telescópio gigante alcançará seu objetivo e produzirá evidências de inflação cósmica. Concordando com uma visão de que o tempo nunca teve um ponto de partida, ele apoia simultaneamente o trabalho de Paul Steinhardt, o principal defensor do modelo não inflacionário e *do grande salto, ou grande rebote*, teoria oposta ao Big Bang.

"Sempre foi esteticamente agradável para mim pensar que o tempo sempre existiu", disse Simons.

Parecendo-se muito como um trader de fundos de hedge, Simons acredita que será vitorioso, independentemente do que as diferentes equipes descobrirem. Se seus instintos forem precisos e a inflação não for encontrada, ele se sentirá justificado e os cientistas como Steinhardt assumirão o desafio. Se o grupo Spergel-Keating encontrar evidências que apoiem a teoria do Big Bang, "ganharemos um Nobel e todos irão pular de alegria", afirmou Simons.

Ele continua muito ansioso por respostas a outras perguntas que têm confundido a civilização por séculos. Sua fundação apoiou colaborações científicas destinadas a entender como a vida começou, como era a vida no início e se poderia haver vida em outro lugar do sistema solar ou em planetas fora do sistema solar.

"Todas as religiões já cobriram o assunto e eu sempre fiquei curioso", comentou. "Sinto que estamos prestes a descobrir."

=

Em um dia corrido, em meados de março de 2019, Simons e sua esposa voaram em seu jatinho Gulfstream para um aeroporto nos arredores de Boston. Lá, foram recebidos e levados para o campus do Instituto de Tecnologia de Massachusetts, em Cambridge, Massachusetts, a escola em que Simons estudou, onde estava programado para ele dar uma palestra. Vestindo uma jaqueta esportiva de tweed, calça cáqui, camisa azul meio transparente e mocassins sem meias, Simons discursou para centenas de estudantes, acadêmicos e empresários locais, refletindo sobre sua carreira e a turbulência pós-eleitoral na Renaissance.

Respondendo a uma pergunta sobre por que ele não freou as atividades políticas de Bob Mercer, fez o seguinte comentário: "Acho que ele é meio louco", recebendo uma série de aplausos. "Mas ele é extremamente brilhante. Não poderia demiti-lo por suas crenças políticas."

Quando perguntaram de quais investidores profissionais os alunos deveriam buscar orientação, Simons teve dificuldades para encontrar uma resposta adequada sobre algum um investidor quantitativo, mas ainda cético, que pode prever os mercados. Por fim, mencionou seu vizinho em Manhattan, gestor de fundos de hedge, George Soros.

"Acredito que vale a pena ouvi-lo", assegurou Simons, "por mais que ele fale demais".

Simons compartilhou algumas lições de vida com o público da faculdade: "trabalhem com as pessoas mais inteligentes que puderem, se tiverem sorte, mais inteligentes que vocês... sejam persistentes, não desistam facilmente.

"Sejam guiados pela beleza... pode ser a maneira como uma empresa funciona, ou como um experimento é divulgado, ou como um teorema é revelado, mas há uma noção de beleza quando algo está indo bem, é quase uma questão estética."

Simons discutiu suas mais recentes paixões, como seu trabalho para entender a criação do universo e as origens da humanidade.

"É perfeitamente possível que estejamos sozinhos", disse ele, argumentando que a vida inteligente só poderia existir no planeta Terra, graças a uma confluência de fatores favoráveis que provavelmente não foram encontrados em outros lugares.

Por um breve momento, Simons olhou para Marilyn, sentada na primeira fila da plateia ao lado de seu neto, estudante de pós-graduação de Harvard.

"Tivemos muita sorte", afirmou.

Após muitas palmas da plateia, ele retribuiu com um modesto aceno de mão. Andando devagar, saiu do auditório, com sua família logo atrás.

APÊNDICE 1

	Retornos líquidos	Taxa de gestão*	Taxa de desempenho	Retornos antes de taxas	Tamanho do Fundo	Lucros dos trades do Medallion**
1988	9.0%	5%	20%	16.3%	US$20 MILHÕES	US$3 MILHÕES
1989	-4.0%	5%	20%	1.0%	US$20 MILHÕES	US$0
1990	55.0%	5%	20%	77.8%	US$30 MILHÕES	US$23 MILHÕES
1991	39.4%	5%	20%	54.3%	US$42 MILHÕES	US$23 MILHÕES
1992	33.6%	5%	20%	47.0%	US$74 MILHÕES	US$35 MILHÕES
1993	39.1%	5%	20%	53.9%	US$122 MILHÕES	US$66 MILHÕES
1994	70.7%	5%	20%	93.4%	US$276 MILHÕES	US$258 MILHÕES
1995	38.3%	5%	20%	52.9%	US$462 MILHÕES	US$244 MILHÕES
1996	31.5%	5%	20%	44.4%	US$637 MILHÕES	US$283 MILHÕES
1997	21.2%	5%	20%	31.5%	US$829 MILHÕES	US$261 MILHÕES
1998	41.7%	5%	20%	57.1%	US$1.1 BILHÃO	US$628 MILHÕES
1999	24.5%	5%	20%	35.6%	US$1.54 BILHÃO	US$549 MILHÕES
2000	98.5%	5%	20%	128.1%	US$1.9 BILHÃO	US$2.434 MILHÕES
2001	33.0%	5%	36%	56.6%	US$3.8 BILHÕES	US$2.149 MILHÕES

* AS TAXAS SÃO COBRADAS PELO FUNDO MEDALLION DE SEUS INVESTIDORES, QUE, NA MAIORIA DOS ANOS, REPRESENTAM OS PRÓPRIOS FUNCIONÁRIOS E EX-FUNCIONÁRIOS DA EMPRESA.

** OS RETORNOS BRUTOS E OS LUCROS DO MEDALLION SÃO ESTIMATIVAS – O NÚMERO REAL PODE VARIAR UM POUCO DEPENDENDO DE QUANDO A TAXA ANUAL DE ATIVOS É COBRADA, ENTRE OUTRAS COISAS. OS LUCROS DO MEDALLION VÊM ANTES DAS VÁRIAS DESPESAS DO FUNDO.

APÊNDICE 1

	Retornos líquidos	Taxa de gestão*	Taxa de desempenho	Retornos antes de taxas	Tamanho do Fundo	Lucros dos trades do Medallion**
2002	25,8%	5%	44%	51,1%	US$5,24 BILHÕES	US$2.676 BILHÕES
2003	21,9%	5%	44%	44,1%	US$5,09 BILHÕES	US$2.245 BILHÕES
2004	24,9%	5%	44%	49,5%	US$5,2 BILHÕES	US$2.572 BILHÕES
2005	29,5%	5%	44%	57,7%	US$5,2 BILHÕES	US$2.999 BILHÕES
2006	44,3%	5%	44%	84,1%	US$5,2 BILHÕES	US$4.374 BILHÕES
2007	73,7%	5%	44%	136,6%	US$5,2 BILHÕES	US$7.104 BILHÕES
2008	82,4%	5%	44%	152,1%	US$5,2 BILHÕES	US$7.911 BILHÕES
2009	39,0%	5%	44%	74,6%	US$5,2 BILHÕES	US$3.881 BILHÕES
2010	29,4%	5%	44%	57,5%	US$10 BILHÕES	US$5.750 BILHÕES
2011	37,0%	5%	44%	71,1%	US$10 BILHÕES	US$7.107 BILHÕES
2012	29,0%	5%	44%	56,8%	US$10 BILHÕES	US$5.679 BILHÕES
2013	46,9%	5%	44%	88,8%	US$10 BILHÕES	US$8.875 BILHÕES
2014	39,2%	5%	44%	75,0%	US$9,5 BILHÕES	US$7.125 BILHÕES
2015	36,0%	5%	44%	69,3%	US$9,5 BILHÕES	US$6.582 BILHÕES
2016	35,6%	5%	44%	68,6%	US$9,5 BILHÕES	US$6.514 BILHÕES
2017	45,0%	5%	44%	85,4%	US$10 BILHÕES	US$8.536 BILHÕES
2018	40,0%	5%	44%	76,4%	US$10 BILHÕES	US$7.643 BILHÕES
	39,1% média de retornos líquidos			**66,1% média de retornos antes de taxas**		**US$104.530.000.000 total de lucros dos trades**

Média de Retornos Anuais

66,1% bruto

39,1% líquido

Os lucros acima de US$104,5 bilhões representam os lucros do fundo Medallion. A Renaissance também lucra com 3 fundos de hedge disponíveis para investidores externos, que administravam aproximadamente US$55 bilhões em 30 de abril de 2019 (*Fonte:* relatórios anuais do Medallion; investidores).

APÊNDICE 2

Comparação dos Retornos

Investidor	Principal Fundo/Veículo	Período	Retornos Anuais*
JIM SIMONS	FUNDO MEDALLION	1988-2018	39.1%
GEORGE SOROS	FUNDO QUANTUM	1969-2000	32%†
STEVEN COHEN	SAC	1992-2003	30%
PETER LYNCH	FUNDO MAGELLAN	1977-1990	29%
WARREN BUFFETT	BERKSHIRE HATHAWAY	1965-2018	20.5%‡
RAY DALIO	PURE ALPHA	1991-2018	12%

(*FONTE:* PARA SIMONS, DALIO, COHEN, SOROS: RELATÓRIO; PARA BUFFETT: RELATÓRIO ANUAL DA BERKSHIRE HATHAWAY; PARA LYNCH: FIDELITY INVESTMENTS.)

* TODOS OS RETORNOS SÃO APÓS TAXAS.

† OS RETORNOS CAÍRAM NOS ÚLTIMOS ANOS, POIS SOROS PAROU DE INVESTIR PARA OS OUTROS.

‡ BUFFETT OBTEVE EM MÉDIA 62% DE GANHOS INVESTINDO SEU PRÓPRIO DINHEIRO DE 1951 A 1957, COMEÇANDO COM MENOS DE US$10 MIL, E OBTEVE GANHOS MÉDIOS DE 24.3% EM UMA PARCERIA GERENCIADA DE 1957 A 1969.

NOTAS

Introdução

1. "Seed Interview: James Simons", *Seed*, 19 de setembro de 2006.
2. Gregory Zuckerman, Rachel Levy, Nick Timiraos e Gunjan Banerji, "Behind the Market Swoon: The Herdlike Behavior of Computerized Trading", *Wall Street Journal*, 25 de dezembro de 2018, https://www.wsj.com/articles/behind-the-market-swoon-the-herdlike-behavior-of-computerized-trading-11545785641.

Capítulo Um

1. D. T. Max, "Jim Simons, the Numbers King", *New Yorker*, 11 de dezembro de 2017, https://www.newyorker.com/magazine/2017/12/18/jim-simons-the-numbers-king.
2. James Simons, "Dr. James Simons, S. Donald Sussman Fellowship Award Fireside Chat Series. Chat 2", entrevistado por Andrew Lo, 6 de março de 2019, https://www.youtube.com/watch?v=srbQzrtfEvY&t=4s.

Capítulo Dois

1. James Simons, "Mathematics, Common Sense, and Good Luck" (palestra, Palestra Pública Einstein sobre Matemática da Sociedade Norte-Americana de Matemática, São Francisco, CA, 30 de outubro de 2014), https://www.youtube.com/watch?v=Tj1NyJHLvWA.
2. Lee Neuwirth, *Nothing Personal: The Vietnam War in Princeton 1965–1975* (Charleston, SC: BookSurge, 2009).
3. Paul Vitello, "John S. Toll Dies at 87; Led Stony Brook University", *New York Times*, 18 de julho de 2011, https://www.nytimes.com/2011/07/19/nyregion/john-s-toll-dies-at-87-led-stony-brook-university.html.

NOTAS

4. James Simons, "Simons Foundation Chair Jim Simons on His Career in Mathematics", entrevistado por Jeff Cheeger, Fundação Simons, 28 de setembro de 2012, https://www.simonsfoundation.org/2012/09/28/simons-foundation-chair-jim-simons-on-his-career-in-mathematics.

5. Simons, "On His Career in Mathematics".

Capítulo Três

1. Simons, "Mathematics, Common Sense, and Good Luck".
2. William Byers, *How Mathematicians Think: Using Ambiguity, Contradiction, and Paradox to Create Mathematics* (Princeton, NJ: Princeton University Press, 2007).
3. Artigos particulares de Lenny Baum, fornecidos por sua família.
4. Richard Teitelbaum, "The Code Breaker", *Bloomberg Markets*, janeiro de 2008.
5. James Simons, "Jim Simons Speech on Leonard E. Baum" (discurso, Leonard E. Baum Memorial, Princeton, NJ, 15 de agosto de 2017), https://www.youtube.com/watch?v=zN0ah7moPlQ.
6. Simons, "On His Career in Mathematics".
7. Simons, "Jim Simons Speech on Leonard E. Baum".

Capítulo Quatro

1. Byers, *How Mathematicians Think*.

Capítulo Cinco

1. James R. Hagerty and Gregory Zuckerman, "Math Wizard Elwyn Berlekamp Helped Bring Sharp Images from Outer Space", *Wall Street Journal*, 1 de maio de 2019, https://www.wsj.com/articles/math-wizard-elwyn-berlekamp-helped-bring-sharp-images-from-outer-space-11556735303.
2. Brian Keating, *Losing the Nobel Prize: A Story of Cosmology, Ambition, and the Perils of Science's Highest Honor* (Nova York: W. W. Norton, 2018).

Capítulo Seis

1. James B. Stewart, *Den of Thieves* (Nova York: Simon & Schuster, 1991).

Capítulo Sete

1. 1. Geoffrey Poitras, *The Early History of Financial Economics, 1478–1776: From Commercial Arithmetic to Life Annuities and Joint Stocks* (Cheltenham, UK: Edward Elgar, 2000).
2. Mark Putrino, "Gann and Gann Analysis", *Technical Analysis of Stocks & Commodities*, setembro de 2017.
3. Brian Stelter, "Gerald Tsai, Innovative Investor, Dies at 79", *The New York Times*, 11 de julho de 2008, https://www.nytimes.com/2008/07/11/business/11tsai.html; John Brooks, *The Go-Go Years: The Drama and Crashing Finale of Wall Street's Bullish 60s* (Nova York: Weybright and Talley, 1973).

NOTAS

4. Andrew W. Lo e Jasmina Hasanhodzic, *The Evolution of Technical Analysis: Financial Prediction from Babylonian Tablets to Bloomberg Terminals* (Hoboken, NJ: John Wiley & Sons, 2010).
5. Douglas Bauer, "Prince of the Pit", *The New York Times*, 25 de abril de 1976, https://www.nytimes.com/1976/04/25/archives/prince-of-the-pit-richard-dennis-knows-how-to-keep-his-head-at-the.html.
6. Emanuel Derman, *My Life as a Quant: Reflections on Physics and Finance* (Hoboken, NJ: John Wiley & Sons, 2004).
7. Edward O. Thorp, *A Man for All Markets: From Las Vegas to Wall Street, How I Beat the Dealer and the Market* (Nova York: Random House, 2017).
8. Scott Patterson, *The Quants: How a New Breed of Math Whizzes Conquered Wall Street and Nearly Destroyed It* (Nova York: Crown Business, 2010).
9. Patterson, *The Quants*.
10. Michelle Celarier, "How a Misfit Group of Computer Geeks and English Majors Transformed Wall Street", *Nova York*, 18 de janeiro de 2018, http://nymag.com/intelligencer/2018/01/d-e-shaw-the-first-great-quant-hedge-fund.html.
11. Hal Lux, "Secretive D. E. Shaw & Co. Opens Doors for Customers' Business", *Investment Dealers' Digest*, 15 de novembro de 1993.
12. G. Bruce Knecht, "Wall Street Whiz Finds Niche Selling Books on the Internet", *Wall Street Journal*, 16 de maio de 1996, https://www.wsj.com/articles/SB832204437 381952500.

Capítulo Oito

1. Ingfei Chen, "A Cryptologist Takes a Crack at Deciphering DNA's Deep Secrets", *The New York Times*, 12 de dezembro de 2006, https://www.nytimes.com/2006/12/12/science/12prof.html.
2. John F. Greer Jr., "Simons Doesn't Say", *Financial World*, 21 de outubro de 1996.

Capítulo Nove

1. Peter Lynch, "Pros: Peter Lynch", entrevista com *Frontline*, PBS, maio de 1996, www.pbs.org/wgbh/pages/frontline/shows/betting/pros/lynch.html; and Peter Lynch with John Rothchild, *One Up on Wall Street* (Nova York: Simon & Schuster, 2000).
2. Sebastian Mallaby, *More Money Than God: Hedge Funds and the Making of a New Elite* (Nova York: Penguin Press, 2010).
3. Michael Coleman, "Influential Conservative Is Sandia, UNM Grad", *Albuquerque Journal*, 5 de novembro de 2017, https://www.abqjournal.com/1088165/influential-conservative-is-sandia-unm-gradrobertmercer-trump-fundraiser-breitbart-investor-has-nm-roots.html.
4. Robert Mercer, "A Computational Life" (discurso, Prêmio de Contribuição em Vida da Associação de Linguística Computacional, Baltimore, Maryland, 25 de junho de 2014), http://techtalks.tv/talks/closing-session/60532.

NOTAS

5. Stephen Miller, "Co-Inventor of Money-Market Account Helped Serve Small Investors' Interest", *Wall Street Journal*, 16 de agosto de 2008, https://www.wsj.com/articles/SB121884007790345601.

6. Feng-Hsiung Hsu, *Behind Deep Blue: Building the Computer That Defeated the World Chess Champion* (Princeton, NJ: Princeton University Press, 2002).

Capítulo Dez

1. Peter Brown e Robert Mercer, "Oh, Yes, Everything's Right on Schedule, Fred" (palestra, Vinte Anos de Bitext Workshop, Métodos Empíricos na Conferência de Processamento de Linguagem Natural, Seattle, Washington, outubro de 2013), http://cs.jhu.edu/~post/bitext.

Capítulo Onze

1. Hal Lux, "The Secret World of Jim Simons", *Institutional Investor*, 1º de novembro de 2000, https://www.institutionalinvestor.com/article/b151340bp779jn/the-secret-world-of-jim-simons.

2. Robert Mercer entrevistado por Sharon McGrayne para seu livro, *The Theory Would Not Die: How Bayes' Rule Cracked the Enigma Code, Hunted Down Russian Submarines, and Emerged Triumphant from Two Centuries of Controversy* (New Haven, CT: Yale University Press, 2011).

3. Brown e Mercer, "Oh, Yes, Everything's Right on Schedule, Fred".

4. Jason Zweig, "Data Mining Isn't a Good Bet for Stock-Market Predictions", *Wall Street Journal*, 8 de agosto de 2009, https://www.wsj.com/articles/SB124967937642715417.

5. Lux, "The Secret World of Jim Simons".

6. Robert Lipsyte, "Five Years Later, A Female Kicker's Memorable Victory", *The New York Times*, 19 de outubro de 2000, https://www.nytimes.com/2000/10/19/sports/colleges-five-years-later-a-female-kicker-s-memorable-victory.html.

7. Roger Lowenstein, *When Genius Failed: The Rise and Fall of Long-Term Capital Management* (Nova York: Random House, 2000).

8. Suzanne Woolley, "Failed Wizards of Wall Street", *BusinessWeek*, 21 de setembro de 1998, https://www.bloomberg.com/news/articles/1998-09-20/failed-wizards-of-wall-street.

9. Timothy L. O'Brien, "Shaw, Self-Styled Cautious Operator, Reveals It Has a Big Appetite for Risk", *The New York Times*, 15 de outubro de 1998, https://www.nytimes.com/1998/10/15/business/shaw-self-styled-cautious-operatorreveals-it-has-a-big-appetite-for-risk.html.

10. *Abuse of Structured Financial Products: Misusing Basket Options to Avoid Taxes and Leverage Limits: Hearings before the Permanent Subcommittee on Investigations of the Committee on Homeland Security and Governmental Affairs*, 113º Congresso (2014) (declaração de Peter Brown, CEO, Renaissance Technolo-

gies), https://www.govinfo.gov/content/pkg/CHRG113shrg89882/pdf/CHRG-113shrg89882.pdf.

Capítulo Doze

1. 1. McGrayne, *The Theory That Would Not Die: How Bayes' Rule Cracked the Enigma Code, Hunted Down Russian Submarines, and Emerged Triumphant from Two Centuries of Controversy*.
2. Lux, "The Secret World of Jim Simons".
3. *Abuse of Structured Financial Products* (declaração de Peter Brown).
4. Katherine Burton, "Inside a Moneymaking Machine Like No Other", *Bloomberg*, 21 de novembro de 2016, https://www.bloomberg.com/news/articles/2016-11-21/how-renaissance-s-medallion-fund-became-finance-s-blackest-box.
5. George Gilder, *Life after Google: The Fall of Big Data and the Rise of the Blockchain Economy* (Washington, DC: Regnery Gateway, 2018).
6. Simon Van Zuylen-Wood, "The Controversial David Magerman", *Philadelphia Magazine*, 13 de setembro de 2013, https://www.phillymag.com/news/2013/09/13/controversial-david-magerman.
7. Scott Patterson and Jenny Strasburg, "Pioneering Fund Stages Second Act", *Wall Street Journal*, 16 de março de 2010, https://www.wsj.com/articles/SB10001424052748703494404575082000779302566.
8. Zachary Mider, "What Kind of Man Spends Millions to Elect Ted Cruz?", *Bloomberg*, 20 de janeiro de 2016, https://www.bloomberg.com/news/features/2016-01-20/what-kind-of-man-spends-millions-to-elect-ted-cruz.
9. William J. Broad, "Seeker, Doer, Giver, Ponderer", *The New York Times*, 7 de julho de 2014, https://www.nytimes.com/2014/07/08/science/a-billionaire-mathematicians-life-of-ferocious-curiosity.html.

Capítulo Treze

1. Christine Williamson, "Renaissance Believes Size Does Matter", *Pensions & Investments*, 27 de novembro de 2006, https://www.pionline.com/article/20061127/PRINT/611270744/renaissance-believes-size-does-matter.
2. Patterson, *The Quants*.
3. Gregory Zuckerman, *The Greatest Trade Ever: The Behind-the-Scenes Story of How John Paulson Defied Wall Street and Made Financial History* (Nova York: Broadway Books, 2009).
4. Tae Kim, "Billionaire David Einhorn Says the Key to Investing Success Is 'Critical Thinking'", CNBC, 26 de dezembro de 2017, https://www.cnbc.com/2017/12/26/david-einhorn-says-the-key-to-investing-success-is-critical-thinking.html.
5. Susan Pulliam and Jenny Strasburg, "Simons Questioned by Investors", *Wall Street Journal*, 15 de maio de 2009, https://www.wsj.com/articles/SB124235370437022507.

NOTAS

Capítulo Catorze

1. Alice Walker, "Billionaire Mathematician Jim Simons Parks £75 million Super Yacht during Tour of Scotland", *Scottish Sun*, 15 de julho de 2018, https://www.thescottishsun.co.uk/fabulous/2933653/jim-simons-superyacht-billionaire-scotland-tour.
2. Simons, "On His Career in Mathematics".
3. Van Zuylen-Wood, "The Controversial David Magerman".
4. Ryan Avent, "If It Works, Bet It", *Economist*, 14 de junho de 2010, https://www.economist.com/free-exchange/2010/06/14/if-it-works-bet-it.
5. James Simons, "My Life in Mathematics" (palestra, Congresso Internacional de Matemática, Seul, Coreia do Sul, 13 de agosto de 2014), https://www.youtube.com/watch?v=RP1ltutTN_4.
6. John Marzulli, "Hedge Fund Hotshot Robert Mercer Files Lawsuit over $2M Model Train, Accusing Builder of Overcharge", *New York Daily News*, 31 de março de 2009, https://www.nydailynews.com/news/hedge-fund-hotshot-robert-mercer-files-lawsuit-2m-model-train-accusing-builder-overcharge-article-1.368624.
7. Patterson e Strasburg, "Pioneering Fund Stages Second Act".
8. Joshua Green, *Devil's Bargain: Steve Bannon, Donald Trump, and the Storming of the Presidency* (Nova York: Penguin Press, 2017).
9. Mider, "Ted Cruz?".
10. Juliet Chung, "Mega Merger: Six Apartments May Make One", *Wall Street Journal*, 27 de abril de 2010, https://www.wsj.com/articles/SB10001424052748704446704575207193495569502.
11. Ben Smith, "Hedge Fund Figure Financed Mosque Campaign", *Politico*, 18 de janeiro de 2011, https://www.politico.com/blogs/ben-smith/2011/01/hedge-fund-figure-financed-mosque-campaign-032525.
12. Vicky Ward, "The Blow-It-All-Up Billionaires", *Highline*, 17 de março de 2017, https://highline.huffingtonpost.com/articles/en/mercers.
13. Gregory Zuckerman, Keach Hagey, Scott Patterson e Rebecca Ballhaus, "Meet the Mercers: A Quiet Tycoon and His Daughter Become Power Brokers in Trump's Washington", *Wall Street Journal*, 8 de janeiro de 2017, https://www.wsj.com/articles/meet-the-mercers-a-quiet-tycoon-and-his-daughter-become-power-brokers-in-trumps-washington-1483904047.
14. Carole Cadwalladr, "Revealed: How US Billionaire Helped to Back Brexit", *Guardian*, 25 de fevereiro de 2017, https://www.theguardian.com/politics/2017/feb/26/us-billionaire-mercer-helped-back-brexit.
15. Jane Mayer, "New Evidence Emerges of Steve Bannon and Cambridge Analytica's Role in Brexit", *New Yorker*, 17 de novembro de 2018, https://www.newyorker.com/news/news-desk/new-evidence-merges-of-stevebannon-and-cambridge-analyticas-role-in-brexit.

NOTAS

16. Nigel Farage, "Farage: 'Brexit Could Not Have Happened without Breitbart'", entrevistado por Alex Marlow, Turning Point USA Student Action Summit, 20 de dezembro de 2018, https://www.youtube.com/watch?v=W73L6L7howg.
17. Matea Gold, "The Rise of GOP Mega-donor Rebekah Mercer", *Washington Post*, 14 de setembro de 2016, https://www.washingtonpost.com/politics/the-rise-of-gop-mega-donor-rebekah-mercer/2016/09/13/85ae3c3279bf11e6-beac57a4a412e93a_story.html.
18. Green, *Devil's Bargain*.
19. Corey R. Lewandowski and David N. Bossie, *Let Trump Be Trump: The Inside Story of His Rise to the Presidency* (Nova York: Center Street, 2017).

Capítulo Quinze

1. Jonathan Lemire e Julie Pace, "Trump Spent Saturday Night at a Lavish 'Villains and Heroes' Costume Party Hosted by Some of His Biggest Donors", Associated Press, 3 de dezembro de 2016, https://www.businessinsider.com/trump-attends-mercer-lavish-villains-and-heroes-costume-party-2016-12.
2. Matea Gold, "The Mercers and Stephen Bannon: How a Populist Power Base Was Funded and Built", *Washington Post*, 17 de março de 2017, https://www.washingtonpost.com/graphics/politics/mercer-bannon.
3. Jane Mayer, "The Reclusive Hedge-Fund Tycoon behind the Trump Presidency", *New Yorker*, 17 de março de 2017, https://www.newyorker.com/magazine/2017/03/27/the-reclusive-hedge-fund-tycoon-behind-the-trump-presidency.
4. Zuckerman et al., "Meet the Mercers".
5. William Julius Wilson, "Hurting the Disadvantaged", resenha de *Civil Rights: Rhetoric or Reality?* by Thomas Sowell, *The New York Times*, 24 de junho de 1984, https://www.nytimes.com/1984/06/24/books/hurting-the-disadvantaged.html.
6. David M. Schwartz, "Robert Mercer's North Shore Home Draws Tax Demonstrators", *Newsday*, 28 de março de 2017, https://www.newsday.com/long-island/politics/spin-cycle/protest-at-robert-mercer-s-li-home-1.13329816.
7. Gregory Zuckerman, "Renaissance Feud Spills Over to Hedge Fund Poker Night", *Wall Street Journal*, 28 de abril de 2017, https://www.wsj.com/articles/renaissance-feud-spills-over-to-hedge-fund-poker-night-1493424763.
8. Jeremy W. Peters, "Milo Yiannopoulos Resigns from Breitbart News after Pedophilia Comments", *The New York Times*, 21 de fevereiro de 2017, https://www.nytimes.com/2017/02/21/business/milo-yiannopoulos-resigns-from-breitbart-news-after-pedophilia-comments.html.
9. Robin Pogrebin e Somini Sengupta, "A Science Denier at the Natural History Museum? Scientists Rebel", *The New York Times*, 25 de janeiro de 2018, https://www.nytimes.com/2018/01/25/climate/rebekah-mercer-natural-history-museum.html.

NOTAS

10. Gregory Zuckerman, "Mercer Influence Wanes as Other Washington Donors Emerge". *Wall Street Journal*, 4 de novembro de 2018, https://www.wsj.com/articles/mercer-influence-wanes-as-other-washington-donors-emerge-1541350805.
11. Zuckerman, "Mercer Influence Wanes".

Capítulo Dezesseis

1. "Morningstar Reports US Mutual Fund and ETF Fund Flows for April 2019", *PR Newswire*, 17 de maio de 2019, https://finance.yahoo.com/news/morningstar-reports-u-mutual-fund-130000604.html.
2. Gregory Zuckerman, "Architect of Greatest Trade Ever Hit by Losses, Redemptions Postcrisis", *Wall Street Journal*, 27 de abril de 2018, https://www.wsj.com/articles/architect-of-greatest-trade-ever-hit-by-losses-redemptions-post crisis-1524837987.
3. Gregory Zuckerman, "'This Is Unbelievable': A Hedge Fund Star Dims, and Investors Flee", *Wall Street Journal*, 4 de julho de 2018, https://www.wsj.com/articles/this-is-unbelievable-a-hedge-fund-star-dims-and-investors-flee-1530728254.
4. Gregory Zuckerman e Kirsten Grind, "Inside the Showdown Atop PIMCO, the World's Biggest Bond Firm", *Wall Street Journal*, 24 de fevereiro de 2014, https://www.wsj.com/articles/inside-the-showdown-atop-pimco-the-worlds-biggest-bond-firm-1393298266.
5. George Budwell, "Why Geron Corporation's Stock Is Charging Higher Today", Motley Fool, 28 de agosto de 2018, https://www.fool.com/investing/2018/08/28/why-geron-corporations-stock-is-charging-higher-to.aspx.
6. Dados baseados em uma reportagem do TABB Group.
7. Nathan Vardi, "Running the Numbers", *Forbes*, 30 de abril de 2019.
8. "The Four Vs of Big Data", infográfico, IBM Big Data & Analytics (site), https://www.ibmbigdatahub.com/sites/default/files/infographic_file/4-Vs-of-big-data.jpg?cm_mc_uid=16172304396014932905991&cm_mc_sid_50200000=1494235431&cm_mc_sid_52640000=1494235431.
9. Bradley Hope, "Five Ways Quants Are Predicting the Future", *Wall Street Journal*, 1 de abril de 2015, https://blogs.wsj.com/briefly/2015/04/01/5-ways-quants-are-predicting-the-future.
10. Richard Dewey, "Computer Models Won't Beat the Stock Market Any Time Soon", *Bloomberg*, 21 de maio de 2019, https://www.bloomberg.com/news/articles/2019-05-21/computer-models-won-t-beat-the-stock-market-any-time-soon.
11. Aruna Viswanatha, Bradley Hope e Jenny Strasburg, "'Flash Crash' Charges Filed", *Wall Street Journal*, April 21, 2015, https://www.wsj.com/articles/u-k-man-arrested-on-charges-tied-to-may-2010-flash-crash-1429636758.
12. Robin Wigglesworth, "Goldman Sachs' Lessons from the 'Quant Quake'", *Financial Times*, 3 de setembro de 2017, https://www.ft.com/content/fdfd5e78-0283-11e7-aa5b-6bb07f5c8e12.s
13. "Seed Interview: James Simons".

14. Marcus Baram, "The Millionaire Critic Who Scared Facebook Now Wants to Help 'Fix the Internet'", *Fast Company*, 11 de dezembro de 2018, https://www.fastcompany.com/90279134/the-millionaire-critic-who-scared-facebook-wants-to-help-fix-the-internet.
15. Baram, "The Millionaire Critic Who Scared Facebook".
16. Richard Henderson, "Renaissance Founder Says Hedge Fund Has Overcome Trump Tension", *Financial Times*, 15 de março de 2019, https://www.ft.com/content/7589277c-46d6-11e9-b168-96a37d002cd3.

Epílogo

1. Gary Robbins, "UCSD Gets US$40 Million to Study Infancy of the Universe", *San Diego Union-Tribune*, 12 de maio de 2016, https://www.sandiegouniontribune.com/news/science/sdut-ucsd-simons-telescopes-2016may12-story.html.

ÍNDICE

A

Agência de Segurança Nacional, 23, 196
Alan Greenspan, 56
Alan Turing, 3, 139
Albert Einstein, 27, 122
Alexander Belopolsky, 220, 238
Alexey Kononenko, 223, 228, 247
Álgebra linear, 18, 54
Algoritmo, 3, 44, 118, 244
   de apostas, 136
   de Baum, 49
   de Baum-Welch, 45, 168
   de Berlekamp, 90
   decodificador, 24
   preditivo, 210
Amos Tversky, 143
Análise
   de Gann, 117
   estatística, 24
   quantitativa, 199
Andrew Breitbart, 261
Anita Rival, 132

Anomalias, 125, 143, 191
   de preços, 197
   multidimensionais, 257
Apple Computer, 87, 156
Aprendizado de máquina, xxi, 45, 93, 192, 294
AQR Capital Management, 242, 246
Arbitragem estatística, 124, 185, 242
Arthur Robinson, 219, 259
Ashvin Chhabra, 290
Axcom, 83, 93
   Limited, 92, 102
Ayn Rand, 260

B

Barbara Bluestein, 17
Barclays Bank, 212, 245
Barr Rosenberg, 121
Barry Mazur, 14
Benoit Mandelbrot, 120
Berkeley Quantitative, 114
Berkshire Hathaway, 250, 291

ÍNDICE

Bernard L. Madoff Investment Securities, 186
Bertram Kostant, 17
Bill Gross, 3, 153, 291
Boaz Weinstein, 281
Breitbart News, 262, 278, 284
Brian Keating, 37, 101, 306
Bridgewater Associates, 292

C

Cadeias de Markov, 44, 78
Cambridge Analytica, 262, 286
Carl Icahn, 265
Charles Dow, 116
Charlie Freifeld, 38, 65
Chris English, 281
Christopher Kurz, 115
Citadel, 242, 292
Claude Shannon, 121
Clifford Asness, 246
Comissão de Trades de Futuros de Commodities (CFTC), 55

D

Daniel Kahneman, 143, 151
David Dwyer, 234, 250
David Einhorn, 249, 291
David Leinweber, 192
David Magerman, 171, 248, 274, 299
David McCarthy, 144
David Shaw, 127, 198
David Spergel, 306
Dennis Sullivan, 149, 227, 236
D. E. Shaw, 127, 136
Deutsche Bank, 212, 245

Dick Leibler, 26, 32
Donald Sussman, 127, 198
Donald Trump, xx, 264, 278
Dow Jones Industrial Average, 94, 116, 241

E

Eastman Kodak, 91, 107
Economia comportamental, 143
  ancoragem, 143
  aversão à perda, 143
  efeito da dotação, 143
Edmundo Esquenazi, 17, 38, 48
Edward Thorp, 30, 94, 153
Edward Witten, 37
Efeito
  de 24 horas, 105
  de combinação, 135
  de fim de semana, 105
  não aleatório de trades, 135
  preditivo, 135
  tradable, 107
Elizabeth Barton, 256
Elwyn Berlekamp, 101, 132, 299
Emil Artin, 67
Enrico Bombieri, 28
Equação
  de Simons, 27
  diferencial, 26
  parcial, 27
Equações
  diferenciais
    estocásticas, xxi
    parciais (EDPs), 20
  estocásticas, 78
Eric Rosenfeld, 196
Euclidean Capital, 290

ÍNDICE

F

Federalist Society, 274
Floyd Norris, 120
Fluxo de caixa, 210
  corporativo, 210
Fractais, 120
Franklin Electronic Publishers, 57
Frederick Almgren Jr., 27
Fundo de hedge, xix, 48, 127, 292
  quantitativo, 220

G

Gêmeos Della Pietra, 180, 193
  Stephen Della Pietra, 166
  Vincent Della Pietra, 166
General Maxwell D. Taylor, 31
George Soros, 154, 248, 285, 311
Gerald Fischbach, 252
Glen Whitney, 188, 216, 247
Goldman Sachs, 120, 242, 262
Greg Hullender, 50
Greg Olsen, 76, 93
Guerra
  do Golfo, 112
  do Vietnã, 30, 46
  Fria, xx, 23, 140

H

Henry Laufer, 81, 157, 202, 215, 232
Hipótese de Riemann, 62
Howard Morgan, 53

I

IDA, 43, 139
Índice de Sharpe, 156, 211, 231
Inteligência artificial, 181
Investidores
  fundamentalistas, 151, 292
  quantitativos, xix, 198, 292
Investimento
  de fator, 30
  em fatores (factor investing), 126
  quantitativo, 30, 221
Israel Englander, 225, 238, 292

J

James Ax, xi, 37, 66, 306
James Simons, xvii, 41, 103, 185, 311
Jeffrey Bezos, 128
Jeffrey Vinik, 153
Jeff Sessions, 273
Jim Harpel, 13, 266
Jimmy Mayer, 15, 48
Joe Rosenshein, 16, 40
John Meriwether, 196
John Murphy, 93
John Paulson, 291
Julia Kempe, 256
Julia Lieberman, 44
Junk bonds, 101, 122

K

Kellyanne Conway, 265, 272
Ken Griffin, 242, 292
Kepler Financial, 126, 155

L

Lee Neuwirth, 25, 44
Lehman Brothers, 162, 249, 291
Lei da Vibração, 116
Leonard Baum, ix, 25, 74, 112, 168
Leonard Charlap, 32, 69, 133
Limroy, xi, 50, 94
Long-Term Capital, 196, 214, 242
Louis Bachelier, 122
Louis Reichardt, 305

M

Magellan da Fidelity Investments, 151
Mark Silber, 97, 189, 277
Marsha Zlatin, 133
Math for America, 253, 280, 302
Matthew Granade, 294
Matty Simons, 10, 50
Medallion, 94, 122, 185, 275, 309
Mercado
  de ações, 211
  eficiente, 106
  financeiro, xx, 42, 114, 211, 296
Merrill Lynch, 19, 51, 93
Método
  de gráficos, 116
  de Kernel, xxi, 81, 93
  quantitativo, xx
Michael Botlo, 145
Michael Mendelson, 242
Michael Milken, 101
Millennium Management, 225, 238
Milo Yiannopoulos, 282
MIT, 9, 27, 87, 196
Mitt Romney, 273

Modelo
  monolítico, 179
  oculto de Markov, xxi, 29, 45, 163
  preditivo, 95
Modelos
  computacionais, 129
  de risco, 121
  de trades, 134
  econométricos, 38
  estatísticos, 139
  preditivos, 71, 118, 157
  probabilísticos, 167
  quantitativos, 121, 249
Monemetrics, xi, 43, 57, 72
Morgan Stanley, 146, 179, 198, 244

N

Nassim Nicholas Taleb, 120
Negociação
  de alta frequência (high frequency trading), 210
Nick Patterson, xvii, 168, 190, 225
Nova, 177, 185

O

Operação
  análise técnica, 104

P

Paul Steinhardt, 306
Paul Tudor Jones, 93, 205
Paul Volcker, 61
Penny Alberghine, 56, 75
Peter Brown, ix, 5, 158, 212, 301
Peter Lynch, xviii, 3, 151, 311

ÍNDICE

Peter Muller, 241
Peter Thiel, 272
Peter Weinberger, 189, 221
Phil Resnik, 165
Problema de Plateau, 27

Q

Quants, 120, 130
Quantum, 154

R

Ray Dalio, 292, 311
Rebekah Mercer, ix, 201, 299
Reggie Dugard, 74
Renaissance, xvii, 80, 188, 273, 307
   Institutional Diversified Alpha Fund, 301
   Institutional Diversified Global Equity Fund, 301
   Institutional Equities Fund, 233, 301
   Technologies, 57, 151, 171
René Carmona, 39, 78
Richard Thaler, 143
RIEF, 244, 267, 297. *Renaissance Institutional Equities Fund* Renaissance Institutional Equities Fund
Robert C. Merton, 196
Robert Frey, 125, 169, 227, 284
Robert Lourie, 215, 242
Robert Mercer, xix, 158, 268, 282, 307

S

Sandor Straus, ix, 94, 148, 293
Simon Kochen, 67, 99

Sinal
   de Henry, 239
   de trades, 191
Slippage, 103, 140
Stanley Druckenmiller, 154
Stephen Robert, 247
Steve Bannon, 272
Steve Mnuchin, 265
Steven Cohen, 311

T

Teorema
   da probabilidade de Bayes, 139
   de Ax-Kochen, 68, 100
   de Stokes, 14
Teoria
   combinatória dos jogos, 90
   da informação, 88
   da probabilidade, 24, 190
   das variedades mínimas, 27
   de Chern-Simons, 38
   de portfólio, 89
   dos jogos, 86
   dos números, 68
   moderna dos portfólios, 30
Tim Cooper, 259
Two Sigma Investments, 294

V

Volatilidade, 135, 198, 233, 267, 296

W

Waldo Berlekamp, 85
Warren Buffett, xviii, 93, 151, 250, 311

Este livro foi impresso nas oficinas gráficas da Editora Vozes Ltda.,
Rua Frei Luís, 100 – Petrópolis, RJ.